D0885839

ÉCOLE FRANÇAISE JARVIS

LE DESTIN DES ÉTOILES

GEORGE GREENSTEIN

LE DESTIN
DES ÉTOILES

PULSARS ET TROUS NOIRS

TRADUIT DE L'AMÉRICAIN
PAR CHRISTIAN JEANMOUGIN

Ouvrage publié avec le concours du
Centre national des Lettres

ÉDITIONS DU SEUIL
27, rue Jacob, Paris VIe

Illustrations de Jacqueline Aher

Titre original : *Frozen Star*.
Éditeur original : Freundlich Books, New York.
© 1983, George Greenstein.
ISBN original : 0-88191-011-2

ISBN 2-02-009442-8

© Janvier 1987, Éditions du Seuil, pour la traduction française.

La loi du 11 mars 1957 interdit les copies ou reproductions destinées à une utilisation
collective. Toute représentation ou reproduction intégrale ou partielle faite par quelque
procédé que ce soit, sans le consentement de l'auteur ou de ses ayants cause, est illicite et
constitue une contrefaçon sanctionnée par les articles 425 et suivants du Code pénal.

A Barbara

Remerciements

Ce livre n'aurait jamais pu être écrit sans l'aide généreusement accordée par tous les scientifiques qui m'ont spontanément consacré leur temps lors de divers entretiens. Certains de ces entretiens se retrouvent dans les pages qui suivent ; les autres me furent tout aussi précieux pour la formulation de mes idées. A tous, mes plus sincères remerciements : à Brandon Carter, Willy Fowler, Riccardo Giacconi, Stephen Hawking — un merci particulier à Ian Moss pour son aide au cours de cet entretien —, Richard Huguenin, Richard Manchester, Ethan Schreier, Harvey Tananbaum et John Wheeler. Le discours de Jocelyn Bell Burnell, dans le chapitre 2, fut publié dans *Annals of the New York Academy of Sciences,* et je remercie Jocelyn Bell et l'Académie pour m'avoir autorisé à en extraire des passages. Au chapitre 12, le récit de la vie de Chandrasekhar est tiré d'un entretien de Chandrasekhar réalisé en 1977 par Spencer Weart, de la Bibliothèque Niels Bohr de l'American Institute of Physics (New York) ; je leur adresse à tous deux mes remerciements pour m'avoir permis de l'utiliser. Presque tout ce qui concerne Eddington, au chapitre 9, fut emprunté sans scrupule à l'article de Chandrasekhar, « Verifying the Theory of Relativity », paru dans *Notes and Records of the Royal Society of London,* et je suis heureux de dire ici tout ce dont je lui suis redevable.

Merci à l'Amherst College pour son soutien financier ; merci également à Robert Novick et au Columbia Astrophysics Laboratory, où pratiquement tout ce travail fut effectué, pour leur hospitalité ; merci à Alan Babb et à Mary Catherine Bateson pour l'aide qu'ils m'ont apportée sur les questions de mythologie, à Ellen Perchonock pour la patience qu'elle a manifestée au cours de relectures apparemment infinies, à Elizabeth West et à Walter Pitkin pour leurs précieux conseils sur la rédaction de ce livre.

première partie

Pulsars

1. L'étoile hôte

Me promenant par une nuit étoilée, je fus soudain frappé par le fait que nous autres astronomes regardons bien peu souvent le ciel.

Je me rendais chez un collègue pour mettre la dernière main à une recherche que nous avions effectuée ensemble. Elle portait sur une variation, minime mais constante, des fréquences de rotation des pulsars. Il avait passé les deux dernières années à rassembler les données ; et de mon côté, je m'étais familiarisé avec tout un ensemble de théories qui avaient été proposées pour rendre compte de ce frétillement. Nous en étions maintenant à tester chaque théorie, comparant ses prédictions avec les observations. Rien que de très orthodoxe, la Méthode scientifique.

Ce qui faisait également partie de la méthode scientifique, c'était les commentaires personnels qui l'accompagnaient. Nous avions tout un tas de petits potins à échanger sur l'auteur de chaque théorie. En tête de notre liste, il y avait un certain professeur M... Récemment, nous étions rentrés d'un colloque international en Allemagne, où nous avions été tout un groupe à passer une soirée dans une brasserie du coin. M... n'avait bu que du Coca.

Et il n'avait pas arrêté de parler des dangers de l'alcool. Tout cela pour dire que nous avions plutôt tendance à malmener sa théorie. Nous avions passé l'après-midi à essayer de la démolir, mais à notre grande exaspération, elle passait avec succès tous les tests que nous lui imposions. Elle marchait mieux que la plupart des autres.

Maintenant, nous étions dehors, à la recherche de quelque chose à boire et à manger. Quelque chose d'étrange venait d'attirer notre attention, une anomalie que les observations venaient juste de nous révéler. En elles-mêmes, les données n'ont aucun sens ; elles ne forment qu'un ensemble de nombres. Ce n'est que par rapport à une théorie qu'elles acquièrent toute leur signification, et jusqu'ici, après avoir passé des journées plongés dans les théories, nous n'avions pas réalisé l'importance de cette anomalie. Et nous ne pouvions encore dire laquelle de ces théories pouvait en rendre compte. Les étoiles brillaient au-dessus de nous. Nous ne les regardions pas. Nous marchions, nous nous arrêtions, nous marchions à nouveau, regardant nos pieds. Nous parlions, encore et encore.

Au pied d'un radiotélescope, un étudiant joue du saxo. Le télescope est surmonté d'un dôme géodésique blanc, dont la surface est constituée d'une mosaïque de panneaux irréguliers, ayant chacun une forme différente. Cette « structure quasi aléatoire » sert à minimiser les figures d'interférences provoquées par le dôme, et qui se superposent aux ondes radio incidentes. Ça marche pas mal.

Ce dôme forme aussi une chambre d'écho épatante. L'étudiant joue quelques vieux succès : *Confirmation, The House I Live In.* L'anche n'est pas bonne : il en essaie une autre. Il fait un « riff » vertigineux, puis commence *My Favorite Things.*

Sa thèse porte sur les variations dans le temps de l'intensité des quasars, ces explosions lointaines dont beaucoup d'astronomes pensent qu'elles proviennent d'étoiles qui s'effondrent en de gigantesques trous noirs. L'idéal pour lui serait d'observer chacun de ces quasars deux fois par mois, mais il y a une concurrence sévère pour l'utilisation du télescope, et la météo n'est pas très coopérative. Ses périodes d'observations sont programmées plusieurs mois à l'avance, sans possibilité de modification, et il a le sentiment très net que le ciel est constamment dégagé, sauf quand lui-même se trouve au télescope. Il a tout de même eu la chance d'avoir pu faire une bonne observation tous les deux ou trois mois. Mais il voit parfois sa thèse disparaître dans le vide.

Maintenant le temps est clair comme du cristal, et il a devant lui trente-six heures d'observations ininterrompues. L'observation du premier quasar est déjà terminée et celle du deuxième est en train. Il a du temps à tuer pendant que s'accumulent les données. Il commence sur *Lush Life,* puis se laisse aller dans une longue improvisation. La musique envahit le dôme — cela résonne merveilleusement.

« Nébulosité au-dessus de la corne sud [de la constellation] du Taureau. Elle ne contient aucune étoile ; elle est d'une lueur blanchâtre, effilée comme la flamme d'une bougie, découverte en observant la comète de 1758. Observée par le Dr Bevis vers 1731. » C'est ce qu'écrivait Charles Messier, à l'âge de vingt-huit ans, alors assistant de l'astronome de la Marine (à Paris), chasseur de comètes enthousiaste pendant toute sa vie, plus tard surnommé par Louis XV « le Furet des comètes ». Au cours de ses observations, il tomba sur beaucoup de ces nébulosités, taches de lumière diffuses, faiblement lumineuses, qui ont la plupart du temps l'apparence de comètes. Mais, au contraire des vraies comètes, elles ne se déplaçaient pas dans le ciel nocturne. Alors, pour ne plus les confondre avec les objets qu'il recherchait, Messier décida d'en faire un catalogue. Tout au long de sa vie, il découvrit 16 comètes et répertoria 102 nébulosités douteuses. Aujourd'hui, son catalogue est resté, mais ses comètes sont complètement oubliées.

L'observation citée au paragraphe précédent est la première dans le catalogue de Messier, et cette nébuleuse est connue depuis sous le nom de Messier 1. A cause d'une ressemblance imaginaire, elle prit au fil des années un autre nom : la nébuleuse du Crabe. Ce catalogue contient — entre autres choses — beaucoup de nébuleuses irrégulières dont la plupart sont ce à quoi elles ressemblent : des nuages de gaz et de poussière, illuminés par une étoile voisine. La plus grande différence entre ces nuages et les nuages ordinaires est leur taille, car ils sont énormes par rapport aux dimensions terrestres, incomparablement plus grands que la Terre elle-même.

La nébuleuse du Crabe est également un nuage énorme. Cependant, elle ne brille pas du tout par réflexion de la lumière d'une étoile.

Le Crabe a un diamètre de quelque 95 milliers de milliards de kilomètres — dix années-lumière —, ce qui est assez grand pour contenir une étoile (bien que cette étoile soit trop faible pour que Messier ait pu la détecter). Il est en expansion extrêmement rapide, à environ 1 500 kilomètres par seconde. Il est en expansion car il a été soufflé par une explosion — il constitue en fait les restes de cette explosion. Connaissant la taille de la nébuleuse et sa vitesse d'expansion, on peut calculer l'époque à laquelle l'explosion s'est produite. Le calcul donne environ 900 ans. Mais on peut trouver la réponse exacte, à partir de données complètement différentes : l'explosion a été vue lorsqu'elle s'est produite, en 1054 après J.-C. — le 4 juillet.

On peut voir, sur la figure 1 hors texte, une photo de la nébuleuse du Crabe. Elle ressemble à une amarante enchevêtrée dans du coton. L'« amarante » forme un écheveau incandescent de filaments orange.

Ce sont les restes d'un corps qui a explosé en lambeaux ; ils rougissent parce qu'ils sont encore chauds. Le « coton », ce nuage amorphe de couleur bleu clair, est plus particulier. Il n'est pas vraiment constitué de matière au sens habituel. Il provient d'électrons qui se déplacent à très grande vitesse à travers le champ magnétique régnant dans la nébuleuse. Ce champ oblige ces électrons à suivre des trajectoires circulaires ; et en décrivant ces trajectoires, ils rayonnent de la lumière.

Pendant des années, ces électrons posèrent un problème. Personne ne savait d'où ils provenaient. Il n'était pas si difficile d'imaginer l'explosion de 1054 projetant dans l'espace tout un nuage de particules extrêmement rapides ; mais ces particules n'auraient pas dû conserver longtemps leur grande vitesse. En rayonnant leur énergie, elles auraient dû ralentir, avoir depuis longtemps pratiquement atteint le repos et cessé d'émettre de la lumière. Quelque chose d'autre devait être en train de les produire et de les injecter dans la nébuleuse — quelque chose qui avait lieu en ce moment même.

Il y avait aussi un autre problème. La détermination de la date de l'explosion, à partir du taux d'expansion de la nébuleuse, ne donnait pas exactement la bonne réponse. Ce désaccord pouvait s'expliquer seulement en supposant que l'expansion ne s'était pas faite à vitesse constante. Cette nébuleuse devait avoir été accélérée. Un nuage de poussière ordinaire ralentit en se dissipant dans l'air ; la nébuleuse du Crabe, elle, accélérait. Là encore, quelque chose devait se passer dans la nébuleuse, maintenant.

Quant à l'étoile située dans la nébuleuse, ce n'était pas du tout une étoile. C'était un pulsar. Mais personne ne pouvait réaliser cela jusqu'à récemment.

Pour ceux d'entre nous qui travaillent dessus, les pulsars et les trous noirs font partie des réalités de la vie quotidienne, mais seulement dans le sens que j'ai décrit plus haut. Le scientifique plongé dans sa recherche est davantage lié aux méthodes qu'il emploie qu'aux objets qu'il étudie. L'astronome qui se consacre à l'observation travaille à son télescope, le théoricien travaille à ses mathématiques, et tous deux dépensent une extraordinaire quantité d'énergie en discussions avec leurs collègues. Et dans tout cela, le pulsar et le trou noir semblent en quelque sorte se perdre.

Il me faut faire un réel effort pour me détacher de mon travail scientifique et me représenter ces monstres étranges avec lesquels je vis depuis tant d'années. Mais essayons !

Je m'imagine flottant en apesanteur dans l'espace. A côté de moi, une paroi orange, immense, s'étire à l'infini. Elle fait partie d'un filament situé à la lisière de la nébuleuse du Crabe. De toutes parts, je suis enveloppé d'un brouillard blanc laiteux. C'est un rayonnement provoqué par les électrons. Les étoiles sont visibles dans toutes les directions, car la nébuleuse est transparente et tellement diffuse qu'elle est presque faite de vide. Cependant, elle est le siège d'une intense radioactivité. Ce rayonnement est en partie produit par des particules à grande vitesse, celles-là même qui produisent le brouillard de la nébuleuse, et sans mon épaisse combinaison, j'aurais accumulé en quelques secondes des doses mortelles de radiation. Tout cela dégage une chaleur appréciable.

A des années-lumière de là, le pulsar, au cœur de la nébuleuse, se comporte comme un stroboscope. Sa lumière arrive par impulsions, d'abord un éclat éblouissant, puis un autre plus faible : soixante impulsions à la seconde en un rythme constant. Depuis les abords de la nébuleuse, l'objet responsable de ces émissions — le « phare » qui émet ces éclats — est trop petit pour pouvoir être aperçu. Notre plus grand télescope serait incapable de le détecter.

Je me dirige vers le centre du Crabe. Le niveau de la radioactivité augmente. Elle est plus importante dans la direction du pulsar ; elle vient du pulsar. Elle exerce une force de pression non négligeable, et c'est cette force qui accélère l'expansion de la nébuleuse. Quant au pulsar lui-même, un film pris d'ici me dévoilerait un peu de sa nature. Au ralenti, ce film montrerait deux faisceaux de lumière, l'un plus brillant que l'autre, partant dans deux directions pratiquement opposées, tournoyant sauvagement à 30 tours par seconde.

Je me rapproche encore plus. Je suis maintenant à 150 millions de kilomètres du pulsar, la distance de la Terre au Soleil. Ses pulsations deviennent accablantes. En moyenne, sa lumière est plus brillante que celle du Soleil : elle se concentre en éclats, dont chacun est aveuglant. Un déluge de rayonnement — des électrons et des protons — se déverse du pulsar vers la nébuleuse. Aucun écran imaginable ne permettrait de s'en protéger. Il serait suffisant pour déchiqueter une planète. Si même, longtemps auparavant, un système de planètes s'était trouvé en rotation sur des orbites stables autour du pulsar, elles se seraient depuis lors embrasées, soumises à une violente ébullition sous l'impact de ce terrible rayonnement. Un immense panache de roches vaporisées aurait fusé de chacune d'elles. Ces planètes auraient ressemblé à des comètes. Aucune n'aurait pu survivre jusqu'à maintenant.

Le pulsar est tout aussi massif que le Soleil, mais beaucoup plus petit — si petit que, même d'aussi près, un télescope ne pourrait encore le distinguer visuellement. Sa masse exerce sur moi une force d'attraction gravitationnelle. Je pèse. Petit à petit, je tombe sur lui — et en même temps, la force de gravitation augmente. Je tombe de plus en plus vite. A 2 millions de kilomètres du pulsar, je tombe à plus de 300 kilomètres à la seconde. A un dixième de cette distance, la gravitation est si forte qu'un petit pois pèse une livre, et que ma vitesse de chute s'élève à 1 200 kilomètres par seconde. Un flux continu de rayons X se déverse vers l'extérieur. Il grossit à mesure que je tombe, tout comme augmentent le niveau de radiation et l'éclat de la lumière. A 15 milliers de kilomètres, l'attraction sur un petit pois est de 50 kilos, et ma vitesse atteint plus de 3 000 kilomètres à la seconde. Le temps de lire cette phrase, et je suis tombé de 1 500 kilomètres. Il règne un champ magnétique intense. Ses variations sont violentes ; il est en *rotation*, exactement en phase avec les faisceaux du pulsar. Je suis enveloppé d'un feu cosmique : plasma surchauffé, courants électriques intenses. Des éclairs gigantesques jaillissent près de moi. C'est de cette région que proviennent les faisceaux lumineux en rotation. La force qui agit sur le petit pois est de 5 tonnes.

Il reste maintenant 1 500 kilomètres à faire pour arriver au pulsar, toujours invisible, et que je le veuille ou non, je vais parcourir cette distance en un huitième de seconde. Tout arrive à la fois. Je suis violemment accéléré dans ma chute et j'atteins une fraction appréciable de la vitesse de la lumière. Les objets sont bleus devant moi, rouges derrière. Le champ magnétique en rotation atteint des intensités tellement incroyables qu'il déforme les atomes. Des effets inhabituels de la gravitation entrent en jeu : mon corps s'étire, la géométrie se déforme et les trajectoires des rayons lumineux se courbent. Alors, le but de ce voyage et la cause de tout ce que je viens de vivre m'apparaissent tout à coup. Il se passe peut-être un millième de seconde pendant lequel je peux le voir avant de passer devant. Ma vitesse alors est tellement énorme qu'aucune machine imaginable ne pourrait tant soit peu modifier ma chute vertigineuse.

C'est un aimant, le plus puissant qui existe, très certainement le plus puissant qui soit dans tout l'univers. Il est sphérique, de 15 kilomètres de diamètre, et sa surface est si lisse qu'il me faudrait un microscope pour en déceler les irrégularités. Il tourne autour de son axe 30 fois par seconde, et il est si chaud qu'il ne rayonne pas une lumière rouge comme le métal chauffé ni blanche comme les étoiles, mais des rayons X. Il possède une atmosphère de quelques centimètres d'épaisseur qui fuse violemment dans l'espace.

Maintenant, je suis loin de lui. C'était une étoile à neutrons.

Dans le récit précédent, deux caractéristiques fondamentales précisent la nature des étoiles à neutrons : la masse de l'étoile est égale à celle du Soleil, mais son diamètre atteint à peine 15 kilomètres. Cette étoile doit donc être très dense. Divisez la masse par le volume pour trouver la densité. On obtient 100 000 000 000 000 fois celle de l'eau.

C'est un nombre intéressant. C'est la densité d'un noyau atomique.

Dans les situations ordinaires, la matière se compose d'atomes ; toute la matière : une roche, un organisme vivant, l'eau de la mer. En fait, un atome comprend un petit noyau dense, avec à peu près autant de neutrons que de protons, et un nuage d'électrons qui entoure ce noyau. Ces électrons se trouvent extrêmement éloignés du noyau, ce qui fait d'un atome une structure tout à fait ouverte, très aérée. Si l'on imaginait un noyau atomique de la taille d'une balle de golf, les électrons se trouveraient à plusieurs kilomètres de lui. Même la matière la plus dense sur Terre, comme un morceau de plomb, n'est essentiellement que du vide : tout entassés qu'ils soient les uns sur les autres, les atomes ne sont que des sphères pratiquement vides.

Le voyage imaginaire relaté plus haut se termine par la vision extrêmement rapide de l'un des rares objets dans l'univers qui *ne soit pas* pratiquement vide. Il y a longtemps, une force de pression énorme fut appliquée sur une étoile. Les atomes furent écrasés, et les noyaux comprimés les uns sur les autres. Sous l'effet de cette pression, les électrons réagirent avec les protons à l'intérieur même des noyaux pour former des neutrons. Il en résulta une minuscule sphère, extrêmement dense, constituée de neutrons : plus d'atomes, plus d'espaces vides. Une étoile à neutrons.

Pour créer cette matière « neutronique », il suffit d'écraser suffisamment la matière ordinaire. Si seulement on avait un étau assez puissant,

19

on pourrait faire passer une cuiller à l'état neutronique. Une fois transformée, cette matière formerait véritablement une bien étrange substance. Un objet de la taille d'un morceau de sucre pèserait 100 millions de tonnes. Placé sur une table, cet objet passerait à travers sous l'action de son propre poids. Une fois à terre, il passerait également à travers le sol. Il s'enfoncerait, et creuserait un trou jusqu'au centre de la Terre, le dépasserait, en atteindrait l'autre côté pour s'y arrêter, puis retomberait à nouveau vers le centre, oscillant ainsi d'un bout à l'autre des profondeurs de la Terre.

A cause de sa pression interne énorme, la matière neutronique ne pourrait subsister sur Terre que dans une enceinte à haute pression. Dans une étoile à neutrons, c'est la pesanteur qui maintient cette pression. Sur Terre, à moins d'être contenu par une action extérieure, le morceau de sucre neutronique exploserait avec une force équivalente à 100 000 000 000 de mégatonnes de TNT.

Peut-être est-ce tout aussi bien que nous ne puissions réaliser cet état neutronique. La pression nécessaire pour l'obtenir est plus grande que tout ce que l'on peut atteindre sur Terre. Mais la nature pourrait engendrer ce que nous ne pouvons créer. La gravitation par exemple. Le Soleil est en ce moment même soumis à une force de pression intense qui résulte de l'attraction gravitationnelle de ses différentes parties entre elles. Mais tout simplement parce qu'il est trop chaud, cette force n'arrive pas à le contracter en un état neutronique : sa température élevée le maintient dilaté en une immense sphère diffuse. Dans le Soleil, cet équilibre est stable, mais dans d'autres étoiles, il peut s'avérer instable. Que se passerait-il alors s'il se trouvait détruit dans une étoile ? S'effondrerait-elle dans un état neutronique, pour devenir une étoile à neutrons ?

Quand un corps massif se contracte, il libère de l'énergie, et plus il se contracte, plus il y a d'énergie dégagée. Il est facile de calculer l'énergie disponible pour une étoile ordinaire, de 2 millions de kilomètres de diamètre, qui s'effondrerait en une étoile à neutrons de 15 kilomètres de diamètre. La réponse est déconcertante : l'énergie dégagée en quelques secondes serait plus importante que toute l'énergie rayonnée par l'étoile durant tous les milliards d'années de son existence antérieure. Et cette libération d'énergie serait explosive. Les régions externes de l'étoile seraient soufflées dans l'espace, pendant que sa partie interne s'écroulerait en un état neutronique. Ce processus, la destruction d'une étoile ancienne et la création simultanée d'une étoile nouvelle, serait l'un des événements les plus violents et les plus catastrophiques que l'on puisse imaginer.

Extrait de l'histoire de la dynastie Song, par T'o-T'o : « Dans la première année de la période *Chi-ho,* la cinquième lune, le jour *Chi-ch'ou* [une étoile hôte] apparut approximativement à quelques centimètres au sud-est de Thien-huan. Après plus d'une année, elle devint peu à peu invisible. »

La période *Chi-ho* correspond à 1054 après J.-C. ; la cinquième lune, le jour *Chi-ch'ou,* est le 4 juillet. Thien-huan est une région du ciel, quelque part vers une étoile que nous connaissons aujourd'hui sous le nom de T Tauri — ainsi nommée parce que, comme la nébuleuse du Crabe, elle se trouve dans la constellation du Taureau. Mais qu'est-ce qu'une étoile hôte ?

Un autre rapport indique : « Elle fut visible le jour, comme Vénus... Elle fut également visible [de jour] pendant en tout 23 jours. » Apparemment, son éclat pâlit régulièrement : vers le 17 avril 1056, elle n'était même plus visible la nuit. Pour autant que nous sachions, elle n'est jamais réapparue.

Yang Wai-tek, probablement l'astrologue de la cour des Song, remarqua que l'étoile hôte avait « une couleur jaune irisée. Respectueusement, et selon le désir de l'empereur [la couleur impériale était le jaune], j'ai interrogé les oracles, et la réponse fut : l'étoile hôte ne contrarie pas Aldébaran ; cela signifie que Dieu nous accordera l'abondance et que le pays possède un Grand Souverain : je demande que cela [l'oracle] soit confié au Collège des historiographes afin d'être conservé. » L'événement avait également des implications politiques.

En fait, les étoiles hôtes ne sont pas aussi exceptionnelles que l'on pourrait le penser. Ce que celle-ci avait d'exceptionnel, c'était son éclat. Avec l'arrivée du télescope en astronomie, il devint évident que, de temps en temps, certaines étoiles s'embrasaient très rapidement et de manière inattendue, comme si elles explosaient, puis perdaient lentement leur éclat pour retourner à leur état initial. Si une étoile, trop faible au départ pour être remarquée, se mettait ainsi à exploser, son éclat soudain ferait croire à une véritable création. D'où l'expression moderne *nova,* « nouveau » en latin. Mais l'expression chinoise *étoile hôte* est également très parlante : l'étoile rend une brève visite, puis disparaît.

L'apparition d'une nova ne signifie pas la destruction complète, ou même partielle, d'une étoile. C'est un embrasement passager après lequel l'étoile se retrouve dans un état tout à fait ordinaire. Mais de temps en temps — très rarement — il apparaît une nova d'un aspect totalement différent. Ces *supernovae,* comme on les appelle, sont extrêmement rares ; la dernière à apparaître, relativement proche de nous d'ailleurs, fut découverte par Kepler en 1604. Pour observer de tels événements, les astronomes modernes sont obligés d'examiner attentivement les photographies de galaxies éloignées. Lorsqu'on en découvre une, c'est véritablement extraordinaire. L'étoile — tout d'abord invisible, car aucune étoile ne peut être individualisée à d'aussi grandes distances — se met à briller jusqu'à atteindre parfois 100 milliards de fois son éclat habituel. Puis elle pâlit lentement, restant souvent visible pendant plusieurs années dans les télescopes les plus puissants, avant de disparaître finalement au regard. A son éclat maximal, une supernova émet plus de lumière qu'une galaxie tout entière. Une telle explosion est tout à fait suffisante pour désintégrer une étoile. Si le Soleil devenait une supernova, toute vie serait instantanément effacée de la surface de la Terre ; la planète elle-même se trouverait gravement endommagée, probablement même détruite.

Quand on découvre une supernova, la nouvelle de son apparition est immédiatement télégraphiée à tous les astronomes du monde. Puisqu'une galaxie donnée ne peut être photographiée que de manière occasionnelle, il y a peu de chances de découvrir une supernova dans les phases initiales de son explosion. Habituellement, on ne la remarque que quelques semaines après son explosion. Beaucoup d'explosions semblent posséder des propriétés comparables, tellement comparables qu'on les a regroupées en catégories différentes. Celles-ci sont caractérisées par la rapidité de leur éclat, un éclat maximum d'environ 100 milliards de fois celui du Soleil, une perte de brillance relativement rapide sur un mois, et enfin une extinction encore plus lente, semblant se poursuivre indéfiniment. Le spectre de la lumière émise pendant ces explosions — l'analyse détaillée de sa couleur — est l'un des mystères les plus incompréhensibles de l'astronomie : on n'a pas encore réussi à l'interpréter.

A cause de la rareté de leurs apparitions, les seules supernovae observées sont très éloignées — comme la foudre, qui tombe presque toujours ailleurs. Et comme elles sont très éloignées, on n'a rassemblé sur elles que très peu d'informations ; dans l'état actuel des choses, elles restent des objets très mystérieux. L'explosion d'une étoile proche en une supernova serait une occasion exceptionnelle. Les télescopes optiques, radio et à rayons X, les détecteurs de rayons cosmiques, de neutrinos et d'ondes gravitationnelles... tout l'arsenal au complet se trouverait alors immédiatement affecté en service d'urgence. En une année, ou même pendant les tout premiers jours, on en apprendrait bien plus que pendant les dizaines d'années écoulées depuis leur découverte. Il est malgré tout difficile d'estimer les chances de voir un tel événement se produire bientôt. Les supernovae semblent n'apparaître que quelques fois par siècle dans une galaxie donnée. Puisque la dernière supernova proche, dans notre galaxie, est apparue en 1604, nous attendons la suivante depuis passablement longtemps. D'ailleurs, elle — ou elles — peut déjà être survenue et disparue, car pratiquement une bonne partie de notre voisinage est obscurcie par des nuages de poussière tellement opaques que nous ne pourrions même pas voir une supernova au travers. Bref, les astronomes n'en sont pas à retenir leur souffle.

C'est en 1934 que les astronomes Walter Baade et Fritz Zwicky saisirent les premiers la véritable nature des explosions de supernovae, par rapport auxquelles l'éclat tranquille de milliards d'étoiles est totalement insignifiant. A peine deux années auparavant, le physicien russe Lev Landau avait suggéré l'existence d'une espèce de matière « neutronique » dans le cœur des étoiles. Nous savons aujourd'hui que les arguments originaux de Landau n'étaient pas fondés, et qu'ils n'avaient pratiquement aucun rapport avec le concept actuel d'étoile à neutrons. Cependant, ils permirent d'en introduire l'idée. Baade et Zwicky s'en emparèrent. Ils écrivirent dans une revue scientifique : « Avec toutes les réserves qui s'imposent, nous émettons l'hypothèse que les supernovae représentent la transition entre les étoiles ordinaires et les étoiles à neutrons qui, dans leur phase ultime, sont constituées de concentrations extrêmement denses de neutrons. » Telle qu'elle se présentait, deux années seulement après la découverte du neutron, cette hypothèse était assez audacieuse. Mais comme s'ils avaient craint d'être allés trop loin, Baade et Zwicky ajoutaient plus bas : « Nous sommes pleinement conscients que notre suggestion implique des conséquences importantes vis-à-vis des idées habituelles sur la constitution des étoiles, et qu'elle doit donc faire l'objet d'études plus approfondies. »

Personne n'y fit attention.

L'histoire de la science est jonchée d'hypothèses en avance sur leur temps, qui restent ignorées pendant des décennies. C'en était une. Il y a une image classique qui vient à l'esprit, celle du savant luttant en première ligne pour faire triompher ses idées devant l'indifférence générale. Elle est tout à fait justifiée. Mais d'un autre côté, pour chaque idée juste, il en existe une centaine de fausses : le scientifique qui passerait son temps à traquer chaque hypothèse purement spéculative qui se présenterait à lui n'irait pas bien loin. De toute façon, Baade, Zwicky et Landau ne se conforment guère à ce stéréotype du découvreur méconnu, car ils n'eurent pas eux-mêmes une grande confiance dans leur hypothèse. Baade l'abandonna ; Landau n'en fit qu'une brève mention dans l'un de ses livres. Pour eux, ce n'était qu'une idée parmi d'autres. Seul Zwicky continua de poursuivre cette idée, de temps en temps, mais il fut généralement considéré comme une espèce de farfelu. Et on compterait sur les doigts d'une main le nombre d'articles qui furent publiés sur les étoiles à neutrons pendant la trentaine d'années qui suivit l'époque où elles furent postulées pour la première fois.

Si, à cette époque, la recherche sur les étoiles à neutrons piétinait, il en allait tout autrement pour celle concernant les nébuleuses diffuses, comme par exemple la nébuleuse du Crabe. Dès 1921, on dressait une liste de nébuleuses qui se trouvaient situées près des — probablement sur les — anciennes « novae ». En 1942, avec la publication en anglais des chroniques de la Chine ancienne mentionnées plus haut, il apparut clairement que l'étoile hôte de 1054 avait été une supernova proche de nous. De plus, sa position coïncidait très exactement avec celle du Crabe.

La nébuleuse du Crabe était donc ce à quoi ressemble une supernova au bout de 900 ans : elle était faite des restes d'une étoile explosée. Il y avait donc une étoile dans le Crabe. Était-ce une étoile à neutrons ? Elle était tout à fait inhabituelle, car son spectre défiait toute analyse et ne ressemblait à celui d'aucune autre étoile. Mais ces étoiles particulières n'étaient finalement pas si rares, et cela ne suscita que peu d'intérêt.

On publia quelques articles tentant de les interpréter. Il est amusant et exaspérant à la fois de lire ces vieux articles : c'était cette sorte d'étoile-ci, c'était ce genre d'étoile-là, c'était une étoile à neutrons…

Nous savons aujourd'hui, bien sûr, que ce n'était rien de tout cela : c'est un pulsar, un faisceau de lumière en rotation, et ce pulsar est en quelque sorte la manifestation d'une étoile à neutrons en rotation que, jusqu'à ce jour, personne n'a été capable de détecter.

Si seulement le pulsar avait émis ses éclats moins rapidement, on aurait pu détecter à l'œil la nature discontinue de son émission ! Comme on peut le voir sur la figure 1, la myriade de ses impulsions s'ajoute pour donner une image ponctuelle ; il ressemble à une étoile ordinaire. On peut le voir dans un télescope, et de même qu'un film — succession d'images immobiles — semble se dérouler de manière continue, il semble briller sans interruption. Pourtant, aucun appareil sophistiqué n'est nécessaire pour détecter ces impulsions. On aurait pu les découvrir en 1934.

Mais personne ne le fit. L'« étoile » resta une étoile.

2. La découverte des pulsars

A la fin des années soixante, cela faisait déjà plus de trois dizaines d'années que l'on soupçonnait l'existence d'étoiles à neutrons. Mais finalement, elles furent découvertes par hasard.

Ce hasard, il survint à Cambridge, en Angleterre, en 1967, lorsque l'astronome britannique Antony Hewish construisit un radiotélescope d'un type nouveau. Hewish n'était pas du tout à la recherche d'étoiles à neutrons. Il ne s'y intéressait même pas particulièrement. Il s'intéressait au scintillement des étoiles, ou, pour parler en termes plus techniques, à la scintillation. Hewish cherchait à étudier la scintillation des signaux radio émis par les quasars. Pour cela, il fut obligé de construire une nouvelle sorte de radiotélescope : un radiotélescope sensible aux petites et rapides fluctuations produites par la scintillation. Ce télescope fut, en fait, le tout premier à pouvoir déceler des fluctuations aussi rapides dans l'intensité d'une radiosource cosmique. Par pur hasard, le projet se prêtait tout à fait à la découverte des pulsars. Ce fut pour cette découverte, mais aussi pour l'œuvre éminente de toute une vie consacrée à l'astronomie, que Hewish reçut le prix Nobel en 1974.

En fait, ce ne fut pas Hewish lui-même qui découvrit les premières traces de pulsars. Cet honneur revient à l'une de ses étudiantes, Jocelyn Bell. Elle fut la première à déceler, vers la fin de septembre 1967, une anomalie enfouie dans le véritable fatras de données fournies par le nouveau télescope. Au début, elle ne sut qu'en faire, sachant à peine si c'était réel. Elle l'appela « scruff ».

Bell essaya d'en découvrir la nature en observant la radiosource avec plus de soin. Mais la radiosource refusa de coopérer. Elle disparut. Pendant deux mois entiers, Bell alla chaque jour au télescope, cherchant le « scruff », mais pendant ces deux mois, la radiosource resta invisible. Beaucoup d'autres scientifiques — et certainement beaucoup d'autres étudiants — auraient renoncé. Bell persévéra. Finalement, vers la fin de novembre 1967, la radiosource réapparut, et Bell réalisa que ce qu'elle avait appelé « scruff » était en fait une série de pulsations régulières. Elle venait de découvrir le premier pulsar.

Des années plus tard, à la fin d'un repas à l'occasion d'une réunion scientifique, Jocelyn Bell — devenue entre-temps Jocelyn Bell Burnell — fit dans un discours, le récit de son aventure au cours de cette époque merveilleuse.

« Je l'ai rejoint [Hewish] pour faire un doctorat, alors que la construction de son télescope était sur le point de commencer. Le télescope couvrait une surface de 2 hectares, une surface qui aurait pu contenir 57 terrains de tennis. Sur cette surface, nous avons dressé plus d'un millier de poteaux, et tendu entre eux plus de 2 000 dipôles. Le tout fut raccordé par 190 kilomètres de fils et de câbles. Nous fîmes nous-mêmes le travail — à peu près cinq d'entre nous — avec l'aide enthousiaste de plusieurs étudiants en vacances qui manièrent pelles et pioches avec entrain durant tout un été. Il fallut deux années pour le construire et cela coûta environ 15 000 livres, ce qui ne fut pas énorme, même pour l'époque. Nous avons commencé à le faire fonctionner en juillet 1967, bien que sa construction ne fût totalement achevée que plusieurs mois après.

« J'avais l'entière responsabilité du fonctionnement du télescope et de l'analyse des données, sous la direction de Tony Hewish. Nous opérions simultanément sur quatre faisceaux, balayant tout le ciel entre les déclinaisons + 50 et – 10, une fois tous les quatre jours. La sortie se faisait sur quatre enregistreurs triple trace qui fournissaient en tout 30 mètres de feuilles enregistrées par jour. Ces courbes étaient analysées à la main, par moi-même. Au début, nous avions décidé de ne pas traiter les données par ordinateur, parce que nous pensions qu'il était préférable de les examiner à l'œil nu tant que nous ne serions pas familiarisés avec le comportement de notre télescope et des récepteurs, mais aussi parce qu'un œil humain peut reconnaître des signaux de natures différentes alors qu'il est très difficile de programmer un ordinateur pour cela.

« Après avoir fait l'analyse des premières dizaines de mètres de courbes, j'étais capable de reconnaître les sources scintillantes [c.-à-d. les quasars], ainsi que les parasites. Six à huit semaines après avoir commencé mes analyses, je me rendis compte que, de temps en temps, un peu de " scruff " apparaissait sur les enregistrements, qui ne ressemblait pas au scintillement d'une source, mais pas non plus à une interférence d'origine artificielle. De plus, je réalisai que ce " scruff " s'était manifesté auparavant sur la même partie des enregistrements concernant la même région du ciel. »

Après en avoir discuté, Hewish et Bell convinrent que l'origine de ces signaux insolites méritait une plus grande attention. Ils décidèrent de recueillir des enregistrements à plus grande résolution en utilisant un enregistreur spécial à très grande vitesse. Le radiotélescope ne pouvait observer les sources qu'à leur passage à la verticale au cours de la rotation quotidienne du ciel : cela obligea Bell à organiser son emploi du temps en fonction de cette rotation, de façon à se trouver au télescope à chaque fois que la source était détectable. « Vers la fin octobre, lorsque nous eûmes terminé un test spécial sur [le quasar] 3C273, et que nous eûmes enfin reçu l'ensemble des récepteurs et des enregistreurs au complet, je me mis à aller chaque jour à l'observatoire pour effectuer les enregistrements à grande vitesse. Ils furent inutiles. Pendant des semaines, je n'enregistrai rien d'autre que le bruit de fond du récepteur. Apparemment, la " source " avait disparu.

« Puis un jour, je laissai les observations pour assister à une conférence ; le lendemain, sur mon enregistrement à vitesse normale, je vis que le " scruff " était réapparu. Quelques jours plus tard, vers la fin de novembre 1967, je le retrouvai sur l'enregistrement à grande vitesse. Alors même que le papier défilait sous le curseur, je pouvais remarquer que le signal consistait en une série d'impulsions, et dès que j'enlevai la feuille de l'enregistreur, mes soupçons furent confirmés : ces impulsions étaient périodiquement espacées. Elles étaient distantes les unes des autres d'une seconde et un tiers. Je contactai Tony Hewish qui était en train de faire des travaux pratiques avec ses étudiants de Cambridge, et sa première réaction fut que ces impulsions devaient être d'origine artificielle. Étant donné les circonstances, c'était une réponse très raisonnable, mais à cause de la profondeur véritablement remarquable de mon ignorance, je ne voyais pas pour quelles raisons elles ne pouvaient provenir d'une étoile. Cependant, il fut suffisamment intrigué pour venir le lendemain à l'observatoire au moment du passage de l'objet, et par chance (parce que les pulsars se produisent rarement sur demande), les impulsions réapparurent.

« C'est ici que nos problèmes ont véritablement commencé. »

Une chose est de découvrir une série d'impulsions radio ; c'en est une autre de comprendre complètement ce qu'elles signifient. Telle que la situation se présentait alors, il n'y avait qu'une certitude : Bell avait identifié une source d'émission radio tout à fait inhabituelle. Avec le temps, il apparut que sa découverte marquait le début d'une petite révolution dans le domaine de l'astronomie. Ce fut à la fois le point culminant d'une histoire longue de trente-trois ans, et le commencement d'une autre. Mais à cette époque, personne ne le savait.

Personne ne savait ce qui émettait ces signaux. Était-ce une étoile ? Une galaxie ? Ou quelque chose d'autre, entièrement différent, un objet dont personne jusqu'ici n'avait soupçonné l'existence ? Si c'était une étoile ou une galaxie, pourquoi ses émissions étaient-elles si différentes de celles des autres étoiles et des autres galaxies ? Était-ce un objet unique, ou y en avait-il d'autres du même genre ?

Beaucoup de chemin était à faire pour trouver la réponse finale à ces questions. Au début, Hewish, Bell et leurs collègues furent les seuls à tenter de comprendre la signification de ces impulsions. Mais ils n'allèrent pas très loin. Finalement, sans avoir trouvé de réponse, ils publièrent l'annonce de leur découverte, et dès lors, le problème passa de leurs mains à celles de l'ensemble de la communauté des physiciens et des astronomes du monde entier. Ce qui, au début, était resté l'effort de quelques-uns, devenait maintenant une entreprise menée à l'échelle de la planète : dans des articles de revues scientifiques, par lettres, par téléphone ; menée sans relâche dans des universités aussi éloignées que celles de Moscou, Sydney, Londres ou New York ; au cours de séminaires internes et pendant les repas.

Comment cela se passa-t-il alors ? Il n'y a pas de réponse simple à cette question, sauf à raconter ce qui s'est effectivement déroulé. C'est une longue histoire, qui retrace les efforts de scientifiques du monde entier, et qui, avec du recul, ne ressemble à rien d'autre qu'à la résolution d'un gigantesque problème de mots croisés. Il s'agissait de rassembler des indices.

Ces indices étaient contenus dans les impulsions radio elles-mêmes. Ces impulsions n'étaient pas entièrement anonymes. Leur structure profonde trahissait en fait la nature de leur origine. Le travail des scientifiques consista à découvrir davantage d'indices et à les assembler en une image cohérente. Cela prit un peu plus d'une année.

Au début, Hewish et Bell pensèrent que ces pulsations radio n'étaient pas du tout d'origine astronomique. Et que plus probablement, elles devaient tout simplement être d'origine artificielle. Elles paraissaient trop régulières pour être naturelles. Les bougies d'une voiture, par exemple, émettent à chaque étincelle des impulsions radio tout aussi régulières. Ces signaux pouvaient également être produits par une horloge électrique, ou par une myriade d'autres possibilités. A l'encontre de telles hypothèses, cependant, il y avait le fait que les impulsions n'apparaissaient, à la sortie du radiotélescope, qu'à un moment précis de la journée ; l'interprétation évidente était qu'elles provenaient d'une source céleste, que cette source passait au-dessus du télescope, et donc était observée juste à ce moment-là. Cela se tenait.

Mais ce n'était pas la seule interprétation possible. Peut-être qu'après tout ces pulsations étaient d'origine artificielle, mais ne se déclenchaient qu'à certains moments de la journée. Peut-être était-ce un signal radio destiné à actionner la sirène d'une usine à midi, ou un radio amateur aux habitudes extrêmement régulières. Comment décider entre ces deux interprétations ? Comment distinguer le temps auquel obéit le ciel, du temps d'ici-bas ?

En fait, ces deux temps sont différents. Cela peut ne pas être immédiatement évident, car la nuit, le ciel semble tourner très régulièrement au-dessus de nos têtes. Pourtant, bien que la rotation du ciel soit régulière, elle ne s'effectue pas à la même *vitesse* que celle des aiguilles d'une montre. La façon la plus simple de voir cela est de concentrer son attention sur une région particulière du ciel — une constellation remarquable ou une étoile brillante — et d'observer si, plusieurs nuits de suite, elle passe au-dessus de nos têtes exactement au même instant que celui qu'une horloge indique.

Eh bien non. Chaque nuit, ce point de repère passe au-dessus de nous un peu plus tôt. Sirius par exemple, l'étoile la plus brillante du ciel, passe au-dessus de nous à minuit vers la fin décembre, et juste après le coucher du Soleil au printemps. Pendant tout l'été, Sirius se trouve en plein jour, et reste donc invisible ; ce n'est qu'à l'automne qu'elle redevient visible, tôt le matin. Les horloges terrestres suivent le temps humain : le ciel suit le temps *sidéral*.

Pour distinguer ces deux temps, Bell n'avait qu'à observer son « scruff » sur un laps de temps assez grand. Apparaissait-il sur les enregistrements chaque jour exactement au même instant ? En vérifiant les dizaines de mètres de données accumulées au fil des mois, Bell constata que non. Il suivait le temps sidéral.

Vers la même époque, John Pilkington, un troisième membre du groupe de Hewish, réussit à mesurer la *distance* de la Terre au pulsar. Il fit cela en observant l'objet sur une nouvelle fréquence. Les radiotélescopes, comme les postes de radio ordinaires, fonctionnent sur une fréquence particulière du spectre électromagnétique, et jusqu'alors, toutes les observations sur le pulsar avaient été effectuées sur une seule fréquence. Pilkington essaya sur une autre. Sur un poste de radio, on change de fréquence en tournant simplement un bouton. Sur un radiotélescope, ce n'est pas facile, mais cela reste malgré tout assez simple. Pilkington diminua la fréquence de fonctionnement du télescope. Et dès qu'il eut terminé, il découvrit que les impulsions de plus basses fréquences arrivaient légèrement *en retard* sur celles de fréquences supérieures.

Immédiatement, il lui vint à l'esprit que l'origine de ce phénomène ne se trouvait très probablement pas dans le pulsar lui-même. Il trouva plus raisonnable de supposer que la source émettait à toutes les fréquences en même temps. Il pensait cela parce qu'il connaissait une particularité de la propagation des ondes radio dans l'espace interstellaire et qu'il réalisa que cette particularité pouvait engendrer le phénomène qu'il était en train d'observer. Les ondes radio se propagent à la vitesse de la lumière, mais uniquement dans le vide. Or l'espace interstellaire est rempli d'une légère trace de gaz résiduel. Et ce gaz ralentit les ondes. En fait — et c'était l'idée de Pilkington — il les ralentit de manière sélective. Il agit sur les signaux en fonction de leur fréquence. Plus la fréquence de l'onde est petite, plus elle est retardée et plus elle arrive tard sur la Terre.

Avec cette interprétation, il était facile pour Pilkington de déterminer la distance du pulsar. Il se trouvait devant une situation tout à fait semblable à celle d'une compétition entre deux coureurs à pied, dont l'un est légèrement plus rapide que l'autre. Si la course se fait sur une petite distance — un sprint sur 50 mètres —, le coureur le plus rapide distancera à peine le coureur le moins rapide ; au plus, d'une fraction de seconde. Mais en revanche, sur une grande distance — comme 10 kilomètres —, le vainqueur peut fort bien passer la ligne d'arrivée dix bonnes minutes avant le deuxième. Plus la distance sera grande, plus l'intervalle de temps séparant l'arrivée du plus rapide de celle du moins rapide sera important.

Tout ce que Pilkington avait à faire, c'était de déterminer avec quelle *avance* le signal de fréquence plus grande arrivait sur celui de fréquence plus basse, puis d'appliquer exactement le même raisonnement. C'est ce qu'il fit. Et il découvrit que le pulsar se trouvait à un millier d'années-lumière.

Le temps passant, Hewish et ses collègues trouvèrent que leurs pensées prenaient un tour quelque peu inquiétant. Les impulsions qu'ils avaient découvertes étaient d'une stabilité déconcertante. Elles étaient *trop* stables. Chaque impulsion d'onde radio arrivait une seconde un tiers après la précédente. Plus exactement, elles arrivaient toutes les 1,3373011 secondes, et maintenaient cette progression inflexible, cette parfaite régularité, avec une constance rarement rencontrée dans la nature. Si c'était une horloge qu'ils avaient découverte, c'était vraiment une horloge extrêmement bien faite.

Trop bien faite, peut-être. Trop bien faite pour être naturelle.

Car après tout, où la nature nous offre-t-elle des phénomènes d'une parfaite régularité ? La plupart du temps, elle nous apparaît sous un aspect chaotique et confus. Quand on se trouve seul dans une forêt, on entend toute une foule de bruits, mais presque jamais une suite régulière et totalement uniforme de cliquètements. Est-ce un pivert ? C'est plus probablement une horloge cachée. D'une manière générale, les structures qui présentent une grande régularité ne sont pas du tout le résultat d'un processus naturel. Elles sont les signes d'une intelligence.

Jocelyn Bell avait-elle découvert une civilisation extraterrestre ?

C'était une perspective intimidante. Une chose était de découvrir une source d'ondes radio, nouvelle et insolite ; mais bien autre chose était de découvrir une intelligence extraterrestre. Aussi étrange que cela puisse paraître, il y a toujours une part de crainte dans toute découverte scientifique. Plusieurs facteurs entrent en jeu. Il y a la crainte d'aller trop loin et de se retrouver isolé, d'avancer une découverte importante sans pour autant en avoir de preuve assurée. Il y a la crainte d'avoir commis une erreur imperceptible, mais rédhibitoire. Et il y a la peur du succès. Il y a toujours la peur — cachée, non formulée, tapie dans l'inconscient — de tomber sur une découverte si importante, si renversante, qu'elle bouleverse le monde à jamais. Hewish, Bell et leurs collaborateurs savaient que, s'ils déclaraient, à tort, avoir découvert la preuve d'une civilisation extraterrestre, ils seraient la risée de toute la communauté scientifique. Mais s'ils avaient raison, ils devenaient alors les auteurs d'une découverte qui, sans exagération, pouvait être reconnue comme l'une des plus considérables dans l'histoire de la science.

Les signaux ressemblaient exactement aux impulsions lumineuses émises par un phare. Bell avait-elle découvert une espèce de balise de navigation, signalant aux voyageurs de l'espace un danger sur les routes interstellaires ? Ces signaux ressemblaient également aux impulsions émises par les bougies d'une voiture. Avait-elle capté les émissions d'un vaisseau spatial invisible passant dans la nuit ? Avait-elle intercepté une conversation privée dans l'espace ? Mais peut-être aussi ces signaux *nous* étaient-ils destinés ? Étaient-ils intentionnellement orientés vers la Terre par une civilisation impatiente d'entrer en contact avec nous pour nous signaler sa présence ?

Tout cela semblait cependant incompatible avec un fait important. Ces signaux étaient émis sur une fréquence qui ne correspondait pas à celle qu'aurait choisie une intelligence. Ils étaient émis à la fréquence sur laquelle les *autres* sources radio cosmiques émettaient avec le plus d'intensité. Les quasars, les radiogalaxies, les restes de supernovae et même notre propre galaxie — tous ces émetteurs naturels — se trouvaient en compétition avec les pulsars. Il y avait pourtant d'autres bandes de fréquence moins encombrées, mais les pulsars ne les avaient pas choisies. Ce n'aurait tout de même pas été un choix très rationnel de la part d'intelligences créatrices. Autant laisser un phare allumé en plein jour.

Cet argument se tenait... mais après tout n'était pas entièrement convaincant. Peut-être existait-il une raison inconnue pour laquelle les extraterrestres avaient jugé malgré tout utile d'employer cette fréquence ? Peut-être aimaient-ils faire ainsi ? Après tout, nous autres humains avons déjà fait des choses bien plus insensées. Hewish décida alors d'effectuer une autre expérience.

Il voulut voir si la radiosource était située sur une planète. Une civilisation extraterrestre devait bien être obligée d'exister sur une planète en orbite autour d'une étoile. Elle devait bien être *en mouvement,* en mouvement orbital autour de son soleil. Et ce mouvement était facile à détecter. Hewish utilisa pour cela l'effet Doppler.

Sans forcément en connaître le nom, tout le monde est familiarisé avec cet effet. Il se produit à chaque fois qu'une voiture roule en faisant marcher son klaxon. La diminution rapide de la hauteur du son qui apparaît lorsque la voiture passe devant vous résulte du fait que la voiture, qui initialement s'approchait de vous, commence subitement à s'éloigner. Et c'est cette modification dans le mouvement relatif qui provoque le changement de fréquence dans la réception des ondes sonores.

Ce qui est vrai pour les ondes sonores l'est également pour les signaux radio émis par un pulsar. Dans ce cas, c'est le taux des pulsations qui est modifié. En tournant autour de son soleil, la planète tantôt s'approcherait, tantôt s'éloignerait de la Terre. Et par effet Doppler, cette modification constante de son mouvement relatif par rapport à nous se traduirait par une variation correspondante dans la valeur mesurée de la fréquence.

L'expérience de Hewish fut négative. Les mesures les plus précises ne décelèrent aucune variation.

Bell : « Juste avant Noël, j'allai voir Hewish et tombai en pleine conférence au sommet pour décider comment présenter ces résultats. Nous ne pensions pas réellement avoir détecté des signaux émis par une autre civilisation, mais cette idée avait bien sûr traversé notre esprit et nous n'avions aucune preuve qu'il s'agissait d'une émission radio entièrement naturelle. C'est là un problème intéressant : si l'on croit avoir découvert une vie ailleurs dans l'univers, comment présenter ce résultat d'une manière sérieuse ? Qui doit l'annoncer en premier ?

« Nous n'avons pu résoudre ce problème cet après-midi, et le soir, je rentrai chez moi, très irritée ; j'essayais de faire un doctorat sur une technique nouvelle et voilà que de stupides petits hommes verts avaient choisi mon antenne et ma fréquence pour communiquer avec nous ! Cependant, réconfortée par un petit dîner, je retournai le soir même au labo pour procéder à l'analyse de quelques courbes supplémentaires. Peu avant que le labo ne ferme pour la nuit, j'étais en train d'analyser un enregistrement d'une région du ciel tout à fait différente quand, superposé à un signal intense et fortement modulé provenant de [la radiosource] Cassiopée A... je crus percevoir du scruff. Rapidement, je vérifiai les enregistrements antérieurs concernant cette partie du ciel, et à plusieurs reprises, je vis que le scruff s'y trouvait. Je dus quitter le labo avant qu'il ne ferme pour la nuit, sachant que le scruff apparaîtrait aux premières heures du matin.

« Quelques heures plus tard, donc, je retournai à l'observatoire. Il faisait très froid, et à cause de ce froid, il y avait quelque chose, dans le système de réception du télescope, qui souffrait d'une perte de gain très importante. Il me fallait bien sûr faire avec ! Mais avec quelques petites tapes sur les boutons, quelques jurons et quelques bouffées d'haleine bien chaude, j'arrivai à le faire fonctionner convenablement pendant cinq minutes — les cinq bonnes minutes avec le bon réglage du faisceau. Ce scruff, lui aussi, se présenta comme une série de pulsations, mais espacées cette fois de 1,2 seconde les unes des autres. Je laissai l'enregistrement sur le bureau de Tony et je partis, bien plus contente, pour Noël. Il était tout à fait improbable que deux groupes de petits hommes verts aient tous deux choisi la même fréquence invraisemblable, au même moment, pour tenter de se faire remarquer par la même planète Terre. »

Dommage.

« Pendant Noël, Tony Hewish continua gentiment les enregistrements à ma place, mit du papier neuf dans les enregistreurs, de l'encre dans les encriers, et laissa les feuilles non analysées pliées sur mon bureau. A mon retour à la fin des vacances, je ne pus le voir immédiatement et je me mis à analyser quelques courbes. Bientôt, sur la même feuille, séparés d'une heure environ en ascension droite, je vis *deux* groupes de scruff en plus [les pulsars numéro trois et quatre]. Il me fallut une quinzaine de jours environ pour être certaine de l'existence [du deuxième pulsar], et peu de temps après de celle du troisième et du quatrième. J'avais entre-temps revérifié tous mes anciens enregistrements (il y en avait plusieurs kilomètres) pour voir si je n'avais pas laissé passer d'autres scruffs. Cela me donna un certain nombre de candidats vaguement possibles, mais rien d'aussi probant que les quatre premiers.

« A la fin de janvier, l'article annonçant la découverte du premier pulsar était soumis à *Nature*. Quelques jours avant sa publication, Tony Hewish donna un séminaire à Cambridge pour annoncer les résultats. Apparemment, tous les astronomes de Cambridge y assistèrent ; ils manifestèrent tant d'intérêt et d'enthousiasme que cela me donna une première mesure de la révolution que nous avions amorcée. Dans notre article, nous signalions que nous avions un moment envisagé que les signaux puissent être émis par une autre civilisation. Et quand il fut publié, les journalistes débarquèrent, encore plus nombreux lorsqu'ils découvrirent qu'une femme était impliquée dans l'événement. Il y eut une photo de moi debout sur un banc, assise sur un banc, debout sur un banc en train d'examiner des enregistrements bidon, assise sur un banc en train d'examiner des enregistrements bidon ; l'un d'entre eux m'a même fait sauter du banc en agitant les bras en l'air — " Mademoiselle, vous venez de faire une découverte et vous êtes heureuse ! " (Archimède ne sait pas ce qu'il a manqué !) Pendant ce temps, d'autres journalistes me posaient des questions très pertinentes du genre : " Êtes-vous plus grande que la princesse Margaret, ou pas tout à fait aussi grande ? " (nous avons des unités de mesure très particulières en Grande-Bretagne) et : " Combien avez-vous de petits amis en même temps ? " »

C'est vers cette époque que prit fin le rôle de Bell dans cette histoire. Elle cessa ses observations et passa le relais à la nouvelle génération d'étudiants en thèse. Elle accepta un poste dans une autre région du pays, dans un domaine de recherche complètement différent. Elle rédigea sa thèse.

Les pulsars y furent mentionnés dans un appendice...

Le 9 février 1968, le groupe de Cambridge envoya son article annonçant la découverte des pulsars à la revue britannique *Nature*. Il avait pour titre « Observation d'une radiosource à pulsation rapide », et fut publié en deux semaines ; les éditeurs du journal avaient manifesté ici une rapidité de décision inhabituelle qui prouvait l'importance qu'ils accordaient à cette découverte. Le numéro de *Nature* titrait en couverture : « Une possibilité d'étoile à neutrons ».

En l'espace de quelques semaines, d'autres groupes de recherche se lancèrent sur ce sujet. Il y eut une ruée démente sur les appareils spéciaux permettant l'observation des pulsars. Les télescopes furent pris d'assaut. Les astronomes à qui l'on avait promis d'utiliser un télescope pour un sujet totalement différent furent assiégés au téléphone par des collègues désireux de les utiliser pour l'observation des pulsars. On fit des transactions. Une nuit au télescope tout de suite se négociait contre une semaine six mois plus tard. Et parallèlement à toute cette activité, on poursuivait le débat sur la nature de l'objet responsable de ces pulsations.

La même question que celle qui avait préoccupé Hewish et Bell revint à maintes reprises au cours de ce débat. Pratiquement tout le monde reconnaissait que la parfaite régularité des émissions du pulsar méritait qu'on y prête attention. Il n'y avait rien d'extraordinaire dans le fait que les pulsars émettent des ondes radio. Beaucoup d'objets dans le ciel font de même : notre propre soleil, par exemple, bien que très faiblement. La fluctuation aussi rapide des signaux n'avait également rien de surprenant. Après tout, les quasars scintillaient constamment ; le télescope de Hewish avait d'ailleurs été construit pour observer ces fluctuations. Mais la scintillation des quasars était irrégulière. Avant la découverte des pulsars, on n'avait jamais rencontré en astronomie de source de rayonnement dont la pulsation approchât tant soit peu leur régularité.

Bien évidemment, les pulsars devaient contenir une minuterie, une espèce d'horloge naturelle pour contrôler leur émission. Ce fut sur la structure de cette horloge que se concentra pratiquement toute l'attention des chercheurs. A la fin, le débat sur la nature ultime des pulsars ne porta plus que sur cette seule question, et la façon dont il fut mené est véritablement un exemple des méthodes précises et abstraites qui interviennent dans la méthode scientifique. Ce fut un raisonnement classique, d'une portée et d'une généralité admirables, et sa conclusion finale fut l'une des illustrations les plus éloquentes que je connaisse de la puissance d'un raisonnement abstrait allié à la difficulté des observations. Même aujourd'hui, plus de dix ans après, cela reste un exemple impressionnant.

Pour diverses raisons, on avait découvert qu'aucune étoile ordinaire ne pouvait être un pulsar ; ni le Soleil ni aucune étoile visible à l'œil nu. Seules les petites étoiles superdenses pouvaient émettre de tels signaux, et seuls deux types d'étoiles de ce genre existaient. Le premier était celui des *naines blanches*. Les naines blanches représentent un type d'étoile relativement répandu, bien qu'elles soient si petites — environ de la taille d'une planète — qu'elles sont difficiles à déceler. Aucune n'est visible à l'œil nu.

Le deuxième type d'étoile très petite était celui des étoiles à neutrons. Et il aura fallu une succession régulière d'éclairs radio pour les mettre en évidence.

Au cours de ce débat sur la nature des pulsars, on proposa trois mécanismes d'horlogerie différents. Le premier est connu de tous : c'est

37

le passage des saisons. L'hiver est suivi du printemps qui laisse place à l'été, puis à l'automne, et le cycle se poursuit — sans cesse, et avec une grande régularité. Cette lente révolution, cette horloge, résulte du *mouvement orbital de la Terre autour du Soleil.*

Mais il y a loin de l'orbite annuelle de la Terre à une succession d'impulsions radio espacées d'à peine 1,3 seconde. Comment passer de l'une à l'autre ? On supposait qu'une paire de naines blanches, ou d'étoiles à neutrons, étaient en orbite l'une autour de l'autre. En fait, les astronomes connaissent bien ces couples d'étoiles, ces étoiles doubles. Une étoile double est un système formé par deux étoiles très proches l'une de l'autre, en rotation autour de leur centre de masse. Certaines sont visibles à l'œil nu. Par exemple, la deuxième étoile dans la queue de la Grande Ourse est en fait une étoile double, et ceux qui possèdent une bonne vue peuvent en distinguer ses deux composantes, Mizar et Alcor.

Il n'est pas trop difficile d'imaginer comment une telle paire d'étoiles pourrait émettre des éclats d'ondes radio. La figure 1 montre une des possibilités. Ces impulsions pourraient être engendrées au point de contact des deux étoiles. C'est, en tout cas, une possibilité. Ces étoiles se frôlent l'une l'autre à des vitesses malgré tout considérables. Vue de la Terre, cette émission serait alors perçue comme une pulsation, l'ensemble des deux étoiles nous cachant la source pendant la majeure partie de leur période orbitale.

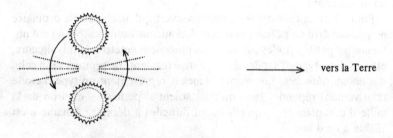

vers la Terre

Figure 1

Il n'y a que deux configurations pour lesquelles le point de contact serait visible pour un observateur situé sur la Terre : une de ces configurations est représentée à la figure 1 ; l'autre se réalise une

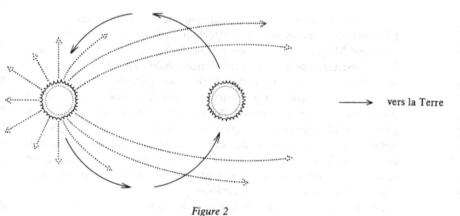

vers la Terre

Figure 2

demi-révolution plus tard. Avec ce modèle, nous capterions deux brefs éclats d'émission radio à chaque cycle orbital de la paire.

Il y a une deuxième possibilité, qui est illustrée à la figure 2. Elle s'appuie sur une prédiction de la théorie de la relativité générale d'Einstein, prédiction qui sera discutée au chapitre 9, selon laquelle le champ gravitationnel des corps massifs dévie les trajectoires des ondes lumineuses et des ondes radio. Mais cette déviation n'est importante que pour des corps très denses ; seules les naines blanches et les étoiles à neutrons le sont suffisamment pour produire un effet significatif. Chaque membre de la paire se comporterait alors comme une lentille faisant converger les signaux émis par l'autre membre. Si l'une des étoiles émettait continûment des ondes radio, et dans toutes les directions — ce qui n'est pas une situation tellement inhabituelle —, les lentilles courberaient leur trajectoire et les concentreraient pour former un faisceau. Ce faisceau serait alors en rotation en même temps que tournerait la paire et nous recevrions une impulsion au passage de ce faisceau au voisinage de la Terre.

Au moins en principe, donc, une étoile double peut émettre une suite régulière d'impulsions radio. Notre propre horloge astronomique, la Terre, marche très lentement. Peut-on imaginer une horloge beaucoup plus rapide, qui fonctionnerait aussi rapidement que les pulsars ?

Une caractéristique ordinaire de toutes les étoiles doubles est que plus elles sont proches l'une de l'autre, plus elles tournent rapidement sur leur orbite. Ce même principe vaut également pour le système solaire. La Terre met une année pour effectuer sa rotation autour du Soleil, alors que Mercure, qui est plus proche du Soleil, ne met que 88 jours. Pour construire une horloge à fréquence rapide, nous devons construire une orbite excessivement petite. Mais cette petitesse a une limite que l'on ne peut dépasser. Il ne pourrait y avoir de planète suffisamment proche du Soleil pour tourner autour de lui en une seconde. L'orbite la plus rapprochée ne peut être que celle où la planète frôle la surface du Soleil, mais même avec cette orbite minimale, une planète mettrait encore trois heures pour faire le tour du Soleil. Pour les mêmes raisons, deux étoiles ordinaires ne pourront jamais graviter l'une autour de l'autre en moins d'une heure environ.

En revanche, les naines blanches, étant plus petites que les étoiles ordinaires, peuvent s'approcher beaucoup plus l'une de l'autre. Une étoile double formée de deux naines blanches situées à grande distance l'une de l'autre aurait une période orbitale d'une année ; comme la Terre. Un système un peu plus resserré pourrait atteindre des périodes d'une heure. Mais même dans ce cas, les composantes de la paire resteraient encore largement éloignées l'une de l'autre. Dans leur configuration la plus serrée cependant, celle où elles tourneraient l'une autour de l'autre pratiquement en se frôlant, les deux naines blanches se déplaceraient si rapidement que leur « année » pourrait n'être que d'une seconde à peine. Et deux étoiles à neutrons, qui sont encore plus petites, pourraient tournoyer l'une autour de l'autre 1 000 fois par seconde.

Voilà pour le premier modèle possible d'une horloge à pulsar. Mais les orbites ne sont pas les seuls moyens de mesurer le temps que l'on trouve dans la nature. Un autre moyen nous est offert par l'expérience quotidienne : c'est le cycle de vingt-quatre heures du jour et de la nuit. Il provient *non de la rotation de la Terre sur son orbite, mais de sa rotation sur elle-même*. Peut-on, à partir de la rotation d'un corps sur lui-même, construire un modèle pour l'émission du pulsar ?

Il est facile de voir comment un tel modèle pourrait produire des impulsions. Imaginons que les émissions radio soient confinées sur une petite région de l'étoile, un point par exemple. Ces émissions ne seraient alors visibles que lorsque ce point serait lui-même visible depuis la Terre ; et à cause de la rotation de l'étoile, on le verrait alternativement apparaître et disparaître, comme le montre la figure 3.

Mais là encore, l'extrême rapidité des impulsions du pulsar impose de sévères limitations à ce modèle. C'est une chose de faire tourner sur lui-même un objet de tous les jours, comme un ballon de basket, au rythme d'un pulsar ; mais c'est tout à fait autre chose que de faire tourner aussi vite un objet aussi énorme qu'une planète ou une étoile.

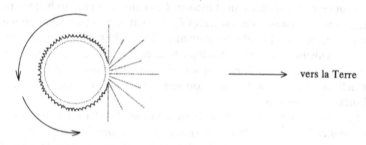

vers la Terre

Figure 3

Pour illustrer cette difficulté, considérons ce qui se passerait si on voulait essayer d'imiter les pulsars en accélérant la rotation de la *Terre* de sa valeur actuelle d'un tour par vingt-quatre heures à celle d'un tour par seconde.

Faisons cela en imaginant une expérience où l'on fixe des fusées géantes tout le long de l'équateur. Au signal, elles se mettent toutes en marche et par suite la durée du jour se raccourcit. Les levers et les couchers de Soleil deviennent de plus en plus rapides.

Ce processus se poursuivant, les objets deviennent plus légers, car la force centrifuge croissante contrebalance les effets de la pesanteur. Les rochers, autrefois inamovibles, peuvent alors être déplacés sans difficulté. Dans les salles de bains, les hommes et les femmes obèses contemplent leur pèse-personne avec satisfaction. Plus la Terre tourne vite, moins les choses pèsent.

Mais à la longue, ce qui était d'abord considéré comme un amusement devient plus sérieux. Les gens ne peuvent plus marcher mais rebondissent maladroitement sur les trottoirs en faisant des sauts énormes. Leurs muscles sont trop puissants par rapport à leur poids, chaque personne ne pèse plus que quelques grammes. Le moindre coup de vent suffit à faire glisser sur le trottoir les voitures en stationnement. Les pierres s'entre-choquent de manière inquiétante dans les champs. Les fusées continuant de fonctionner, on atteint finalement une phase critique où le jour ne dure plus que 1,4 heure. A ce stade, tout objet se trouvant le long de l'équateur ne pèse plus *rien*. La vitesse de rotation augmentant davantage, ce domaine d'apesanteur s'étend encore plus vers le nord et vers le sud de part et d'autre de l'équateur.

Tout se met à flotter dans l'espace. Les gens sont emportés désespérément vers le haut. Leurs voitures également. Un gigantesque capharnaüm s'élève dans le ciel : des animaux, des machines. Finalement, une force invincible apparaît, arrachant tout ce qui reste. Les arbres sont déracinés et projetés dans l'espace. D'énormes masses de terre sont arrachées et s'envolent à leur tour dans l'espace. Le matériau de la planète se désagrège.

La Terre éclate sous l'effet de sa rotation. C'est exactement de la même manière et pour la même raison qu'un volant éclate quand on le fait tourner trop rapidement. Tout objet dans l'univers possède naturellement une vitesse limite de rotation sur lui-même, au-delà de laquelle il est complètement détruit. La Terre serait détruite si elle effectuait sa rotation en moins de 1,4 heure. Le Soleil, lui, volerait en éclats plus facilement : il suffit de le faire tourner à un tour toutes les 2,8 heures. Si donc nous désirons expliquer les pulsars par la rotation d'un certain objet, nous devons prendre garde à en rechercher un qui puisse au moins tourner sur lui-même en un tour par seconde.

Comme dans le cas du mouvement orbital, nous nous retrouvons à nouveau plongés dans le domaine des étoiles extrêmement petites. Plus une étoile est compacte, plus elle peut tourner rapidement sur elle-même. En fait, cette situation est réglée par la gravitation. Plus une étoile est dense, plus grande est la force de gravitation qui maintient sa cohésion, et plus elle peut s'opposer aux actions centrifuges de la rotation. Il n'y a que les naines blanches et les étoiles à neutrons qui soient suffisamment comprimées pour tourner à de telles vitesses. La gravitation à la surface d'une naine blanche est si importante qu'un homme de 70 kilos y pèserait facilement 25 000 tonnes ; et sur une étoile à neutrons, la gravitation est encore plus importante. Ainsi, les naines blanches peuvent accomplir sans dommages plusieurs tours sur elles-mêmes en une seconde, et les étoiles à neutrons, des milliers de tours.

Le troisième et dernier modèle pour rendre compte du mécanisme d'horlogerie du pulsar ne repose pas sur quelque chose que l'on rencontre dans l'expérience quotidienne. Il repose sur un phénomène bien connu des astronomes, tellement bien connu que l'on peut dire que c'est certainement ce modèle qui est venu immédiatement à l'esprit de la plupart des astronomes lorsque l'on annonça la découverte des pulsars. Et certainement, ceux-là mêmes qui avaient découvert les pulsars orientèrent leurs premières réflexions dans cette direction.

Il s'agit de *la vibration d'une étoile*. Certaines étoiles se dilatent et se contractent suivant un rythme régulier. La figure 4 montre comment : l'étoile oscille continûment, se dilatant puis se contractant indéfiniment, accentuant puis diminuant ainsi son éclat.

Figure 4

Cette variation régulière de l'éclat d'une étoile peut même, dans certains cas, être visible à l'œil nu. L'étoile Polaire, par exemple, est soumise à des variations qui, au contraire des variations d'éclat qui leur sont associées, ne peuvent être détectées sans l'aide d'appareils hautement sophistiqués. Si on l'observe très attentivement à l'œil nu, on peut effectivement remarquer ses changements de luminosité.

Une particularité importante de ces vibrations stellaires est qu'elles sont permanentes. Elles ne disparaissent jamais. En cela, elles sont très différentes par exemple des vibrations d'une cloche qui, après avoir été frappée par un marteau, ne résonne que quelques instants. De plus, aucun coup de marteau n'est nécessaire pour faire osciller l'étoile. Elle trouve en elle-même la cause qui la fait vibrer.

Les vibrations d'une étoile se faisant en lumière visible, il n'y aurait rien de surprenant à les retrouver dans le domaine des ondes radio. Les signaux pourraient être émis à un moment particulier du cycle d'expansion et de contraction de l'étoile ; quand, par exemple, elle atteint sa taille minimale et reprend son expansion. Ou bien encore, ces signaux pourraient être engendrés à une phase intermédiaire de son expansion, lorsque l'étoile est au plus rapide de sa croissance et vient se plaquer contre son atmosphère, la couronne stellaire.

Ici encore, la rapidité du mécanisme d'horlogerie du pulsar ne permet de retenir que certains candidats. Le lecteur ne sera pas surpris d'apprendre que seules les naines blanches et les étoiles à neutrons peuvent vibrer aussi rapidement que les pulsars. La fréquence de vibration d'une étoile est déterminée par la force de gravitation qui règne à sa surface : plus elle est importante, plus la vibration est rapide. A cet égard, la fréquence des oscillations d'une étoile est semblable à sa fréquence maximale de rotation sur elle-même : elles sont toutes deux fixées par la même grandeur physique.

Les étoiles ordinaires, comme le Soleil et l'étoile Polaire, ont une gravitation relativement faible : l'étoile Polaire accomplit une oscillation en quatre jours, et le Soleil, si pour quelque raison il se mettait à osciller, aurait une période de quelques heures. D'un autre côté, une naine blanche pourrait facilement accomplir une oscillation en une seconde, et dans le cas d'une étoile à neutrons, on n'aurait que l'embarras du choix : si elles se mettaient à osciller, ces étoiles atteindraient des fréquences de plusieurs milliers de fois par seconde. Ainsi, si l'horloge du pulsar est liée à la vibration d'une étoile, cette étoile ne peut être qu'une naine blanche.

Ces trois modèles pour expliquer le mécanisme d'horlogerie du pulsar furent proposés dès les premiers mois après l'annonce de leur découverte, et furent l'objet d'âpres discussions. En même temps, les chercheurs déployèrent une intense activité. Ce fut une époque grisante. Les revues de recherche furent submergées par une véritable avalanche d'articles scientifiques. On publia des articles annonçant la découverte de nouveaux pulsars. On publia des articles annonçant la découverte de nouvelles particularités de leur émission, jusqu'ici insoupçonnées. D'autres articles décrivaient, en termes enthousiastes, diverses théories — toutes contradictoires entre elles — expliquant le mécanisme responsable de ces émissions ; d'autres également, tout autant contradictoires, décrivaient le mécanisme responsable de leur régularité. Un chercheur publiait les résultats de ses travaux. Son encre était à peine séchée qu'il découvrait un autre article contenant un nouvel aspect qu'il avait négligé. Il recommençait de zéro, et finalement, une version nouvelle, ou révisée, apparaissait. Il n'est pas exagéré de dire qu'en l'espace de quelques mois à peine, on fit plus de recherche sur les étoiles à neutrons que pendant toutes les décennies qui ont suivi l'époque où elles furent proposées pour la première fois, en 1932.

Les mois passèrent. La confusion était partout, et jusqu'à l'automne 1968, un an après la découverte des pulsars, la solution restait encore largement ouverte. Mais trois événements se produisirent alors. Chacun fut d'une importance décisive, et à eux trois, ils apportèrent une réponse complète au problème. Ce furent trois découvertes, faites à la suite l'une de l'autre pendant autant de mois — octobre, novembre et décembre —, et avant que les gens aient véritablement réalisé ce qui s'était passé, le problème fut résolu. Vers Noël, il ne restait plus à régler que des points de détail.

La première découverte fut celle du pulsar de Véla. Ce pulsar, localisé dans la constellation de Véla de l'hémisphère sud, était extrêmement rapide — dix fois plus rapide que tous les autres. Il était presque *trop* rapide. La fréquence de ses impulsions était presque trop grande pour qu'un modèle reposant sur les naines blanches puisse en rendre compte. Véla bouscula les limites de ces théories, les forçant à se porter à des extrêmes invraisemblables, à recourir à des hypothèses *ad hoc*, et fit pencher la balance en faveur de l'hypothèse que les pulsars étaient des étoiles à neutrons.

Mais le plus important, c'est que *ce pulsar se trouvait situé à l'intérieur d'un reste de supernova*. Peut-être le lecteur s'y attendait-il ? Une étoile à neutrons, née dans le feu de l'explosion d'une supernova, commence immanquablement son existence au sein des débris de cette explosion. Si les pulsars étaient des étoiles à neutrons, ils devaient être entourés des débris de cette explosion. Mais les premiers pulsars découverts ne l'étaient pas. Hewish et son groupe avaient établi de manière définitive que les quatre premiers pulsars étaient situés loin de tout reste de supernova *connu*. Il en fut de même pour les pulsars découverts par la suite, jusqu'à l'arrivée du pulsar de Véla. Mais la signification de cet événement n'était pas bien claire. Au premier abord, cela semblait renforcer l'hypothèse d'une naine blanche, mais après des réflexions plus poussées, ce ne fut pas le cas, car les restes de supernova ne durent pas très longtemps. Comme les nuages d'une explosion ordinaire, ils sont évanescents. Peut-être le fait qu'ils n'étaient associés à aucun reste de supernova connu signifiait-il simplement que la plupart des pulsars étaient des objets âgés.

La découverte du pulsar de Véla fit apparaître pour la première fois le lien évident entre les pulsars et les étoiles à neutrons, et lorsqu'on rapprocha cela de la difficulté à rendre compte de la rapidité des pulsars par la théorie des naines blanches, ce lien devint encore plus évident. On commença à penser que Jocelyn Bell avait découvert la première étoile à neutrons.

La communauté des astronomes avait à peine compris la signification de Véla, que l'on faisait la deuxième des trois fructueuses découvertes de 1968 — et si la première avait été importante, celle-ci fut particulièrement décisive. Elle tordait le cou au problème. Ce fut la découverte du pulsar du Crabe. Ce pulsar se trouvait également au sein d'un reste de supernova, mais sa véritable signification était ailleurs : dans son extrême rapidité. Le Crabe émettait à la fréquence inouïe de 30 impulsions par seconde, et si les théories des naines blanches avaient été sérieusement ébranlées par l'existence de Véla, elles se trouvaient maintenant anéanties par celle du Crabe. Ce pulsar était trop rapide pour permettre la moindre ambiguïté ; ses 30 impulsions par seconde sonnaient le glas de toute interprétation faisant intervenir les naines blanches. Du coup, tout un ensemble de théories tomba dans l'oubli.

Il ne restait plus que deux possibilités : la rotation des étoiles à neutrons sur elles-mêmes ou leur mouvement orbital. Comment décider entre les deux ?

La décision se fit grâce à la dernière de ces trois découvertes de 1968 ; mais avant d'en parler, permettons-nous une petite pause. Il y avait une anomalie, une particularité dans la situation telle qu'elle se présentait en novembre de cette année, et cette anomalie contenait un indice. La plupart des pulsars dans le ciel n'avaient visiblement aucun rapport avec des restes de supernova. Deux d'entre eux seulement, le Crabe et Véla, étaient situés à l'intérieur de restes de supernova. Et c'étaient les deux pulsars les plus rapides.

Y avait-il un lien entre ces deux faits ?

Comment se faisait-il que de tous les pulsars observés dans le ciel, seuls les deux plus rapides se trouvaient dans ces restes de supernova ? A ce stade, il était devenu évident que les pulsars étaient des étoiles à neutrons, et que leur naissance était l'un des événements les plus violents et les plus catastrophiques connus dans la science : l'explosion d'une étoile en supernova. Les pulsars les moins rapides n'étaient plus accompagnés des restes de ces explosions. Ils leur avaient survécu. Seuls les plus rapides étaient encore entourés des débris de leur naissance.

C'était presque comme si les plus rapides étaient les plus jeunes.

De fait, c'était le cas. Un mois à peine après la découverte du pulsar du Crabe, le groupe qui l'avait trouvé l'observa à nouveau et s'aperçut qu'il clignotait plus lentement. Le pulsar du Crabe ralentissait.

Tout d'un coup, la révélation d'une vision gigantesque s'abattit sur toute la communauté scientifique. En un instant, tout le déroulement de l'évolution d'un pulsar fut mis à nu. Un pulsar commence son existence au cœur de l'explosion d'une étoile en supernova. Il commence à battre très rapidement — bien plus rapidement que n'importe quel pulsar connu. Avec le temps — des milliers, des millions d'années — il ralentit progressivement, en même temps que le reste de supernova qui l'enveloppe se dilate. Après un millier d'années, le pulsar ralentit jusqu'à 30 pulsations par seconde — tel le pulsar du Crabe — et le reste de supernova qui l'entoure est dilaté jusqu'à un rayon de dix années-lumière — telle la nébuleuse du Crabe. Après 20 000 années, le pulsar devient comme le pulsar de Véla : émettant encore plus lentement, enveloppé d'une nébuleuse beaucoup plus étendue et beaucoup plus diffuse. Finalement, après plusieurs millénaires pendant lesquels le reste de supernova s'est entièrement dissipé dans l'immensité de l'espace interstellaire, le pulsar ne garde plus aucune trace de sa naissance. Il n'émet à peine qu'une pulsation par seconde.

La découverte du ralentissement des pulsars révélait également leur véritable nature, car des deux modèles qui restaient pour le mécanisme d'horlogerie du pulsar, un seul pouvait en rendre compte. Ce modèle était celui de la rotation de l'objet sur lui-même. Les objets en rotation peuvent facilement diminuer leur vitesse de rotation, pour finalement atteindre le repos, comme le font les toupies en rotation. Mais pour le mouvement orbital, c'est exactement le contraire. Ces horloges ne peuvent ralentir. En fait, elles ne peuvent qu'accélérer.

Elles accélèrent à cause de l'émission d'ondes gravitationnelles. Tout objet décrivant une orbite émet de telles ondes. La Terre fait ainsi en ce moment même dans son déplacement autour du Soleil, tout comme les autres planètes du système solaire, et comme le font également toutes les étoiles doubles. Par suite de ce rayonnement gravitationnel, les objets en mouvement orbital se déportent peu à peu, décrivant des spirales rentrantes. En ce moment même, la Terre se rapproche de manière infinitésimale vers le Soleil ; plus elle s'en rapproche, plus l'année raccourcit.

Au sein du système solaire, cet effet est extrêmement faible. Tellement faible qu'il n'a pas la moindre conséquence pratique. Depuis le début de l'existence de notre planète — plus de 4 milliards d'années —, il n'a même pas dévié la Terre de l'épaisseur d'un cheveu en direction du Soleil, et l'année ne s'est même pas raccourcie d'une seconde. Mais pour un système double tel qu'il avait été proposé, formé de deux étoiles à neutrons, cette émission aurait été beaucoup plus importante à cause de la rapidité de leur mouvement orbital. Émettant de manière plus importante, ces deux étoiles auraient très rapidement « spiralé » l'une vers l'autre — et l'horloge du pulsar se serait très sensiblement accélérée.

Avec cette dernière étape, le débat sur la nature des pulsars toucha à sa fin. La découverte du ralentissement des pulsars écarta le modèle d'étoiles doubles, et par élimination, un seul modèle subsista. Les pulsars étaient des *étoiles à neutrons en rotation sur elles-mêmes.*

Ce fut donc ainsi que l'on découvrit les étoiles à neutrons, et que les idées de Baade, Zwicky et Landau furent confirmées. Elles furent confirmées en tout trente-trois années après que ces scientifiques les eurent proposées, et par des voies qu'ils n'auraient pu prévoir. C'est arrivé par hasard, lorsqu'une jeune femme découvrit le premier pulsar. Ou peut-être est-ce arrivé plus tôt, lorsqu'un éminent astronome décida de construire un nouveau type de radiotélescope. Ou peut-être encore n'est-ce pas arrivé avant qu'une année complète ne se fût écoulée, que l'on découvrit le pulsar du Crabe et son ralentissement, et que leur signification eût été dégagée du feu exigeant d'un débat international. De toute façon, c'est arrivé.

Par certains côtés, cette découverte laissait insatisfait. Car après tout, quelle preuve directe avait-on obtenue de l'existence d'étoiles à neutrons ? Toute cette histoire reposait sur une rapide succession de pulsations radio dont la fréquence allait en diminuant petit à petit. Il y a loin de cela à l'observation réelle d'une petite boule de matière neutronique perdue dans l'immensité de l'espace. Ce que nous venons de relater ici, c'est une discussion purement négative. Des gens avaient établi une liste de candidats possibles, puis les avaient tous éliminés, sauf un. Au fond, l'histoire de la découverte des étoiles à neutrons peut se ramener à une seule question : quoi d'autre pouvaient être les pulsars ?

Il n'y a qu'une seule réponse : rien ! Cependant, même aujourd'hui, plus d'une dizaine d'années après, nous n'avons *pas encore* réussi à observer directement une étoile à neutrons. Elles sont trop petites pour être vues. N'était leur étrange pouvoir d'émettre des impulsions radio, elles n'auraient jamais été découvertes.

La découverte des étoiles à neutrons souleva plus de questions qu'elle n'en résolut, et nous les révéla comme des monstres bien plus étranges qu'on ne pouvait le penser. Rien dans les idées originelles de Baade, Zwicky et Landau ne donnait la moindre indication d'un tel comportement. Après tout, la Terre tourne sur elle-même, le Soleil également, mais ils n'émettent pas de pulsations. De toutes les classes d'étoiles existant dans le ciel, seules les étoiles à neutrons possèdent ce mystérieux pouvoir. Il provient de l'émission de signaux radio à partir d'une petite région située à leur surface, mais personne ne comprenait ce phénomène. Personne ne savait pourquoi les pulsars se comportaient exactement comme des phares cosmiques. Et personne ne savait pourquoi ils ralentissaient.

3. Radiotélescope

Le Réservoir de Quabbin est situé en plein cœur du Massachusetts ; il capte les eaux d'une zone déserte d'environ 500 kilomètres carrés. Cette contrée est pratiquement restée à l'état sauvage. On n'y trouve pas de supermarché, pas de village, pas la moindre habitation. Elle reste fermée à toute forme de développement commercial aussi bien qu'aux activités de détente comme la chasse ou le pique-nique, sauf en certains endroits bien délimités. C'est aussi une réserve où abondent les animaux sauvages. L'eau pure des ruisseaux murmure dans des vallées désertes. C'est un endroit agréable, unique, d'autant qu'il se trouve situé à l'intérieur de l'une des régions les plus fortement peuplées de tous les États-Unis.

Le Réservoir de Quabbin fut mis en eau dans les années quarante pour approvisionner la ville de Boston. Quatre villages furent engloutis au cours de l'opération. Quelque 7 500 tombes durent être déterrées et replacées hors d'atteinte des eaux montantes. Des maisons furent abandonnées ; quelques-unes furent vendues pour leurs planches, d'autres tout simplement cédées à qui s'engageait à les déplacer vers des endroits plus à l'abri. Aujourd'hui, les noms de ces villages disparus semblent évoquer des lieux hantés : Dana, Prescott, Enfield, Greenwich. Aucun ne dépassa la taille d'un hameau minuscule — le plus grand, Greenwich, atteignit une population de 1 500 âmes en 1800, et n'a cessé de décroître depuis. De vieilles photographies de la région montrent des rues tranquilles entre ces maisons en bois, blanches et austères, si caractéristiques des constructions de la campagne de la Nouvelle-Angleterre. Les enfants jouaient dans des champs immenses ; de larges porches embellissaient les maisons imposantes ; les églises donnaient sur la place du village. Maintenant, tout cela a disparu ; tout ce qui reste, c'est, de temps en temps, un trou de cave béant qui apparaît en eaux basses dans la boue, et les restes fissurés d'une voie ferrée abandonnée.

Une langue de terre s'étire longuement à l'intérieur du réservoir, large crête qui séparait jadis des vallées, mais qui aujourd'hui, depuis la mise en eau, est devenue la presqu'île de Prescott. A mi-chemin en descendant la presqu'île, dans une petite clairière de la forêt, il y a un radiotélescope.

Ce télescope fut construit sous la direction de G. Richard Huguenin, un astronome de l'université du Massachusetts, et j'imagine volontiers que les habitants grincheux et indépendants de la Nouvelle-Angleterre qui furent déplacés par le Réservoir de Quabbin auraient approuvé les méthodes qu'il a employées pour le construire. La grande passion de Huguenin est la construction d'instruments scientifiques, et lorsqu'on découvrit les pulsars, il décida de construire un télescope pour les étudier. A une époque différente, il aurait recherché une importante subvention pour ce projet auprès du gouvernement fédéral ; et s'il l'avait obtenue, sa vie n'aurait plus été alors qu'un long périple à travers la « Science officielle ». Huguenin se serait débattu entre les formulaires en trois exemplaires, les entrepreneurs, les sous-traitants et les problèmes d'emploi. Mais c'était une période de restrictions dans le budget fédéral, et l'énorme subvention dont Huguenin avait besoin n'était pas disponible. Il n'avait pas assez d'argent pour construire un radiotélescope.

Pourtant, il en contruisit un.

Huguenin et ses collègues se mirent à leurs planches à dessin et tracèrent les plans d'un radiotélescope spécialement conçu pour revenir bon marché. Ils le conçurent de façon à trouver le maximum de pièces sur les rayons des boutiques du coin. Les visites chez Sears [1] remplacèrent les visites à la National Science Foundation [2]. Les recherches sur les listes de fondations et agences firent place à celles dans les petites annonces. Ils trouvèrent du matériel en solde dans des quincailleries. Ils dénichèrent une vieille camionnette d'occasion. Ils achetèrent chez Sears d'énormes quantités de fil de fer à clôture et l'utilisèrent, de façon peu orthodoxe, comme surface réflectrice pour leur télescope. L'un des ingénieurs avait un beau-père vendeur de voitures d'occasion ; il leur loua une voiture d'une ancienne compagnie de téléphone qui était équipée d'une tarière pour forer des trous. Ils apprirent à s'en servir et

1. Chaîne de grands magasins. *(N.d.T.)*
2. L'Agence nationale de financement de la recherche aux États-Unis. *(N.d.T.)*

51

creusèrent avec les trous dans lesquels devaient être plantés les supports des réflecteurs. Quant aux supports, ils renoncèrent à plusieurs solutions élégantes et choisirent l'objet le moins cher et le plus simple qu'ils pouvaient trouver : des poteaux de téléphone, qu'ils dressèrent eux-mêmes. Ils défrichèrent également la forêt et posèrent eux-mêmes les lignes téléphoniques. Ils empruntèrent de l'argent ; ils jouèrent des coudes, harcelèrent des gens : ils se firent donner un ordinateur par un collège du coin, une minuscule salle de commande par une compagnie de Boston, et obligèrent tout le monde à leur accorder du temps.

Le télescope, planté à côté des ruines de Dana, Prescott et Greenwich, ne contribuait guère à la beauté du paysage. Il paraissait tout aussi déplacé qu'un vieux tacot rouillé dans un vallon boisé. D'ailleurs, par endroits, il *était* rouillé et envahi par les mauvaises herbes. Quatre réflecteurs en fil de fer s'accrochaient à des poteaux téléphoniques avec, au-dessus de chacun d'eux, une alimentation radio suspendue de manière incertaine. Des câbles coaxiaux, courant de l'alimentation vers la salle de commande, étaient posés à même le sol en un enchevêtrement rouillé.

A l'intérieur de ce bâtiment, des tiroirs d'électronique s'empilaient les uns sur les autres, chargés de boutons. Cela faisait impression, mais sans plus — pas autant par exemple, que le poste de pilotage d'un avion de ligne. Les opérateurs du télescope étaient vautrés dans des fauteuils, tantôt observant les cadrans, tantôt paraissant ne pas les remarquer. Une pile de magazines — *Newsweek, Playboy* — tout écornés était posée sur une table. On pouvait voir dehors, à travers une fenêtre panoramique qui donnait sur la clairière, un cerf qui broutait sous les réflecteurs. Là, sur les eaux toutes proches du Réservoir de Quabbin, sur le chemin de terre défoncé qui mène à la presqu'île de Prescott, sur le cerf et la surface même des feuilles aux couleurs tellement splendides en automne, toute une pluie de signaux radio, continue, uniforme et totalement invisible, se déversait en provenance des pulsars. Elle tombait sur une masse de métal rouillé posée dans une clairière, et seule cette masse, parmi tous les éléments du paysage, réagissait. Au moment même où le cerf broutait l'herbe sous les réflecteurs, le télescope était en action : suivant automatiquement les pulsars à leur passage à la verticale, rassemblant automatiquement les données et les enregistrant sur une bande magnétique. Une fois par semaine, quelqu'un balançait cette bande sur la banquette arrière d'une voiture et l'apportait à l'université du Massachusetts où on l'analysait. C'est ainsi que Huguenin était à l'écoute des pulsars.

Huguenin commença à travailler sur son télescope lorsqu'il arriva à l'université du Massachusetts à Amherst. Avant, il était à Harvard.

« A l'époque où l'on découvrit les pulsars, me dit Huguenin, j'étais en train de me remettre de l'abandon d'un programme de satellite. J'avais travaillé pendant de nombreuses années sur un satellite destiné à étudier le Soleil dans le domaine des fréquences radio. Nous l'avions conçu, en avions lancé des éléments à bord de fusées, bref, le colis était pratiquement prêt à partir lorsque le budget de la NASA fut réduit. Un des secteurs qu'ils trouvèrent immédiatement pour économiser de l'argent fut le programme universitaire, parce que les universités n'étaient pas très bien représentées à Washington. C'était nous qui rouspétions le moins. J'étais relativement jeune à cette époque et j'avais passé en tout cinq années sur ce projet : ce fut un coup dur. C'était fin 1967 ; à peine deux mois après, nous recevions le numéro de *Nature*. Je le consultai, je vis l'article annonçant la découverte des pulsars, et j'en fis immédiatement une photocopie.

« Dès le début, cela me parut fascinant. Jusque-là, on connaissait des choses sur la variabilité à long terme des quasars — que leurs émissions radio pouvaient varier sur quelques années, voire quelques mois, ce qui déjà était réellement scandaleux. Que quelque chose de la taille d'une galaxie puisse modifier son rayonnement sur un laps de temps d'un mois semblait tout simplement impossible. On connaissait aussi des choses sur diverses possibilités de variations optiques des étoiles, dont certaines subissent des variations lumineuses sur des échelles de temps de l'ordre de quelques jours. Mais lorsque se présenta un objet, comme les pulsars, *réellement* associé à des échelles de temps extrêmement courtes, cela parut tout simplement incroyable. Il me semblait impossible qu'un objet, ayant au moins la taille d'une étoile, et aussi lointain qu'une étoile, puisse varier sur une échelle de temps aussi brève.

« A cette époque, mon collègue Joe Taylor achevait son doctorat à Harvard. Il nous sembla que cet article de *Nature* ouvrait une piste qu'il nous fallait suivre. Au bout d'un jour ou deux, nous en étions à décider ce que nous voulions faire. Nous en avons discuté et nous avons décidé que la question essentielle pour comprendre la nature de ces objets était leur polarisation. Nous commençâmes alors par construire un instrument pour mesurer la polarisation de l'émission radio du pulsar que nous enregistrerions au NRAO — le National Radio Astronomy Observatory de Greenbank, dans l'ouest de la Virginie.

« Je téléphonai au NRAO pour dire que nous voulions observer ces objets. Nous avions pas mal de travail devant nous, car ils ne possédaient rien au niveau de l'équipement en récepteurs dont nous avions besoin. Il me restait un peu de matériel du projet de satellite ; en le rassemblant, nous vîmes que nous possédions déjà beaucoup d'appareils que nous pouvions utiliser : enregistreurs sur bandes magnétiques, tables traçantes à grande vitesse, des trucs de ce genre. Donc, nous avons tout rassemblé et six semaines plus tard, en mars, nous étions prêts à démarrer. Nous sommes montés sur leur télescope de 90 mètres, avons observé le pulsar et obtenu quelques données sur la polarisation des impulsions individuelles.

« Par la suite, nous avons poursuivi très régulièrement nos observations au NRAO. Tous les deux ou trois mois, Taylor et moi y passions environ une semaine. Je me rappelle particulièrement la première fois que nous avons observé un pulsar. C'était l'un des pulsars les plus proches ; il était incroyablement puissant, si puissant que nous avons pu déceler une structure au sein même de ses pulsations, ce qui était quelque chose de nouveau pour l'époque. J'augmentai la vitesse de la table traçante pour enregistrer le pulsar avec le plus de détails possible. Je la fis fonctionner rapidement et la plume commença à se déplacer de plus en plus vite sur le papier, puis devint de plus en plus rouge, comme une cerise. Et tout ce que je me rappelle ensuite, c'est qu'elle s'est enflammée ! Cette fichue plume avait mis le feu à toutes nos données.

« Il fallait voir comment ça se passait au télescope à cette époque. C'était avant qu'ils aient leur nouvelle salle de commande, et avant l'époque de la miniaturisation électronique : l'étage était tout encombré de matériel. Nous arrivions en fourgonnette, avec trois ou quatre rayonnages de deux mètres de long, bourrés de matériel — tout un tas d'appareils —, et ils n'avaient pas la place de nous caser ailleurs que dans le sous-sol. Le télescope, lui, se commandait depuis l'étage. C'était un télescope méridien ; il était posé sur le dos, pointant à la verticale, et il ne pouvait observer les objets qu'à leur passage au-dessus de lui.

« Les gens, à l'étage, nous avertissaient qu'un pulsar allait bientôt passer. Nous allumions notre matériel, prêts à enregistrer à grande vitesse, et ils nous donnaient le signal en tapant sur le plancher. Plus tard, le système devint un peu plus sophistiqué, mais c'était quand même excitant alors, car nous commencions à apprendre des choses.

« A la même époque, nous nous sommes mis à rechercher de nouveaux pulsars et nous avons trouvé le premier pulsar différent des quatre pulsars originels découverts par l'équipe anglaise. Je me rappelle que cela a coïncidé avec la visite du comité d'inspection. Il y avait aussi Tommy Gold, de l'observatoire d'Arecibo à Porto Rico. Ce groupe cherchait à s'intéresser aussi aux pulsars, et Tommy Gold avait eu vent de la rumeur qui circulait du côté de la cafétéria du NRAO, selon laquelle nous avions trouvé un pulsar. Je lui répondis que oui, nous en avions trouvé un, et lui expliquai comment nous avions procédé. Il fut absolument furieux que nous n'ayons pas cherché dans la région du ciel où son télescope d'Arecibo pouvait observer. Mais mon raisonnement avait été qu'Arecibo allait commencer ses observations, nous le savions, et que leur télescope était beaucoup plus puissant que celui que nous utilisions au NRAO. Mais d'un autre côté, je savais qu'il ne pouvait observer qu'une région limitée de ciel. Je pensais alors que nous devions débuter nos observations là où eux ne pouvaient en faire. Gold était fou à l'idée que nous ayons découvert ce nouveau pulsar et qu'il ne puisse pas l'étudier.

« En septembre 1968, je quittai Harvard pour l'université du Massachusetts à Amherst. J'emmenai avec moi mon équipe d'ingénieurs et tout mon matériel. Officiellement, Joe Taylor était à Harvard, mais il passait autant de temps chez nous que là-bas et, bientôt, il vint nous rejoindre de manière définitive. Il était évident que les pulsars étaient des objets fascinants et qui méritaient qu'on les étudie. Je décidai alors que c'était ce que je ferais — et que je construirais un radiotélescope à Amherst. »

A l'époque où les lignes de ce livre sont écrites, plusieurs centaines de pulsars sont connues, mais deux seulement émettent en lumière visible et peuvent être étudiés avec un télescope ordinaire. Tous les autres émettent des ondes radio. L'étude des pulsars est donc essentiellement du ressort de la radioastronomie. En fait, les ondes émises par les pulsars sont exactement de même nature que celles qu'émettent les stations de radio ; il faut le même genre d'équipement pour les capter. Et les astronomes étudient les pulsars de la même façon qu'ils écoutent les nouvelles dans leur voiture, le soir en rentrant chez eux : avec une radio.

En principe, n'importe quelle radio marcherait. Celle d'une voiture serait tout à fait capable de recevoir les signaux des pulsars s'ils étaient plus puissants. Mais les pulsars sont trop éloignés. Si l'un d'entre eux pouvait se rapprocher de la Terre, n'importe quel appareil de radio ou de télévision dans le monde pourrait recevoir ses émissions. On entendrait un son très semblable au tic-tac d'une horloge : une succession régulière d'impulsions, une suite uniforme de petits déclics.

Les signaux des pulsars sont si faibles que l'on est obligé de construire des radios plus sophistiquées pour pouvoir les entendre : les radiotélescopes. Mais le principe de construction de tels télescopes est exactement le même que celui que l'on utilise pour construire n'importe quel poste de radio. Il y a essentiellement trois parties : l'antenne, qui détecte le signal ; l'amplificateur, qui amplifie ce signal sous forme d'un courant électrique de grandeur convenable ; et le haut-parleur qui transforme ce courant électrique en son. Les radiotélescopes n'utilisent habituellement que les deux premiers éléments et se passent du troisième. Les besoins de la science étant ce qu'ils sont, il est moins intéressant d'écouter les pulsars que d'enregistrer leurs signaux sous une forme qui permette des mesures : sur un enregistreur graphique ou un oscilloscope, ou encore en les entrant dans un ordinateur.

La première partie, l'*antenne,* est un système qui permet de capter le signal incident. Souvent, ce n'est qu'un simple fil de fer. Les signaux radio sont des ondes et tout fil métallique baigné par ces ondes est alors le siège d'un courant électrique oscillant. C'est ce courant avec lequel travaille l'amplificateur. Plus le fil de l'antenne est grand, plus elle intercepte d'ondes électromagnétiques, et plus le courant qu'elle fait naître est important.

Sur une voiture, l'antenne est cette tige extérieure qui émerge de la carrosserie, ou un fil très fin monté dans le pare-brise. Dans les postes de radio d'appartement, elle passe complètement inaperçue : elle est enroulée quelque part dans le poste. Dans chacun de ces cas, l'antenne est petite et discrète. Mais dans un radiotélescope, destiné à capter des signaux tellement faibles, elle est énorme et spectaculaire ; c'est de loin la partie la plus impressionnante. Tout comme la pupille de l'œil qui se dilate dans une pièce sombre, tout comme les antennes démesurées qui pavoisent sur les toits des villes où la réception est mauvaise, le radiotélescope présente une antenne énorme. Cela peut être 190 kilo-mètres de fils tendus entre des poteaux, comme celle de Hewish. Cela peut avoir la forme d'une parabole, tout à fait semblable à une installation radar gigantesque, comme le radiotélescope d'Arecibo à Porto Rico : 300 mètres de diamètre, énorme cratère artificiel se découpant sur les collines, tapissé de panneaux ajourés en aluminium. Ou cela peut être le plus grand de tous les radio-observatoires : 27 paraboles formant un immense Y, s'étendant sur près de 1 300 kilo-mètres carrés dans le désert du Nouveau-Mexique, et dont les signaux sont délicatement additionnés les uns aux autres : le Very Large Array (Très Grand Réseau).

A proprement parler, ces paraboles ne constituent pas les antennes du télescope. Elles en sont les réflecteurs. Leur fonction est de recueillir les ondes radio provenant d'une grande région du ciel et de les concentrer sur la véritable antenne que l'on appelle l'antenne primaire : un petit objet, extrêmement discret, suspendu au-dessus de la parabole réflec-trice. La fonction du réflecteur est équivalente à celle de l'objectif d'un appareil photo, qui recueille la lumière incidente et la concentre sur le véritable détecteur, le film. Mais quelle que soit la dimension des réflecteurs, le courant qui apparaît dans l'antenne primaire reste très faible. D'où la deuxième étape dans le fonctionnement de la radio : *l'amplification de ce courant.*

Sur les postes de radio ordinaires, le bouton du volume règle le niveau d'amplification ; sur les radiotélescopes, on se dispense de ce raffine-ment. Les radiotélescopes sont, soit en marche, soit à l'arrêt, et quand ils sont en marche, ils sont à leur volume maximal. C'est là la deuxième cause principale de leur coût élevé. Les amplificateurs actuels comme ceux que l'on utilise en astronomie sont des objets véritablement extraordinaires, incomparablement supérieurs à tout ce que l'on peut trouver dans le commerce. Leur fonctionnement exige une précision telle que chaque amplificateur est spécialement conçu et construit pour fonctionner sur une fréquence bien déterminée, au contraire des amplificateurs ordinaires dont la fréquence de fonctionnement se règle en tournant un bouton. Par rapport au travail et à l'ingéniosité requis pour sa construction, l'amplificateur d'un radiotélescope est tout aussi impressionnant que le réflecteur. Mais, bien sûr, il ne fait pas aussi impressionnant ; à peine quelques tiroirs d'électronique.

Les antennes radio ordinaires sont omnidirectionnelles et réagissent aux signaux provenant de toutes les directions. Elles devraient alors capter en même temps toutes les stations se trouvant à leur portée et n'engendrer qu'un cafouillis incompréhensible. On évite ce problème par un arrangement préalable, dont le gouvernement fédéral vérifie la bonne application, qui impose à chaque station d'émettre ses ondes à une fréquence différente de celle des autres stations ; on sélectionne alors une station en faisant fonctionner l'amplificateur sur sa fréquence, en se réglant sur cette fréquence. Mais les radiosources célestes, comme les pulsars, émettent à *toutes* les fréquences du spectre radio. Pour elles, le réglage en fréquence du récepteur ne marcherait pas. Le radioastronome conçoit alors son antenne de façon à ne recevoir les signaux que d'une région particulière du ciel : l'antenne n'est plus omnidirectionnelle, mais unidirectionnelle. Vous ne réglez pas un radiotélescope. Vous le pointez.

Ainsi construit-on une radio, n'importe quelle radio, depuis le plus petit transistor de plage jusqu'au plus gros poste à très grande sensibilité. Chacun est à sa façon une merveille de la technologie, et n'existe que pour nous mettre en contact avec des signaux émis par une source éloignée.

Ce contact s'établit par l'intermédiaire du champ électromagnétique. Ce champ est partout dans l'espace. Il nous entoure tous sans exception. Il pénètre à l'intérieur de nos corps, et s'enfonce même jusqu'au cœur de la Terre. Il s'étend au loin jusque dans le froid glacial de l'espace interstellaire. Pour autant que nous sachions, il n'existe pas de région de l'univers, si petite soit-elle, où ce champ soit absent.

Il n'est jamais totalement au repos. Il vibre, il frémit constamment. Des ondes le parcourent. En voici une, toute petite. Sur la rétine de notre œil, elle se révèle être la lumière d'une étoile éloignée. En voici une autre : c'est la lumière d'une deuxième étoile. Un nombre incalculable d'ondes semblables pénètre dans la Terre ; et c'est grâce à elles que nous reconnaissons le ciel pendant la nuit : les planètes, les étoiles, les constellations. En voici encore une autre, bien plus puissante que les autres : c'est la lumière du Soleil. Puis des myriades d'autres, mais beaucoup plus faibles. Amplifiez-les avec un télescope, et elles révéleront un nombre plus grand d'étoiles, mais aussi quelque chose de nouveau : des galaxies, des nébuleuses et des quasars.

Voici maintenant une onde, ni plus faible ni plus puissante, mais *plus longue* que les autres. La lumière visible est une onde électromagnéti-que de très petite longueur — d'environ un cent millième de centimètre. Nous ne percevons pas les ondes plus grandes ou plus courtes sous forme lumineuse. Nous ne les percevons d'ailleurs pas du tout ; et c'est pour les détecter que nous construisons des instruments. Les ondes plus courtes sont les rayons X, avec une longueur d'onde d'un cent millionième de centimètre, ou encore les rayons gamma, avec une longueur d'onde d'un cent milliardième de centimètre. Les ondes plus longues forment la lumière infrarouge ou les ondes radio. Les signaux radio peuvent avoir des longueurs d'onde allant de fractions de centimètre à plusieurs kilomètres. Ce sont ces ondes qu'émettent les stations de radio et les stations de télévision.

Les pulsars aussi. Leurs ondes voyagent à travers l'espace « vide » et viennent frapper la Terre. Les radiotélescopes sont là, disséminés sur toute sa surface. Ils écoutent.

Huguenin arriva à Amherst avec un plan en tête et la promesse d'une subvention de 25 000 dollars de l'université du Massachusetts. Son premier travail fut de trouver davantage d'argent. « A cette époque, m'a-t-il dit, autour de 1968-1969, il y avait des coupes sombres dans le budget fédéral et il était difficile d'obtenir des subventions. En fait, ce fut juste pendant ces années que la National Science Foundation stoppa de grosses opérations dans trois grandes universités. C'est la raison pour laquelle nous ne voyions pas la NSF d'un trop bon œil. La NASA aussi était exclue. Nous nous sommes mis alors à rechercher de l'argent auprès de petites organisations non gouvernementales. Nous avons soumis un projet à la Research Corporation, projet que nous avons scindé en deux pour le présenter également à la Sloan Foundation et à la Fleischman Foundation. A notre grand étonnement, elles répondirent toutes les trois, et nous nous sommes retrouvés avec deux fois plus d'argent qu'il ne nous en fallait pour commencer. »

J'ai demandé à Huguenin sur quels critères il s'était fondé pour choisir le site de l'observatoire.

« Tout d'abord, il devait être plat, m'a-t-il répondu. Pas absolument plat, mais raisonnablement. Ça rendait la construction plus facile. Mais ce qui était bien plus important, c'est qu'il devait se trouver aussi loin que possible de toute interférence extérieure. »

Il est extrêmement facile pour un radiotélescope d'être submergé par des interférences radio d'origine artificielle : les signaux qu'il tente de détecter sont beaucoup plus faibles que le brouillage permanent qui provient de sources locales, genre stations de radio ou autres. On rencontre le même type de difficulté avec les télescopes optiques. Le grand télescope optique de 2,50 mètres du mont Wilson, en Californie, qui fut pendant des années le plus grand télescope du monde, n'est plus du tout utilisable aujourd'hui, car il surplombe directement la ville de Los Angeles. La nuit, les enseignes au néon et les lumières des rues en dessous forment un joli spectacle, depuis le site de l'observatoire, mais elles perturbent le ciel. C'est pareil pour le télescope de 5 mètres du mont Palomar qui est trop proche de San Diego, et dont l'efficacité a sérieusement diminué au cours de ces dernières années, à cause de la croissance de cette ville.

« Les autoroutes et les lignes à haute tension sont les principales causes d'interférences pour les radioastronomes, me dit Huguenin. Pour les voitures, c'est l'allumage : les bougies, les fils de bougies, le distributeur, la bobine, tous ces trucs-là. Ils produisent un énorme signal et cela peut être la source de beaucoup de misères pour les astronomes.

« Il y a aussi les lignes à haute tension qui font du bruit. Et en premier lieu, les isolateurs. Ce qui se passe, c'est qu'ils s'encrassent, ou bien ils se lézardent, et il se produit alors une décharge électrique qui émet des signaux radio. Vous pouvez d'ailleurs la *voir* : elle est davantage visible si l'air est salé, et si vous vous promenez la nuit au bord de la mer, vous pourrez apercevoir une étincelle sur presque tous les poteaux. Il m'est arrivé tout un tas d'aventures à cause de cela, lors d'une opération passée. Nous avions alors un camion avec une petite antenne qui nous permettait de trouver le poteau électrique d'où provenait l'interférence ; nous nous dirigions ensuite très gentiment sur lui, avec le camion, et nous lui rentrions dedans. Le choc faisait sauter la croûte de saleté de l'isolateur, et après, nous nous sentions mieux. Nous avions l'habitude de faire comme cela partout au NRAO de Greenbank, et les gens pensaient que nous étions complètement cinglés.

« Les stations de radio peuvent également être un problème. Au Massachusetts, vous ne pouvez jamais en être très éloigné, car il y en a partout. Mais vous pouvez vous en éloigner *en fréquence*. A Amherst, il y a une station qui émet puissamment sur la fréquence de 89,5 mégahertz. Vous ne pouvez alors pas observer à 89,5. Construisez alors votre récepteur pour qu'il fonctionne sur 87 mégahertz et tout ira bien. Mais il suffit qu'à un moment donné apparaisse une nouvelle station qui émet sur votre fréquence de fonctionnement, et tout est à refaire. Vous devez vous déplacer. »

Aux États-Unis, il faut déployer un effort constant pour éviter que les quelques régions encore sauvages ne soient envahies par les centres commerciaux, les lotissements, etc. Il se pose le même problème pour les fréquences d'observation de la radioastronomie : elles ont, elles aussi, besoin de protection. Il existe une inquiétude tout à fait réelle au sujet de l'astronomie aux États-Unis, qui disparaîtra dans un avenir prévisible du sol américain, à moins d'imposer des mesures de préservation plus énergiques. « Il y a des lois et des règles, dit Huguenin, mais elles ne fonctionnent pas très bien. En fait, il existe une personne à la NSF, à la section d'astronomie, appelée le " régisseur du spectre ", dont le travail est de surveiller ces choses. Il y a également tout un ensemble compliqué de règlements conçus pour protéger la radioastronomie, mais ils ne marchent pas bien. Il n'existe qu'une seule protection absolue : c'est une petite bande de fréquences autour de la longueur d'onde de 21 centimètres sur laquelle émet l'hydrogène interstellaire. Personne à la surface de la Terre ne peut émettre autour de cette fréquence. Mais c'est à peu près la dernière possibilité que nous ayons eue en astronomie de nous ménager un bon domaine du spectre radio. Depuis, nous n'avons pu préserver d'autres fréquences qu'avec des protections partielles, et elles sont pratiquement inefficaces. C'est surprenant, mais les zones où l'on travaille le mieux sont celles qui sont exclusivement attribuées à quelqu'un d'autre. Une des fréquences sur lesquelles nous observons est la fréquence de l'aviation militaire. Cette fréquence est extrêmement tranquille, sauf de temps en temps, lorsque les militaires l'utilisent, auquel cas elle disparaît complètement. Bien évidemment, la raison pour laquelle cette fréquence reste à l'abri est que personne ne veut s'y mettre et courir le risque d'interférer avec le Strategic Air Command : tout le monde sait qu'il ne plaisante pas avec ça.

« Donc, nous nous sommes mis à chercher un site. J'achetai toutes les cartes d'état-major du Massachusetts. Cela en faisait un bon paquet, et nous nous sommes mis à chercher ce à quoi pouvait ressembler un endroit convenable. Nous avons trouvé deux possibilités. La première était située sur la presqu'île de Prescott, la deuxième plus bas, sur la Swift River. Toutes deux remplissaient toutes nos conditions.

« C'était en mars 1969. Nous avons rassemblé tout un tas de matériel que nous avons embarqué dans une Jeep pour aller observer les deux sites. Je me rappelle que nous nous sommes embourbés et qu'il y avait encore de la neige sur la route. Il était en fait plus facile d'accéder au site près de la Swift River ; nous y sommes allés en premier, mais les essais firent apparaître que ce n'était pas un bon endroit, il y avait trop d'interférences radio. Nous nous sommes alors rendus sur la presqu'île de Prescott. Nous l'avons parcourue de long en large avec un gars de l'université du Massachusetts, passionné par les animaux sauvages, et qui connaissait la région comme sa poche. L'explorer avec lui fut vraiment une expérience. C'est tout un réseau de chemins de terre. Nous sommes finalement arrivés à l'endroit où nous sommes maintenant et j'ai senti tout de suite que nous avions trouvé. C'était un bon emplacement : relativement dégagé, avec pas trop d'arbres à couper, et de niveau. Nous nous sommes mis à l'écoute des interférences radio et cela semblait très bon.

« Le site de Quabbin est extraordinaire. C'est un emplacement unique. On trouverait difficilement ailleurs dans l'Est un endroit semblable — en prenant tout le Maine, bien que je pense qu'en allant plus au nord, vous pourriez faire les mêmes choses qu'ici. Mais notre grande chance était que cet endroit ne se trouvait qu'à 30 kilomètres de notre base de l'université du Massachusetts, à Amherst.

« Vers l'automne 1969, nous avions obtenu l'autorisation de l'État pour monter un télescope sur un terrain public et réuni assez d'argent pour commencer la construction. Alors, la construction commença.

« Nous avons commencé par acheter une scie mécanique en solde et nous nous sommes mis à abattre des arbres. Nous étions là, coupant les arbres, nettoyant le terrain, nous préparant à mettre les choses en place. Presque tout le bois était du frêne et fut emporté comme bois de chauffage ; l'université le récupéra et il fut utilisé dans les pavillons et les dortoirs. Nous avions emprunté une camionnette à l'université et, chaque jour, quand nous rentrions, nous rapportions un chargement de bois. »

L'observatoire de Quabbin se compose de quatre antennes distinctes dont les sorties sont additionnées avec précision avant de passer dans les amplificateurs. « La surface réflectrice de nos antennes est un réseau de fil de fer, me dit Huguenin. Une espèce de " grillage à poule " de luxe. Il

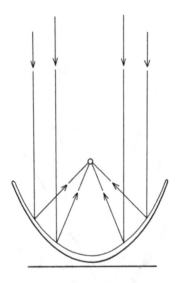

Figure 5

est utilisé de nombreuses façons : par les fermiers, pour les clôtures et comme fenêtres de poulaillers, et dans le bâtiment, comme armature dans le béton. Nous avons trouvé presque tout ce grillage chez Sears, en consultant le catalogue. Il semblait être le meilleur. Le temps passant, je me suis mis à redouter qu'il ne dure pas assez longtemps et nous avons trouvé une maison qui faisait cet article avec une résistance antirouille deux fois plus grande. Cela coûtait 20 % plus cher, mais je pensais que cela en valait la peine. En fait, ce fut une erreur. Si vous allez à Quabbin aujourd'hui, vous verrez que c'est ce grillage-là qui a rouillé. »

Huguenin voulait des réflecteurs fixes. Il les voulait posés horizontalement, sur le dos, pointant vers le ciel, et cela pour la simple raison que de telles structures fixes reviennent relativement bon marché. Chaque réflecteur concentrerait alors correctement les signaux du pulsar si le pulsar se trouvait exactement à sa verticale. L'antenne primaire serait, elle, située au point focal, comme sur la figure 5.

Mais le problème était qu'un tel réflecteur n'aurait pas focalisé les signaux provenant d'une autre direction. Si le pulsar se trouvait de côté par rapport à la verticale, chacun de ses rayons serait réfléchi d'une

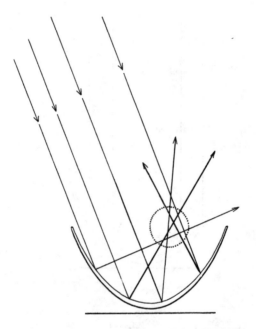

Figure 6

manière différente, et ils ne convergeraient pas tout à fait, comme on le voit à la figure 6. Ce n'était pas intéressant. Huguenin voulait un télescope qui ait plus de souplesse.

Une façon directe de régler ce problème aurait été de rendre le réflecteur orientable *(fig. 7)*. Cette technique, comme la première mais contrairement à la deuxième, conservait bien un point focal et permettait d'observer des pulsars, quelle que fût leur position dans le ciel. Mais elle coûtait trop cher.

Huguenin adopta un compromis. Seul un réflecteur de forme *parabolique* concentre parfaitement les ondes incidentes en un point focal. C'est d'ailleurs pour cela que les radiotélescopes orientables, tout comme les miroirs des télescopes optiques, sont paraboliques. Au contraire, les réflecteurs qui possèdent des formes différentes n'assurent qu'une convergence imparfaite et ne sont, à cause de cela, pas tellement employés. Mais un réflecteur, dont la forme est *une portion de sphère,* possède une propriété intéressante, propriété qui rendit bien service à Huguenin. Si une radiosource se trouve exactement à sa verticale, ce réflecteur ne concentre pas aussi bien les signaux incidents qu'un réflecteur parabolique, mais cela reste malgré tout convenable *(fig. 8)*.

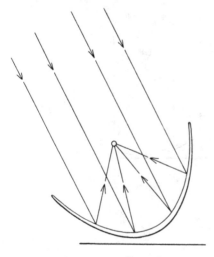

Figure 7

Et ce petit inconvénient devait être comparé aux propriétés de focalisation du réflecteur pour une source située de côté par rapport à la verticale, comme le montre la figure 9.

La convergence reste encore acceptable. Si l'antenne primaire est déplacée de côté dans la zone de convergence partielle, elle détecte quand même les signaux incidents. Cela devait suffire à Huguenin.

Paradoxalement, un tel réflecteur concentrait simultanément les signaux en provenance de pulsars situés dans différentes régions du ciel. S'il arrivait que, par exemple, quatre pulsars se trouvent dans la zone de visée d'ensemble, il y avait quatre régions différentes au-dessus du réflecteur dans lesquelles les signaux des pulsars se trouvaient concentrés. A l'intérieur de chacune de ces régions se trouvaient focalisées les émissions d'une seule de ces quatre sources ; et si on y plaçait l'antenne primaire, elle détectait uniquement ce pulsar. C'est ainsi que Huguenin

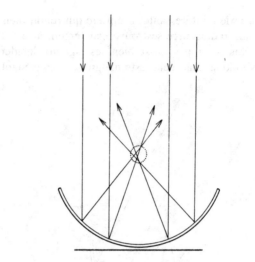

Figure 8

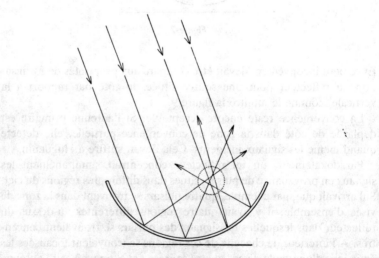

Figure 9

pointa son télescope : non en inclinant le réflecteur, mais en déplaçant l'antenne primaire.

« Chacun de nos réflecteurs est soutenu à sa périphérie par vingt-deux poteaux téléphoniques, me dit Huguenin, et les antennes primaires, au milieu, par trois poteaux plus élevés — des nouveaux modèles de poteaux téléphoniques. Je savais que nous voudrions construire les réflecteurs aussi grands que nous pouvions raisonnablement nous le permettre en fonction du coût de l'amplification. Les trois grands poteaux déterminèrent la taille du réflecteur tout entier, et en fixèrent le prix. Ces poteaux provenaient de la Pacific Northwest ; leur taille *à eux* fut déterminée par celle de la plus grande chose que l'on pouvait placer dans un wagon de chemin de fer. Cela fit 21 mètres de long. Et il se trouva que pour cette longueur nous pouvions avoir des réflecteurs de 36 mètres de diamètre. C'est pour cela qu'ils ont cette dimension.

« Les poteaux étaient bon marché, car la compagnie d'électricité les utilisait par millions. De même, le câble qui soutient la surface réflectrice est le même que celui qu'ils utilisent pour fixer les poteaux. Le réseau grillagé est fixé sur le câble par un clip spécial utilisé dans l'industrie de la sellerie automobile. Tout fut fait par Joe Taylor et moi, ainsi que quelques étudiants en astronomie, mais aussi en anglais et en histoire. Une fois achevée, la construction de chaque antenne nous est revenue à environ 10 000 dollars de matériel et 20 000 dollars de main-d'œuvre.

« Les poteaux, nous les avons posés nous-mêmes. Tout se passa très bien avec les petits. Mais notre camionnette n'était pas assez grosse pour soulever les grands. Vous deviez saisir le poteau au-dessus de son centre de gravité, et ces engins avaient 21 mètres de long. Il fut évident, dès la première tentative pour en soulever un, que nous allions devoir placer un poids à une extrémité, en guise de lest, pour faire entrer cette extrémité dans son trou.

« La première fois que nous avons essayé, nous avons utilisé des *gens* en guise de lest. Ce fut une erreur. Il existe d'ailleurs un film montrant ce qui s'est passé. L'un de nos ingénieurs voulait faire un film d'amateur sur cette opération et se mit à filmer au moment où la grue soulevait le premier poteau. Sur son film, on voit la grue qui commence à soulever le poteau et, cramponnés à une extrémité, Taylor avec quatre ou cinq personnes. Ils sont assis comme des cow-boys, à cheval, les jambes nouées autour de l'extrémité du poteau. Le film montre la chose, avec tous ces gens dessus, en train de s'élever, de s'élever de plus en plus... puis tout à coup, vous voyez le poteau qui se met à pencher ! Il se met à s'incliner vers le haut, avec tous les gars qui s'élèvent en l'air... et c'est la fin du film. L'ingénieur qui prenait le film était la seule personne dans les parages qui pouvait retenir le tout et empêcher tout ce monde de se retrouver tout en haut. Il laissa alors tomber sa caméra se précipita et s'agrippa au poteau.

« Après cela, nous avons pris un gros bloc d'acier pour faire contrepoids.

« Cet hiver-là, nous avons commencé le gros œuvre. Nous avons trouvé une tente dans un surplus militaire ; nous l'avons installée et, durant tout l'hiver, nous l'avons utilisée pour travailler l'acier. Nous avons acheté une scie chez Sears. Nous n'avions que de l'acier brut et nous devions le couper à la bonne longueur, et souder des morceaux entre eux. On ne pouvait pas avoir un temps plus pourri. Nous avions un chauffage de fortune : cela ressemblait à un poêle à mazout, mais sans poêle ; juste une flamme qui donne la chaleur, la fumée, la puanteur et j'en passe — un gros chalumeau en somme. Et, tout l'hiver, nous n'avons fait que couper et assembler de l'acier.

« En même temps, nous avions besoin d'un endroit où mettre l'électronique. Nous avons alors acheté une caravane. Je me rappelle très bien la nuit où l'on nous l'a livrée — notre labo tant attendu. C'était le milieu de l'hiver et nous venions d'avoir une tempête de neige. Ça glissait terriblement et un gars s'est pointé avec cette grosse caravane de 18 mètres de long, et une toute petite camionnette pour la tirer. Il n'avait pas de chaînes. " Vous auriez dû mettre des chaînes, parce que la route est sacrément verglacée par ici, lui dis-je. — Non, fit-il, je ne patine jamais avec cette camionnette. " A cette époque, j'avais une Bronco — une Jeep — et je l'accompagnai sur le chemin en direction du site.

« Tout se passa bien jusqu'à ce que nous atteignîmes une montée. Il contrôla la situation sur la première partie de cette montée ; mais, arrivée pratiquement à mi-chemin, la camionnette s'arrêta : calée, avec derrière elle la grosse caravane. Il décida de revenir au bas de la pente et de refaire un autre départ. Mais dès qu'il démarra la camionnette se mit à déraper — et ce que je me rappelle ensuite, c'est que tout cet attelage s'est mis en travers, et que cette grosse caravane a complètement barré le chemin.

« J'étais devant, et il n'y avait aucune possibilité de manœuvrer autour de lui. Je ne pouvais faire passer ma Jeep. Mais je me suis vaguement rappelé de l'époque où je m'étais retrouvé par ici une année ou deux auparavant, qu'il y avait un autre chemin quelque part sur la presqu'île. Bien entendu, ce chemin n'avait pas été dégagé. J'ai mis les quatre roues motrices, il est monté avec moi et nous avons trouvé le chemin. Je contournai la caravane et je ramenai le gars à l'université. Nous allâmes ensuite dans un garage du coin chercher une dépanneuse. " C'est extrêmement glissant par ici, alors, pour l'amour du ciel, emportez des chaînes ", lui ai-je dit. Et lui : " Vous n'allez tout de même pas m'apprendre mon métier ? " Nous sommes repartis avec la dépanneuse et nous avons réussi à faire le tour de la caravane, qui était toujours en travers de la route. C'était tellement glissant que c'est à peine si la dépanneuse, sans même rien tirer, pouvait monter la pente. Mais le gars avait un système qui pouvait creuser dans le sol et ancrer la dépanneuse. Et ensuite, il déroulait le câble.

« Il était pratiquement 7 heures du soir maintenant. La dépanneuse remorquait la caravane et la tirait sur 300 mètres. Puis, avec la Bronco, je tractai la dépanneuse sur 300 mètres de plus. Ensuite, le gars s'ancrait de nouveau et tirait une nouvelle fois la caravane, puis je tirais la dépanneuse à mon tour. Nous atteignîmes la partie la plus raide de la montée. On formait un sacré convoi, avec la Bronco, la dépanneuse, le tracteur et la caravane, montant ce chemin — c'est à peine si on y arrivait, tellement c'était glacé.

« Finalement, nous avons atteint le sommet de la côte. " Je ne vais pas descendre cette côte avec tout cela derrière moi ", ai-je dit. Nous avons alors tout laissé sur place et nous sommes rentrés à la maison. La semaine suivante, nous avons fait venir un bulldozer de l'université qui a tout fait descendre en bas de cette pente verglacée. C'est une longue histoire... mais cette nuit-là fut plus longue encore. Lorsque nous avons atteint le sommet de la côte, il était minuit. »

Ils plantèrent les poteaux téléphoniques et tendirent des câbles entre eux. Ils fixèrent sur ces câbles le réseau réflecteur en fil de fer, en ajustèrent la forme en utilisant un truc tout simple : la suspension de briques au-dessous des endroits stratégiques. Ils suspendirent l'antenne primaire au centre à partir des poteaux les plus longs, et tirèrent un câble coaxial depuis cette antenne jusqu'à la caravane, maintenant garée en sécurité près de là. A l'intérieur de la caravane, on plaça l'électronique pour l'amplification, un ordinateur, et divers autres appareils. En décembre 1970, le télescope était prêt à fonctionner et on fit les premières observations.

Ils avaient dépensé 146 000 dollars. Pour cette somme, on pourrait acheter un grand voilier ou un appartement à New York. Le Département de la Défense américain gaspille chaque année des centaines de milliards de dollars : le temps de retenir votre respiration — sans vous asphyxier — et il dépense assez d'argent pour construire un autre observatoire de Quabbin.

« Il y a beaucoup de raisons qui expliquent pourquoi Quabbin est revenu aussi bon marché, me dit Huguenin. C'est en partie parce que le télescope avait été expressément conçu en pensant aux pulsars, ce qui a énormément simplifié le travail. Mais je dirais plutôt que la véritable raison est qu'il *devait* être aussi bon marché que cela. Nous n'avions pas plus d'argent et nous voulions le construire. Je suis sûr que si nous avions eu deux fois plus d'argent, nous aurions tout dépensé : les choses seraient allées un petit peu plus vite et le télescope aurait fait un peu plus chic.

« Nous devions faire avec cette somme. Et c'est ce que nous avons fait. »

La route de terre qui mène à l'observatoire part d'une petite autoroute qui contourne la réserve de Quabbin ; elle n'est absolument pas indiquée. Rien ne la distingue d'une autre voie d'accès dans cette région. Un jour que je m'y engageai, je fus bientôt arrêté par une barrière fermée à clef ; je l'ouvris avec une clef que j'avais dénichée dans les bureaux du département d'astronomie de l'université du Massachussetts. Après l'avoir franchie, je l'ai soigneusement refermée derrière moi.

C'était tard dans l'après-midi. C'était le début de l'hiver, mais les premières neiges n'étaient pas encore tombées. Il n'y avait plus une feuille sur les arbres. Cette contrée déserte de Quabbin avait cette beauté sinistre et austère si caractéristique de la Nouvelle-Angleterre en cette saison. La forêt était calme et silencieuse. Un pâle soleil filtrait à travers un ciel gris. Les sons, les couleurs étaient atténués. Les arbres, gris et dénudés, surplombaient un sol recouvert d'un épais tapis de feuilles mortes. J'en froissai quelques-unes dans ma main et je respirai leur odeur merveilleuse.

Descendant cette route de terre, je passai devant d'innombrables murets de pierres dans la forêt. Il y a longtemps, ils avaient été élevés à l'époque où les colons défrichaient la terre, mais aujourd'hui, ils étaient envahis de buissons et de mauvaises herbes, et ils sinuaient sans but parmi les bois. La route contournait un étang de vase. L'espace d'un instant, j'aperçus à travers les arbres les eaux immenses du Réservoir. Les kilomètres se suivaient. Un cerf effarouché surgit devant la voiture, traversa la route d'un bond, puis disparut entre les arbres. M'arrêtant, j'en aperçus plusieurs autres qui me regardaient en silence, tout à fait tranquilles.

Arrivant enfin à l'observatoire, j'y découvris le spectacle d'une activité empressée, contrastant tout à fait avec l'environnement. Depuis sa mise en service, il avait pris une sacrée extension. La vieille caravane était maintenant abandonnée, et avait été remplacée par un charmant poste de commande. Il y avait l'eau courante et un téléphone. A côté des quatre antennes destinées aux pulsars se trouvait un télescope plus récent et de plus belle allure, surmonté d'un dôme géodésique, étincelant de blancheur, et destiné à l'étude des molécules dans les nuages interstellaires.

A côté de lui, les antennes à pulsars faisaient plutôt minables. Elles avaient des taches de rouille, et, ici et là, des trous dans le grillage. Les mauvaises herbes poussaient en dessous. Pour un observateur de passage, elles semblaient abandonnées. Mais elles ne l'étaient pas. Même lorsque je me suis promené dessous, elles fonctionnaient. Le système était maintenant complètement automatisé. Il y avait un ordinateur qui rassemblait les données, et cela, sans aucune intervention humaine : le jour, la nuit, pendant les vacances, par temps couvert, sous des trombes d'eau, il fonctionnait en permanence. Les câbles coaxiaux, qui couraient des quatre antennes à la salle de commande, traînaient à même le sol, enchevêtrés les uns dans les autres — le genre de fatras que l'on peut rencontrer dans une ferme abandonnée. Ici encore, les apparences étaient trompeuses, car au moment même où je les regardais, ils étaient parcourus par des signaux de pulsars. Leurs longueurs avaient été si soigneusement calculées que les signaux sortant de chacune des quatre antennes arrivaient dans la salle exactement en phase avec ceux qui étaient issus des autres antennes.

A l'intérieur, aucun laisser-aller. Il y avait une petite bibliothèque assez agréable, contenant des livres de référence, les revues récemment parues et un atlas photographique du ciel. Il y avait une photocopieuse. Il y avait une cuisine et deux minuscules chambres sans fenêtres dans lesquelles les chercheurs qui avaient travaillé toute la nuit pouvaient dormir pendant le jour — et vice versa. Il y avait un atelier et un laboratoire d'électronique. Un nombre incroyable de photos du télescope décorait les murs.

Dans la salle de contrôle, des tiroirs d'électronique étaient alignés contre les murs ; certains étaient complètement surchargés de boutons, d'interrupteurs et de petites lampes, d'autres en étaient totalement dépourvus. (Sur l'un d'eux, on avait posé une petite plaque où était très solennellement gravé : RUSTIQUE MAIS EFFICACE.) Il y avait un amplificateur aux possibilités extraordinaires ; une horloge atomique pour déterminer le moment exact auquel arrivait chaque impulsion ; un transformateur analogique-numérique, qui prenait le signal à la sortie de l'amplificateur et le transformait en un nombre qui était ensuite traité par l'ordinateur. Il y avait également une machine à écrire qui servait à communiquer avec l'ordinateur.

L'ordinateur même n'occupait qu'un petit tiroir. Il exécutait simultanément quatre fonctions complètement différentes. Il guidait les quatre antennes primaires, suivant constamment la dérive du point focal du pulsar lorsque celui-ci passe à la verticale dans la rotation quotidienne du ciel. Il contrôlait le réglage du télescope. Il emmagasinait le résultat des observations après leur traitement électronique. Et enfin, lorsqu'un pulsar avait été suffisamment étudié, il déplaçait les antennes primaires pour observer celui qui allait à son tour entrer dans le champ des réflecteurs. A l'époque de ma visite, le programme d'observation comprenait 20 pulsars et chacun nécessitait environ deux heures d'observation : tous les deux jours, l'ordinateur faisait le tour complet de sa liste.

Le résultat final de toute cette opération était une bande magnétique. Elle était montée sur un enregistreur magnétique contrôlé par l'ordinateur, et même lorsque je la regardais, des données s'inscrivaient dessus. Centimètre par centimètre, elle avançait lentement entre les têtes d'enregistrement. Après s'être complètement déroulée, un opérateur la rembobinait, la remplaçait par une bande vierge, et l'emportait à l'université.

Au milieu de tous ces appareils, je me rendis compte tout à coup que nulle part dans cette salle, je n'avais vu la moindre trace de pulsar. Je n'avais entendu aucun crépitement uniforme sortant d'un haut-parleur relié à la sortie de l'amplificateur. Je n'avais pas vu de suites d'impulsions défilant sur une feuille de papier millimétré. Toute cette installation était destinée à l'étude des pulsars, mais rien dans cette salle ne m'en laissait deviner un seul.

A cet égard, les radiotélescopes sont très différents de leurs homologues optiques bien connus. Car après tout, on peut *regarder* dans un télescope optique. Mais aujourd'hui, de plus en plus, on monte également sur l'oculaire de ces télescopes tout un appareillage électronique compliqué et sophistiqué, et l'analyse automatisée tend à remplacer de plus en plus l'observation humaine. En même temps que changent ses méthodes, l'astronomie perd le contact direct avec les objets qu'elle étudie.

Alors que je me trouvais dans la salle de contrôle de l'observatoire de Quabbin, l'observation des pulsars m'apparut dans tout son aspect complexe et abstrait. Personne n'avait jamais *vu* un pulsar. Personne n'en *verra* jamais un. J'étais venu dans cet observatoire pour en voir un ; mais tout ce que j'ai découvert, c'est l'observatoire lui-même. Cela me rappelait cette définition de l'astronomie que j'avais une fois entendue : *l'astronomie est l'étude des télescopes.*

Par une froide journée de décembre 1980, Joe Taylor rembobina la bande magnétique qui contenait l'ensemble des observations de la semaine. Comme tant de fois auparavant, il l'enleva du lecteur de bandes. Mais cette fois-ci, il ne la remplaça pas par une bande vierge. Il déconnecta puis éteignit l'ordinateur. Il éteignit l'amplificateur, le transformateur analogique-numérique, ainsi que l'horloge atomique et tous les autres appareils se trouvant dans la salle de contrôle. Puis il coupa l'alimentation générale.

Après dix années de fonctionnement, l'observatoire de pulsars de Quabbin avait fait son temps.

L'équipe qui l'avait construit se séparait. Taylor avait accepté un travail dans une autre université, et préparait son départ. Huguenin consacrait maintenant toute son énergie au nouveau radiotélescope installé près des vieilles antennes. La plupart des techniciens et des ingénieurs qui avaient mené à bien l'opération pulsar avaient depuis longtemps reporté leur attention sur ce nouvel appareil.

Pulsars

Au cours de ces dernières années, Huguenin, Taylor et leurs étudiants s'étaient retrouvés de plus en plus souvent en déplacement dans des observatoires plus importants comme le NRAO, Arecibo, ou le Very Large Array, pour poursuivre leurs observations. Et de plus en plus ils s'étaient rendu compte que le télescope de Quabbin avait fait le maximum de ce qu'il pouvait faire. En fait, il était relativement petit. Et plutôt que de l'agrandir en rajoutant d'autres antennes, ils avaient décidé de le fermer.

L'ordinateur alla à l'université du Massachussetts. Une partie de l'électronique fut transférée sur le nouveau télescope d'astronomie moléculaire, une autre sur un programme de sessions d'observations dans des observatoires extérieurs plus importants, programme dont s'occupait Taylor. Des techniciens commencèrent à enlever les antennes primaires, et à démonter les antennes réflectrices situées dessous. Ils remirent en service la vieille camionnette de la compagnie de téléphone et enlevèrent les poteaux.

Fidèles à l'esprit qui les avait guidés dès le commencement, Huguenin et Taylor cherchèrent un acheteur pour ces poteaux de téléphone usagés. Ils en trouvèrent un. « Nous les avons revendus plus cher que nous ne les avons payés au départ », m'a confié Taylor avec une petite étincelle dans le regard.

4. Ouragan électromagnétique

Vers la fin de 1968, on avait à peu près compris que les pulsars étaient des étoiles à neutrons en rotation. Mais, à part le vague sentiment que leurs pulsations avaient quelque chose à voir avec des ondes radio émises depuis une région particulière de l'étoile, c'était tout ce qu'on avait compris. Et on ne savait pas comment ils faisaient pour ralentir. Ce chapitre va tenter d'y voir plus clair. Mais nous ne pourrons aller bien loin. Personne n'a vraiment d'explication.

Avant d'analyser le comportement des étoiles à neutrons, il serait bon de voir *quel est* ce comportement. C'est à cela que servent les radiotélescopes. Ils nous décrivent, avec le maximum de détails possible, l'émission des pulsars. Et on ne peut comprendre les pulsars sans avoir bien assimilé ce point, car cette émission est un phénomène extrêmement complexe. Dire que c'est une série de pulsations ne suffit pas du tout pour faire honneur aux formes variées et déconcertantes de ces pulsations. Chaque détail de cette structure doit être considéré comme un indice potentiel.

L'appareil le plus élémentaire avec lequel on étudie les signaux des pulsars est l'enregistreur graphique, qui visualise simplement sur le papier les signaux à la sortie d'un radiotélescope. La figure 10 montre une toute petite partie d'un enregistrement correspondant à un pulsar typique. La première chose à remarquer sur cette figure, c'est la partie basse de la courbe — l'intervalle entre les impulsions. Elle présente une certaine structure. Mais cette faible émission ne provient pas du pulsar lui-même. C'est du bruit : mélange d'interférences d'origine humaine, de signaux en provenance de sources cosmiques autres que les pulsars, de signaux issus de notre propre atmosphère, ou encore de signaux parasites émis par le radiotélescope lui-même. Lors de la construction de télescopes plus sensibles, presque tout le travail vise essentiellement à réduire ce bruit ; et plus on y parvient, plus il semble évident qu'entre deux éclairs, les pulsars se tiennent tout à fait tranquilles. Ils sont soit « allumés », soit « éteints », et lorsqu'ils sont éteints, ils le sont complètement.

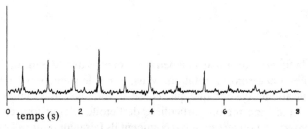

Figure 10

Quant aux pulsations elles-mêmes, elles sont très brèves, beaucoup plus brèves que l'intervalle de temps qui les sépare, ce qui d'ailleurs pose un problème, car cela montre qu'il faut rejeter tout modèle dans lequel l'émission du pulsar serait simplement issue d'un point. Un tel modèle ne peut absolument pas rendre compte de la brièveté des impulsions. Il donne des pulsations étalées, dont l'émission occupe exactement la moitié du cycle du pulsar.

Sur la figure 11, on a dessiné une étoile à neutrons en rotation, telle qu'on la verrait depuis la Terre ; sur l'étoile, on a indiqué le point

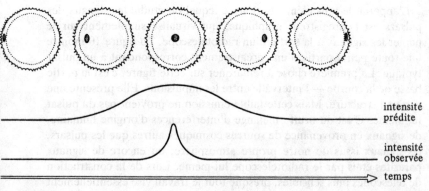

Figure 11

particulier d'où est censée provenir l'émission radio. L'étoile tournant sur elle-même, ce point se trouve également en rotation ; à chaque tour, nous le voyons alternativement apparaître puis disparaître. La figure 11 montre une suite d'« instantanés » de ce processus, arrangée suivant l'ordre chronologique, le temps s'écoulant de gauche à droite, et, sous ces instantanés, l'intensité de la radiation reçue — la première étant celle que prédit le modèle ; la deuxième, celle qui est réellement observée.

Sur le premier instantané, le point émetteur vient juste d'apparaître sur l'horizon gauche de l'étoile, et nous commençons alors à recevoir ses émissions — mais très faiblement, car le point « regarde » vers la gauche. Au cours du temps, il se tourne de plus en plus vers la Terre. Sur la seconde photo, il s'est légèrement avancé sur le disque visible de l'étoile, et regarde un peu plus dans notre direction. L'intensité de l'émission que nous recevons a augmenté. Sur la troisième photo, le point a atteint le centre de l'étoile telle qu'on la voit depuis la Terre, et l'intensité reçue est maximale. Un peu plus tard encore, alors que l'étoile poursuit sa rotation, le point se retrouve encore plus loin, et sur la cinquième photo, l'intensité retombe à zéro.

Jusque-là, l'étoile n'a accompli que la moitié de sa rotation sur elle-même, et, pendant tout ce temps, nous avons reçu les signaux radio qu'elle émettait. Mais cela ne correspond pas à ce qui est observé. Les

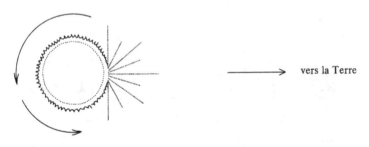

vers la Terre

Figure 12

observations font apparaître une impulsion beaucoup plus resserrée, un bref éclair d'émission radio limité à une petite fraction du cycle du pulsar. Ce modèle prédit une impulsion trop large.

Où est l'erreur dans ce modèle ? Elle se trouve dans une hypothèse

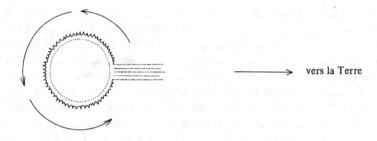

vers la Terre

Figure 13

que nous avons faite — hypothèse tellement naturelle et évidente que nous ne nous sommes jamais souciés de l'énoncer. *Nous avons supposé que le point émettait dans toutes les directions à la fois.* La figure 12 montre la distribution de rayonnement que nous avons inconsciemment supposée. L'émission couvre exactement la moitié de la figure, et est observée pendant exactement la moitié de la période de rotation de l'étoile. Il est tout à fait raisonnable de supposer une telle distribution. Mais ce n'est pas la bonne.

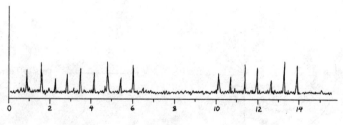

Figure 14

L'étroitesse de la pulsation observée implique que *l'émission radio d'une étoile à neutrons est concentrée en un faisceau,* comme le montre la figure 13. Seule une répartition de rayonnement aussi étroite peut rendre compte de la brièveté des impulsions observées. Avec la découverte de ce faisceau étroit, l'astrophysique pénètre dans un domaine tout à fait inconnu. On ne connaît aucun autre objet dans l'univers de l'astronomie qui fasse cela. D'une manière tout à fait naturelle, une étoile à neutrons se comporte comme une espèce de phare cosmique.

Revenons à la figure 10. Sur cette figure, les éclats successifs sont d'intensités différentes. L'intensité du pulsar est irrégulière : certaines pulsations sont extrêmement brillantes, d'autres tellement faibles que l'on peut à peine les distinguer du bruit de fond. Chaque impulsion diffère en intensité à la fois de celle qui l'a précédée et de celle qui la suit. Au cours de sa rotation, l'intensité du phare fluctue.

En d'autres circonstances, un pulsar présentera des variations d'intensité beaucoup plus radicales. La figure 14 montre un enregistrement graphique sur lequel, brusquement, les émissions radio se sont totalement arrêtées. Ce pulsar s'est carrément éteint pendant un certain temps. Ce qui est probablement le plus remarquable, c'est que cette disparition se produit sans prévenir. Rien dans l'émission précédant une disparition ne la laisse pressentir. Le signal ne faiblit pas lentement jusqu'à devenir finalement invisible — il disparaît soudainement et totalement. Ces brusques variations sont relativement fréquentes chez les pulsars ; elles durent de quelques secondes à plusieurs minutes.

La figure 15 concerne un niveau de complexité plus élevé, et étudie plus en détail les caractéristiques des impulsions individuelles. Les impulsions successives y sont empilées les unes au-dessus des autres, et, pour plus de clarté, le « temps mort » — l'intervalle entre les impulsions — a été supprimé. La figure se lit avec le temps s'écoulant de gauche à droite pour chaque impulsion, et en allant du bas vers le haut, on passe d'une impulsion à la suivante. La première impulsion est représentée par la courbe du bas, la seconde impulsion par la seconde courbe, et ainsi de suite en remontant la page.

Dans cette représentation dilatée des données, les quatre premières pulsations sont absentes : au début de l'observation, le pulsar se trouvait dans une phase de disparition. La première impulsion à véritablement apparaître est la cinquième, et elle est plutôt faible par rapport à l'ensemble des autres. Non seulement elle est plus faible, mais elle est aussi arrivée *plus tôt* qu'elle n'aurait dû — de quelque trois centièmes de seconde —, et ce n'est qu'à partir de la sixième impulsion que l'on retrouve un temps et une intensité « convenables ». Mais partout sur cette figure, on remarque une énorme différence d'une impulsion à l'autre. Aucune ne ressemble exactement aux autres. De nombreuses

79

impulsions aberrantes, comme la cinquième, arrivent au « mauvais » moment ; d'autres se séparent même en plusieurs composantes, les unes arrivant trop tôt, les autres trop tard.

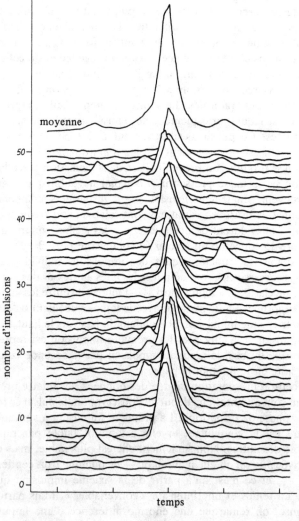

Figure 15

La dernière courbe, au sommet de la figure 15, ne représente pas la dernière impulsion de l'échantillon, mais quelque chose de complètement différent : il s'agit de la *moyenne* de toutes les impulsions qui forment l'ensemble de ces données. Et le plus étonnant avec cette moyenne, c'est qu'elle est stable. Bien que les impulsions individuelles varient radicalement de l'une à l'autre, le profil moyen d'impulsion, lui, ne bouge pas. Il faut avoir peut-être dix minutes de données pour former ce profil moyen, mais, une fois obtenu, il est identique à celui que l'on obtiendrait avec dix autres minutes de données — même recueillies plusieurs années auparavant. Le faisceau du phare du pulsar croît puis décroît, avec des sursauts d'intensité, ici et là dans le temps, modifie le détail de sa forme, mais jamais au hasard. Il se rappelle toujours sa forme propre.

Ce profil moyen d'impulsion ne représente pas la forme *la plus commune* des impulsions individuelles telles qu'elles se manifestent dans l'ensemble des données. On chercherait en vain une impulsion parmi toutes celles de la figure 15 qui ressemble à l'impulsion moyenne. Ce profil moyen a autant de rapport avec les impulsions individuelles que le mythe de l'Américain moyen avec les hommes et les femmes réels. C'est une propriété statistique d'un ensemble.

Mais la caractéristique la plus remarquable de ces profils moyens est probablement le fait qu'ils *diffèrent* d'un pulsar à l'autre. Il n'existe pas deux pulsars qui aient exactement le même profil moyen ; chaque profil appartient en propre à sa source, au point qu'on peut l'utiliser pour identifier le pulsar ; c'est son empreinte digitale. La figure 16 montre un ensemble de profils moyens d'impulsions caractéristiques de six pulsars choisis au hasard. Chacun est différent des autres ; pour certains, c'est tout à fait évident, pour d'autres, cela demande un examen minutieux. Ainsi, le premier consiste en une impulsion principale suivie d'une autre plus faible. Les deux suivants ont relativement même apparence, bien que le troisième soit plus bref que le second. Le quatrième, en revanche, est extrêmement complexe : au premier abord, il semble être constitué d'une composante secondaire suivie d'une principale, mais en regardant plus attentivement, on s'aperçoit que chacune de ces deux composantes recèle en elle-même une structure encore plus fine. Le cinquième pulsar représenté est tout simple, alors que, dans le dernier, on découvre un faisceau moyen comprenant cinq composantes entièrement disjointes.

Nous pouvons également parler de *l'intervalle de temps moyen entre*

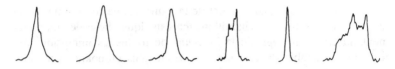

Figure 16

les impulsions. Les impulsions individuelles peuvent arriver soit trop tôt, soit trop tard, mais, en moyenne, elles se produisent toujours au même instant. Par exemple, le premier janvier 1970 à minuit, le pulsar du Crabe émit avec une fréquence moyenne d'une impulsion toutes les 0,031061537607607 secondes, et il continuerait ainsi aujourd'hui, s'il ne montrait en plus un très léger ralentissement. Il existe très peu d'horloges aussi précises que les pulsars, capables de garder, pour certains, une précision d'un millième de seconde sur dix ans. Et on trouverait difficilement dans toute la physique et en astronomie une autre quantité se maintenant avec autant de régularité.

Contrairement au profil moyen, dont la signification fondamentale reste malgré tout obscure, la fréquence moyenne des impulsions admet une interprétation immédiate : c'est la fréquence de rotation de l'étoile à neutrons. Seul un objet aussi massif peut tourner sur lui-même avec une aussi parfaite régularité. S'il s'agit bien de cela, l'écart des impulsions individuelles à l'intervalle de temps moyen doit correspondre à une espèce d'imperfection dans l'ancrage du faisceau du phare par rapport à l'étoile. Le phare ne pointe pas droit vers l'extérieur de l'étoile ; il oscille continuellement, de-ci de-là, pointant son faisceau tantôt en avance, tantôt en retard par rapport à la rotation.

A la figure 17, on passe à un niveau de complexité encore plus élevé, et cela n'a été rendu possible que très récemment par l'application aux plus grands télescopes de techniques hautement sophistiquées. Cette figure semble montrer une suite d'impulsions. Il n'en est rien : elle représente le balayage correspondant à une *seule impulsion,* et révèle quelque chose que personne ne soupçonnait, il y a peu de temps encore. Chaque impulsion individuelle se compose d'un très grand nombre d'éclairs radio encore plus rapides. Ces éclairs sont extrêmement brefs — ils durent moins d'un millième de seconde — et possèdent eux-mêmes une structure qui se manifeste sur des échelles de temps encore plus

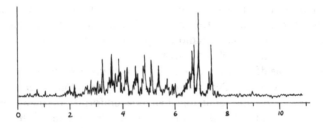

Figure 17

courtes. Ce qui autrefois ne semblait être qu'une impulsion individuelle apparaît maintenant comme un bégaiement extraordinairement rapide.

Ce bégaiement pourrait se produire de deux façons différentes. Soit le faisceau du pulsar est lui-même constitué d'un grand nombre de faisceaux plus petits — un faisceau de faisceaux. Soit il s'agit d'un faisceau unique, soumis à de rapides oscillations. Personne ne peut dire quelle est l'explication correcte.

Nous avons donc une image du faisceau du phare-pulsar : il est affecté d'un extraordinaire bégaiement, il oscille rapidement de-ci de-là ; il change de forme, son intensité augmente puis décroît, allant parfois jusqu'à s'éteindre subitement. Il existe un mécanisme, que l'on entrevoit à peine, qui contrôle la forme de ce faisceau et qui maintient un profil moyen d'impulsion aussi détaillé et identifiable qu'une empreinte digitale ; quant à sa rotation, elle est contrôlée par l'énorme volant massif constitué par l'étoile à neutrons. Aucun mot ne pourra jamais traduire la violence de ce faisceau. Rien sur Terre n'approche un tant soit peu son intensité. Il est tellement puissant qu'un être humain qui s'en approcherait d'une centaine de millions de kilomètres trouverait la mort en une fraction de seconde, à cause de simples ondes radio immatérielles. Au voisinage d'un pulsar, le radiophare est suffisamment violent pour vaporiser le métal et creuser la roche la plus dure. En une seconde, ce faisceau transporte suffisamment d'énergie pour subvenir aux besoins de notre planète tout entière pendant trois bonnes centaines d'années — pour les transports, le chauffage et l'industrie de l'Europe, de l'Amérique et du reste du monde réunis.

Le faisceau radio du pulsar du Crabe est accompagné d'un faisceau de lumière visible. On a également détecté de faibles pulsations optiques

83

provenant du pulsar de Véla, ainsi que des impulsions de rayons X et gamma chez quelques autres pulsars. D'une manière générale, c'est pourtant dans le domaine radio du spectre électromagnétique que les pulsars manifestent le plus d'activité.

Mais en plus de tous ces signaux de formes diverses émis par éclairs, les pulsars émettent également une autre sorte de rayonnement qui, lui, est continu : c'est une émission d'énergie uniforme, permanente, qui diffuse dans toutes les directions à partir de l'étoile. Cette forme d'émission reste extrêmement mystérieuse, et, au-delà du simple fait de son existence et de la certitude qu'elle ne peut en tout cas pas être émise sous forme de pulsations, nous savons très peu de chose à son sujet. Nous ne savons même pas si elle est formée de signaux radio. Il pourrait s'agir de rayons cosmiques. En fait, *personne n'a jamais réussi à détecter ce rayonnement ;* et sans un petit indice, nous n'en aurions jamais soupçonné l'existence.

Cet indice, c'est le ralentissement des pulsars. Au premier abord, cela peut sembler un processus sans grande conséquence, et qui ne mérite guère qu'on y prête attention. Car enfin, dans la vie de tous les jours, tout ralentit. Les voitures s'arrêtent lorsqu'elles n'ont plus d'essence, et les toupies finissent toujours par retomber. Pourquoi s'exciter autant sur le ralentissement des pulsars ?

L'intérêt de cette question apparaît si l'on considère la rotation constante de la Terre. Il est évident que la Terre ne ralentit pas. Cela fait maintenant plus de 4 milliards d'années qu'elle tourne sur elle-même sans avoir jamais atteint le repos. Pourquoi tourne-t-elle aussi régulièrement alors que la toupie n'y parvient pas ? Parce que la toupie est soumise au frottement de sa pointe contre le sol. La même chose se passe pour une voiture au niveau des essieux, au niveau également de la carrosserie qui frotte contre l'air. Les objets de tous les jours sont continuellement soumis à des actions de frottement qui pompent leur énergie de mouvement et les amènent en peu de temps à l'état de repos. Ce n'est pas le cas pour la Terre dans sa rotation sur elle-même. Il n'y a rien dans l'espace à quoi elle vient se frotter. Ce qui se passe pour la Terre se produit également pour les autres planètes, pour le Soleil, et il devrait en être de même pour les étoiles à neutrons. Situées dans le vide de l'espace interstellaire, elles devraient poursuivre indéfiniment leur rotation ; le fait qu'elles se comportent différemment met en évidence l'existence d'un processus nouveau et insoupçonné. Bien qu'elles soient isolées de toute influence extérieure, elles s'arrangent pour dissiper leur énergie de rotation dans l'espace.

Tout pulsar en rotation sur lui-même est un volant, un réservoir d'énergie rotationnelle ; et chaque pulsar, d'une manière continue et régulière, transforme cette énergie sous une forme nouvelle, et la rayonne dans l'espace. L'intensité de ce rayonnement est de loin supérieure à celle qu'émet le faisceau du pulsar lui-même. Mais aucune expérience n'a réussi à capter une trace de cette émission d'énergie : aucun radiotélescope ne l'a jamais décelée, aucun télescope optique n'a jamais réussi à en identifier la moindre trace. On n'a jamais découvert la plus petite indication sur sa nature. Tout ce que l'on sait de manière certaine, c'est qu'elle existe.

Le concept d'étoiles à neutrons fut inventé plus de trois dizaines d'années avant leur découverte : on aurait pu penser qu'entre-temps leurs propriétés auraient été partiellement anticipées. Après tout, la science est censée être l'art de la prédiction. Mais ici, la prédiction échoua. Avant la découverte des pulsars, l'étoile à neutrons était considérée — si tant est qu'on l'ait considérée — comme un objet de petite taille, tranquille, difficile à détecter, et, pour cette raison, dangereux pour les voyages interstellaires : une sorte de récif de corail astronomique. Pas un seul scientifique n'anticipa ses éclairs stroboscopiques. Aucun ne se risqua à dire qu'elle apparaîtrait ainsi, carillonnant à toute volée. Il doit y avoir une morale à tirer de tout cela.

Mais on avait prédit qu'elles ralentiraient. Cet exploit est dû à l'astrophysicien italien Franco Pacini, et son article fut publié dans la revue britannique *Nature* peu avant la découverte des pulsars. Le travail de Pacini a ceci de particulièrement important qu'il établit les fondements de toute notre compréhension actuelle des pulsars. Tout ce qui a suivi en découle directement. Peu de temps après, ses idées furent redécouvertes indépendamment par deux Américains, James Gunn et Jeremiah Ostriker, qui n'avaient pas eu connaissance de son travail, et qui montrèrent, dans une importante série d'articles, comment on pouvait comprendre la plupart des propriétés des pulsars en se fondant sur ces idées.

Pacini débute son argumentation en reconnaissant qu'*une étoile est un aimant*. Le magnétisme stellaire est bien connu des astronomes et ressemble à celui de la Terre. La figure 18 montre une représentation schématique des lignes de champ magnétique de la Terre : elles émergent de la surface de la Terre au pôle nord magnétique, s'incurvent pour venir se retrouver parallèles à la surface de la Terre au niveau de l'équateur magnétique, puis rentrent dans la Terre au pôle sud magnétique. En tout point, elles suivent le sens du nord vers le sud. L'aiguille d'une boussole s'oriente d'elle-même suivant ces lignes de champ et pointe vers le nord.

Les étoiles aussi possèdent un champ magnétique, et ce magnétisme stellaire est à l'origine d'un nombre important de leurs particularités. Les taches solaires, par exemple, correspondent à des régions dans lesquelles le champ magnétique du Soleil possède une intensité exceptionnelle ; et les protubérances solaires, qui perturbent parfois les communications radio, sont le résultat de réajustements soudains et catastrophiques de sa structure.

Le deuxième point de l'argumentation de Pacini est que *si une étoile ordinaire est un aimant, une étoile à neutrons est un aimant puissant.* Et cela, parce que ces étoiles « naissent » à partir d'étoiles ordinaires par le

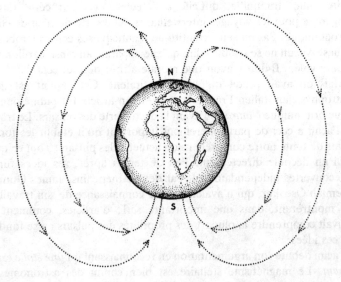

Figure 18

processus d'effondrement gravitationnel. Au sein d'une étoile, les lignes de champ magnétique sont en fait liées à la matière stellaire. Elles ne peuvent se déplacer par rapport à elles. Et lorsque la matière qui constitue l'étoile s'effondre sur elle-même, elle entraîne ces lignes de champ avec elle : cela les resserre les unes contre les autres et amplifie le champ magnétique.

A l'intérieur d'une étoile ordinaire, le champ magnétique n'est pas particulièrement intense. Mais au cours de l'effondrement, il s'amplifie énormément, et on s'attend que le champ magnétique des étoiles à neutrons soit environ 1 000 000 000 000 (mille milliards) de fois plus intense que celui de la Terre. Sur Terre, la force qui fait osciller l'aiguille d'une boussole et tend à l'orienter vers le nord est infime — quelques grammes au plus. La même boussole placée à la surface d'une étoile à neutrons y subirait une force 1 000 000 000 000 de fois plus intense. Elle serait aussi inébranlable qu'un rocher : rigide, inamovible, maintenue en place par une force dont aucune barre à mine, aucun levier ne pourraient jamais venir à bout.

Et ce champ magnétique extrêmement intense est la clef de l'interprétation du rayonnement du pulsar.

Les pôles magnétiques de la Terre ne coïncident pas avec ses pôles géographiques. En fait, le pôle nord magnétique se trouve légèrement au-delà de la côte de l'Amérique du Nord. Les directions données par la boussole diffèrent donc quelque peu des vraies directions géographiques. Une autre conséquence de cela, c'est le fait que dans son mouvement de rotation sur elle-même la Terre fait décrire un cercle aux pôles magnétiques. Cette situation est illustrée à la figure 19, sur laquelle l'angle d'inclinaison a été exagéré pour plus de clarté. La Terre est donc un *aimant incliné en rotation.*

A cet égard, la situation de la Terre n'est pas unique. Sur la plupart des étoiles également, les pôles géographiques ne coïncident pas avec les pôles magnétiques : il existe même une famille d'étoiles pour lesquelles l'angle d'inclinaison atteint 90 degrés. Leurs pôles magnétiques se trouvent alors sur l'équateur géographique. Mais dans tous les cas, quelle que soit la configuration, elle se conserve au cours de l'effondrement de l'étoile sur elle-même : les étoiles à neutrons possèdent elles aussi des champs magnétiques inclinés. Et *un aimant incliné en rotation rayonne des ondes électromagnétiques.*

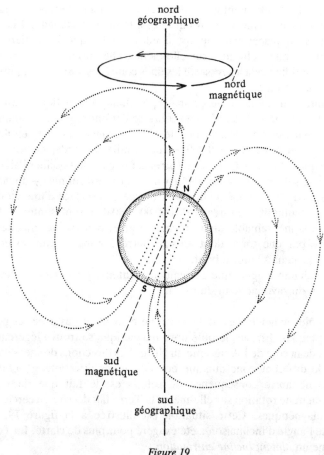

Figure 19

Le terme technique pour désigner un aimant, avec son pôle nord et son pôle sud — que ce soit un aimant droit ou une étoile à neutrons —, est « dipôle magnétique » (« deux pôles »), et le rayonnement électromagnétique émis au cours de sa rotation est appelé « rayonnement dipolaire magnétique ». Le rayonnement dipolaire est fondamentalement une onde radio : la seule différence avec les ondes radio ordinaires est sa fréquence. Les ondes habituelles auxquelles sont sensibles les postes de radio ont une fréquence de l'ordre d'un million de cycles par seconde ; pour le rayonnement dipolaire magnétique, sa fréquence est simplement la fréquence de rotation de l'aimant. Si un barreau aimanté ordinaire tournait à un million de tours par seconde, nous pourrions l'entendre sur un poste de radio : ce serait un bourdonnement continu, uniforme, avec toujours la même intensité et la même hauteur. Faites tourner l'aimant plus lentement et vous devrez régler votre radio sur des fréquences plus basses pour pouvoir l'entendre. La Terre, qui tourne pesamment sur elle-même en un jour, entraînant son dipôle avec elle,

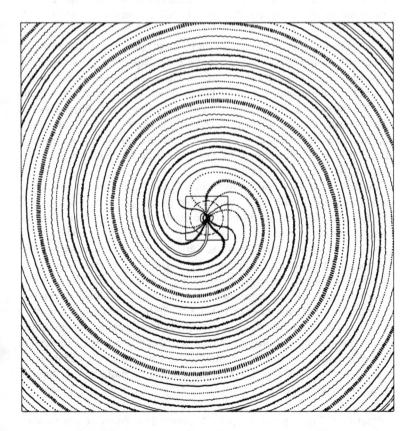

Figure 20

émet en ce moment même un rayonnement magnétique dipolaire dans l'espace.

Il n'est pas difficile de se représenter comment apparaît ce rayonnement. A la figure 20, on a repris la configuration du champ magnétique en se demandant ce qui se passerait pour ses lignes de champ si l'aimant se mettait à tourner. Tout près de lui (à l'intérieur du cercle en pointillé), les lignes de champ le suivent parfaitement dans sa rotation, et leur répartition correspond exactement à celle d'un dipôle en rotation. Mais plus elle s'écarte dans l'espace, plus une ligne de champ doit se déplacer rapidement. Et les lignes de champ éloignées ne peuvent suivre. Elles commencent alors à se courber vers l'arrière, comme à l'intérieur du carré.

Plus on s'éloigne de cet aimant en rotation, plus ses lignes de champ s'écartent de la répartition habituelle dans laquelle elles se trouvent lorsque l'aimant n'est pas en rotation. Et, à la fin, elles se retrouvent complètement enroulées dans la spirale infinie qui va en se développant vers les bords de la figure 20. Très loin de l'aimant, la configuration du champ magnétique a perdu toute ressemblance avec celle d'un simple dipôle : elle est devenue une onde électromagnétique qui se propage dans l'espace à la vitesse de la lumière, vague de rayonnement dipolaire magnétique qui déferle à l'infini.

Comme toutes les ondes électromagnétiques, *le rayonnement dipolaire transporte de l'énergie.* Cette énergie est prélevée sur l'énergie rotationnelle de l'aimant. Lorsqu'une étoile à neutrons est en rotation, faisant tournoyer son superchamp magnétique incliné, elle rayonne continûment et inexorablement de l'énergie dans l'espace, et ralentit. Ce n'est pas vrai uniquement pour les pulsars : tout aimant incliné en rotation rayonne de l'énergie et est donc forcé de ralentir. Mais dans les situations ordinaires, ce processus est extrêmement faible. Par exemple, la force résultante qui ralentit la rotation de la Terre s'élève à peine à quelques dix-millièmes de gramme. Mais leurs champs magnétiques étant tellement importants, les pulsars sont des sources de rayonnement plus puissantes, et la force qui ralentit leur rotation atteint la fabuleuse valeur de 10 000 000 000 000 000 (dix millions de milliards) de tonnes. Alors, ils ralentissent.

Peut-être... mais peut-être pas. Peu après la découverte des pulsars, les astrophysiciens américains Peter Goldreich et William Julian firent remarquer un autre phénomène important que Pacini n'avait su apprécier et qui remettait son travail en question. Cela ouvrit dès lors la voie à une interprétation entièrement nouvelle du ralentissement des pulsars. Et de plus, cela permit d'avancer une explication acceptable pour les faisceaux des phares des pulsars.

Goldreich et Julian se rappelèrent qu'*un aimant en rotation engendre un champ électrique à l'intérieur de lui-même.* Ce phénomène est commun à tous les aimants en rotation et peut être facilement mis en évidence dans un laboratoire. Si un aimant droit, tout simple, est mis en rotation autour de son axe longitudinal, il s'y développe un potentiel électrostatique. Si on relie alors l'une des extrémités d'un fil électrique à l'un des pôles de l'aimant et l'autre extrémité à l'autre pôle, un courant circulera dans le fil. Plus l'aimant tourne vite, plus le courant est important. C'est un phénomène assez connu : c'est par ce moyen que l'on produit le courant d'origine hydroélectrique en utilisant la pression de l'eau pour mettre en rotation les rotors des générateurs hydroélectriques.

Mais pour Goldreich et Julian, ce n'était pas simplement l'existence de ce champ qui fondait leur argument. C'était son intensité. Le champ magnétique du pulsar est tellement intense qu'il engendre par contre-coup un champ électrique énorme. Et Goldreich et Julian montrèrent que ce champ électrique, contrairement à tous ceux que l'on obtient dans les conditions habituelles, est suffisamment puissant pour arracher des particules chargées de la surface de l'étoile à neutrons et les propulser dans l'espace.

Les champs électriques exercent des forces sur les particules chargées. Dans la matière, que ce soit une fibre de cuivre dans un fil électrique ou la surface d'une étoile à neutrons, deux types de charges, et deux seulement, sont présents : les noyaux des atomes, chargés positivement, et les électrons, chargés négativement, qui tournent autour de ces noyaux. Suivant les circonstances, ces particules peuvent résister ou ne pas résister à l'action de ces forces. Ainsi, à l'intérieur des fils de cuivre qui composent les installations électriques ordinaires, les noyaux positivement chargés sont maintenus fixement en place, et seuls les électrons sont libres de se déplacer. Leur mouvement constitue le courant électrique.

Ces particules subissent une force relativement faible — elles restent à l'intérieur du fil. Ce n'est pas le cas sur une étoile à neutrons. La matière qui constitue l'étoile est tout à fait incapable de les retenir. Elle s'effrite.

Sous l'action du superchamp électrique du pulsar, toutes les charges à la surface de l'étoile, à la fois positives et négatives, entrent en ébullition et sont alors violemment projetées dans l'espace. Sur chaque centimètre de leur trajectoire, elles sont accélérées à des vitesses proches de celle de la lumière. En très grand nombre, elles envahissent la région tout autour de l'étoile. Le pulsar crée sa propre atmosphère. Mais ce n'est pas une atmosphère ordinaire. C'est une région de l'espace saturée de puissants courants électriques, de niveaux de radiations intenses et d'atomes déchiquetés en leurs éléments constitutifs. Un gaz dans cet état s'appelle un plasma ; et ce plasma entourant l'étoile, prisonnier dans son champ magnétique, constitue non l'*atmosphère*, mais la *magnétosphère* de l'étoile à neutrons.

La structure de cette magnétosphère est tellement complexe que personne n'a réussi à l'élucider. En particulier, son effet sur le rayonnement dipolaire magnétique reste inconnu. La simple image d'un champ magnétique en rotation utilisée par Pacini ne peut convenir quand le champ coexiste avec un plasma. Le plasma modifie ce champ. Nous ne comprenons pas assez cette physique pour savoir si cette nouvelle configuration est encore capable d'émettre un rayonnement dipolaire lorsqu'elle est en rotation. Il est tout à fait possible que les charges de Goldreich-Julian puissent court-circuiter l'émetteur et rendre inopérant le mécanisme de Pacini.

Quoi qu'il en soit, la magnétosphère du pulsar possède également une autre propriété importante. Elle contient une énorme quantité d'énergie. Cette énergie est celle de ses charges en mouvement, et sa grande valeur s'explique par leur extrême rapidité. Mais comme toujours dans une telle situation, nous devons nous demander d'où provient cette énergie. Découvrir une région de l'espace saturée d'énergie, c'est comme découvrir une pièce bourrée de dollars : on est assez curieux d'en connaître l'origine...

Goldreich et Julian réussirent à montrer que l'énergie de la magnétosphère provenait de l'énergie de rotation de l'étoile. Le flux continu de particules qui s'éloigne de sa surface provoque une réaction sur l'étoile qui l'oblige à ralentir sa rotation. Même si les aimants en rotation n'émettent pas de rayonnement dipolaire, le processus de Goldreich-Julian rend compte en lui-même du ralentissement des pulsars.

Un phénomène avec deux explications possibles : on pourrait décider — en capturant une trace de l'énergie émise — lequel de ces deux mécanismes, celui de Pacini ou celui de Goldreich-Julian, est plus proche de la vérité. D'ici là, ou jusqu'à ce qu'un théoricien intelligent réussisse à expliquer la magnétosphère dans toute sa complexité, cette question restera en suspens.

Nous arrivons enfin à l'aspect le plus évident mais également le moins bien compris de l'émission des pulsars : les faisceaux de leur phare. Ils doivent forcément apparaître quelque part à l'intérieur de la magnétosphère. Mais comment ?

Ils doivent être d'une nature complètement différente de l'émission responsable du ralentissement des pulsars. C'est évident dans le cas du mécanisme de Goldreich-Julian, dans lequel ce sont les particules, et non les ondes, qui entrent en jeu. C'est vrai aussi pour le mécanisme de Pacini, car le rayonnement dipolaire magnétique est émis à une fréquence beaucoup plus basse que celle sur laquelle on observe les émissions des pulsars — un cycle par seconde par exemple, pour un pulsar ayant une période d'une seconde, au lieu des millions de cycles par seconde pour les ondes qui constituent ses éclairs radio. De plus, le rayonnement magnétique dipolaire est émis continûment et dans toutes les directions à la fois.

Il nous faut considérer le problème sous un angle différent.

Qu'est-ce qui engendre des ondes radio ? Il y a la rotation des aimants, mais cela ne nous aide pas ici. Par ailleurs, c'est un processus relativement peu courant dans la nature. La génération d'ondes radio par les charges électriques est un phénomène bien plus répandu.

Une charge électrique au repos n'émet pas de rayonnement. C'est encore vrai si elle se déplace en ligne droite à vitesse constante. Qu'elle aille à dix kilomètres à l'heure ou qu'elle fonce à une vitesse juste en dessous de celle de la lumière, cela ne fait aucune différence : tant que son état de mouvement n'est pas modifié, elle n'émet aucun rayonnement. Mais si, pour quelque raison que ce soit, elle est *accélérée*, si elle entre en collision avec une autre particule, se retrouvant alors brusquement au repos, ou si elle rebondit contre un mur, conservant la valeur de sa vitesse, mais en modifiant la direction, ou bien encore si une action extérieure tend à lui augmenter sa vitesse ou lui donne une trajectoire circulaire, si l'un de ces événements se produit, la charge rayonne alors des ondes électromagnétiques. C'est ainsi que les stations de radio et de télévision diffusent leurs émissions : dans les antennes, des courants

Pulsars

électriques sont accélérés alternativement dans un sens puis dans l'autre, et les électrons qui forment ces courants, changeant constamment de vitesse, émettent un rayonnement continu.

Dans quelle direction se fait ce rayonnement ? Cela dépend de la vitesse de la charge. Pour les petites vitesses, la charge émet dans pratiquement toutes les directions. C'est ce qui se passe dans les antennes des stations de radio, où les électrons se déplacent relativement lentement. Ces stations émettent dans presque toutes les directions à la fois. Mais les particules chargées qui constituent la magnétosphère du pulsar se déplacent à des vitesses proches de celle de la lumière, et, pour elles, la réponse est différente. Elles émettent dans une zone étroite, droit devant elles, dans la direction de leur mouvement.

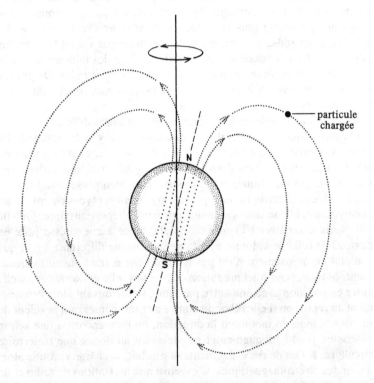

Figure 21

Mais dans quelle direction se déplacent les charges qui constituent la magnétosphère du pulsar ? Ces charges sont guidées dans leur mouvement par les lignes de force magnétique. Dans un plasma, les charges ne peuvent sauter d'une ligne à l'autre : elles ne peuvent que les suivre. La charge est une perle ; la ligne de force magnétique est un fil. Et la perle glisse le long du fil.

Voilà les principes physiques à partir desquels toute théorie des impulsions des pulsars doit être bâtie. Cela rappelle le supplice de Tantale. Nous avons besoin de particules chargées et la magnétosphère en est pleine. Nous avons besoin d'un faisceau, et chacune de ces particules peut en émettre un. Et nous avons besoin d'une accélération, une modification de leur état de mouvement ; et plus on en aura, mieux ce sera.

La figure 21 reproduit la figure 19 du champ magnétique du pulsar en rotation, mais avec un élément en plus : une particule chargée. Il y en a bien d'autres comme elle qui constituent la magnétosphère, mais, pour l'instant, concentrons-nous sur celle-ci. Est-elle en déplacement ?

Les lignes de champ, elles, sont certainement en mouvement. Elles sont en *rotation*, tout à fait synchrones avec l'étoile. La charge, elle, ne peut sauter d'une ligne à l'autre : elle est donc forcée de tourner, suspendue autour de l'étoile, comme une perle sur le rayon d'une roue en rotation.

L'étoile est en rotation uniforme. Est-ce qu'alors la charge se déplace uniformément ? Suivons sa trajectoire. A l'instant représenté sur la figure 21, elle entre dans la feuille. Une demi-rotation plus tard, elle a fait le tour de l'autre côté de la figure. Maintenant, elle sort de la feuille, elle a inversé sa direction. Sa vitesse n'est donc pas constante. Quand cette inversion s'est-elle produite ? A aucun moment particulier : la charge a rebroussé chemin petit à petit, décrivant un arc de cercle, d'une manière régulière et continue. En *aucun* point de sa trajectoire, la charge n'a eu une vitesse constante. Elle a constamment rayonné des ondes électromagnétiques.

Ce rayonnement a la forme d'un faisceau, et, à l'instant représenté par la figure 21, ce faisceau pointe vers l'intérieur de la figure. Il tourne en même temps que l'étoile. Un demi-tour plus tard, il pointe vers l'extérieur de la page et nous sommes alors éclairés par son rayonnement. *Et à cet instant du balayage du faisceau, nous recevons une impulsion.*

Ce modèle rend tout à fait compte de l'existence des impulsions du pulsar. Nous pouvons également comprendre leur grande régularité dans le temps, car, dans ce modèle, la rotation du faisceau est liée de façon rigide à celle de l'étoile. Mais comment rendre compte des écarts, à cette régularité, d'une impulsion à l'autre, tels qu'ils se manifestent dans les observations ?

Le faisceau n'effectue un balayage continu que si la trajectoire de la charge est exactement un cercle. Mais est-ce bien le cas ? Ce mouvement n'est circulaire que dans la mesure où la charge conserve une distance constante par rapport à l'étoile. Supposons que ce ne soit pas le cas. Dans quelle direction pointe alors le faisceau ? Imaginons que la charge se déplace le long de sa ligne de champ à une vitesse énorme, beaucoup plus rapidement que la vitesse que lui imprime la rotation de l'étoile. Dans ce cas, son mouvement s'effectuerait principalement loin à l'extérieur de l'étoile. Et dans la situation de la figure 21, son faisceau serait non pas dirigé vers l'intérieur de la page, mais contenu dans le plan de cette page, orienté vers le haut et à droite sur la figure 21. Dans le cas plus réaliste d'un mouvement lent dirigé vers l'extérieur, le faisceau ne s'écarterait que très légèrement vers la droite par rapport à une direction perpendiculaire au plan de la page. Un mouvement de la charge en sens inverse, en direction de l'étoile, déplacerait le faisceau vers la gauche, perpendiculairement à la figure. L'irrégularité dans le temps d'une impulsion à l'autre pourrait alors s'expliquer en imaginant que la charge oscille continuellement d'avant en arrière sur sa ligne de champ, balançant légèrement son faisceau ici et là autour de sa position d'équilibre. Pourquoi fait-elle cela ? Nous n'en avons aucune idée. Mais les observations nous disent qu'elle le fait.

Ce modèle ne se présente pas mal, il reproduit un grand nombre des caractéristiques du rayonnement du pulsar. Il a cependant un défaut. L'intensité du rayonnement de la charge est bien loin de correspondre aux intensités réelles des pulsars. L'intensité du signal ainsi prédite est trop faible devant celle qui est observée, le rapport entre les deux est énorme. Ce modèle ne marche pas.

Comment le sauver ? Nous devons augmenter l'intensité du rayonnement. Cela signifie que nous devons augmenter l'accélération de la charge, car plus cette accélération est importante, plus le signal émis est intense. Nous pouvons faire cela en imaginant que la charge est de plus en plus éloignée de l'étoile. Plus elle est à une altitude élevée au-dessus de l'étoile, plus son accélération due à la rotation est importante.

Mais il y a une limite à la valeur que peut prendre cette altitude. A une distance critique de l'étoile, le champ magnétique en rotation est obligé de se déplacer à une vitesse qui est exactement celle de la lumière. Et au-delà de cette distance, une rupture doit se produire, car une rotation solidaire de celle de l'étoile conduirait à des vitesses supérieures à celle de la lumière, ce qui est impossible. Presque toute la recherche actuelle sur la magnétosphère des pulsars se concentre sur son comportement à cette *distance-lumière*, et s'attache à comprendre comment se produit la rupture dans cette rotation solidaire de la région interne de la magnétosphère... et quels sont les produits de cette rupture. Mais de toute façon, il est clair qu'il existe une intensité maximale permise par ce modèle pour le faisceau du pulsar, et tout le problème est qu'elle se situe bien en dessous de ce que révèlent les observations.

Ce n'est donc pas ainsi que l'on peut sauver ce modèle. Essayons autrement. Plusieurs charges prises ensemble produiront un rayonnement plus intense qu'une seule charge. L'intensité de cette émission dépend en fait du carré du nombre de particules : un ensemble de deux charges rayonnera quatre fois plus intensément qu'une seule charge ; une centaine de charges dix mille fois plus qu'une seule. Nous sommes sur une bonne voie. Le modèle est sauvé si on postule l'existence d'une espèce d'*objet* — une unité soudée, réunion d'un grand nombre de particules chargées agissant ensemble, situées sur une orbite très éloignée de l'étoile à neutrons, très proche de la distance-lumière.

Cet objet doit être raisonnablement grand et contenir une charge globale suffisante pour amener l'intensité du rayonnement prédite au niveau des valeurs observées. Mais d'un autre côté, ce ne peut être un solide : la magnétosphère du pulsar est suffisamment chaude pour vaporiser tout objet qui s'y trouverait. Cet objet doit être à l'état gazeux, comme un nuage. Mais cependant, et contrairement aux nuages ordinaires, il doit se maintenir de lui-même comme une unité permanente. Il est tout à fait probable qu'il possède une structure, une forme même.

Est-ce que cette forme pourrait être liée à celle de l'impulsion reçue ? Une structure diffuse et de grandes dimensions émettra un faisceau large et diffus, et nous enregistrerons une large impulsion lors du passage de ce faisceau. Des structures plus compactes produiront des éclairs plus étroits, et des structures de forme compliquée produiront des éclairs compliqués. Le fait que les impulsions individuelles diffèrent énormément de l'une à l'autre signifie que la structure de cet ensemble de particules doit subir des fluctuations, des modifications rapides et incessantes. Le fait que les profils *moyens* d'impulsion restent à ce point constants au cours du temps signifie qu'il doit exister un mécanisme dont la fonction est de préserver une structure moyenne correspondante vers laquelle cet ensemble tend constamment, mais dont il est constamment repoussé. Et cette structure moyenne doit différer d'un pulsar à l'autre.

Quant à ce qui détermine cette structure moyenne, le fait que la répartition des lignes de champ magnétique du Soleil soit radicalement différente de celle de la Terre pourrait être un indice significatif. Cette répartition est beaucoup plus complexe pour le Soleil que pour la Terre. On peut présumer que la même chose est également vraie pour les autres étoiles, étoiles à neutrons comprises. Comme les charges sont guidées dans leur mouvement par cette répartition, il est raisonnable de penser que la structure de cet ensemble de particules est imposée dans une certaine mesure par les détails du champ magnétique. On pourrait dresser la carte du champ magnétique d'un pulsar, si nous savions comment, à l'aide de son profil moyen d'impulsion.

Cet essaim de particules chargées est un objet mystérieux : c'est un gaz, de structure complexe, en fluctuation permanente autour d'une forme d'équilibre, tourbillonnant à toute allure autour du pulsar, pratiquement à la vitesse de la lumière. Personne ne l'aurait inventé s'il ne s'était agi de sauver ce modèle. Mais cela ne signifie pas, et de loin, que cet essaim existe.

Et peut-être ne peut-on pas sauver ce modèle.

Pour replacer les choses dans leur contexte, rappelons-nous l'analogie entre la magnétosphère du pulsar et l'atmosphère de la Terre. Cette analogie n'est finalement pas si mauvaise que cela. La magnétosphère est un gaz qui entoure l'étoile à neutrons ; l'air est un gaz qui entoure la Terre. Et l'air ne forme jamais d'amas de ce genre. Si c'était le cas, à chaque fois que nous irions faire un tour, nous nous trouverions passant de régions où régnerait un vide presque parfait à des zones de pression excessivement élevée. Bien au contraire : les molécules d'air se répandent d'elles-mêmes uniformément, et s'opposent activement à toute tentative pour les comprimer en essaims.

Pour quelle raison alors la magnétosphère des pulsars serait-elle différente ?

Une raison supplémentaire de douter de l'existence de ces essaims de particules est qu'ils doivent être électriquement chargés et que les charges de même nature se repoussent. En somme, bien des difficultés surgissent dès que l'on introduit de tels objets. Ceux qui croient — c'est vraiment le terme qui convient — dans la représentation que nous avons décrite se trouvent aux prises avec le problème d'avoir à trouver un mécanisme grâce auquel se forment ces amas, et qui maintient leur cohésion en dépit de l'antagonisme des forces de pression et de répulsion électrostatiques. Ils s'attaquent à un problème difficile, et il n'est pas du tout évident qu'ils parviendront un jour à le résoudre. Pour l'instant, ils n'y sont pas parvenus. A l'époque où ces lignes sont écrites, personne n'a été capable de prouver l'efficacité d'un tel mécanisme. Et jusqu'à ce qu'on en fasse la démonstration, il est tout à fait possible que tout ce que nous venons de dire soit faux.

Il se pourrait que nous ayons fait entièrement fausse route.

Essayons un autre modèle.

La magnétosphère du pulsar est remplie de charges. Elles sont en mouvement à des vitesses proches de celle de la lumière. D'où proviennent-elles ? De la surface de l'étoile où elles se trouvaient au repos. Ces charges doivent, à un moment, avoir été accélérées, et, pendant leur accélération, elles doivent avoir rayonné des ondes électromagnétiques. Est-ce que cela pourrait constituer le rayonnement du pulsar ?

Nous ne pourrons faire fonctionner ce modèle que si nous réussissons à montrer que ce rayonnement a la forme d'un faisceau. Est-ce le cas ? Les lois de la physique affirment que ce rayonnement est émis dans la direction du mouvement des particules. Y a-t-il une raison de croire que lorsque ces particules sont accélérées à partir de la surface de l'étoile, elles se déplacent toutes dans la même direction ?

Les lois de la physique affirment également que lorsque ces particules chargées se déplacent, elles le font en suivant les lignes de force magnétique. Comme des perles sur un fil. Considérons sous un autre angle la structure du champ magnétique incliné en rotation, tel qu'il était représenté à la figure 21. *Il n'existe que deux régions pour lesquelles les lignes de force du champ magnétique sont exactement perpendiculaires à la surface de l'étoile ; le pôle magnétique nord et le pôle magnétique sud.*

Considérons deux particules chargées se trouvant sur la surface de l'étoile à neutrons. Choisissons-les avec soin : la première au pôle magnétique nord, la deuxième quelque part sur l'équateur magnétique. Un champ électrique tend à les écarter de la surface de l'étoile. La charge située au pôle magnétique est libre de se déplacer et se retrouve accélérée verticalement, suivant une ligne de champ. La deuxième charge, en revanche, n'est pas libre de se déplacer vers l'extérieur de l'étoile. Si c'était le cas, elle traverserait une ligne de champ magnétique, ce qui est interdit. Le déplacement des charges forme donc un faisceau. Le rayonnement radio aussi.

Une analyse plus détaillée révèle que l'accélération n'est importante que pour les particules très proches de l'un ou l'autre des deux pôles magnétiques. Cette représentation rend donc tout naturellement compte de l'étroitesse du faisceau du pulsar. Là encore, on est forcé de postuler un processus de concentration des particules pour rendre compte des intensités observées, mais à cause de la violence de l'accélération verticale, beaucoup de chercheurs sont persuadés que, dans ce contexte, cela n'offre guère de difficultés. Ce modèle pourrait marcher.

Comme tout à l'heure, nous devons maintenant tenter de rendre compte de chacune des caractéristiques du rayonnement du pulsar dans le cadre de ce nouveau modèle. Quelles caractéristiques supplémentaires devons-nous lui ajouter pour expliquer toute la complexité des impulsions que l'on constate à travers les observations ? Par exemple, quelle est l'interprétation du profil moyen d'impulsion dans cette représentation ? N'est-ce pas, dans une certaine mesure, l'expression d'un relief caractéristique de la surface de l'étoile à neutrons ? L'expérience montre que les particules chargées sont plus facilement émises depuis la pointe d'une aiguille que depuis une surface plane. N'est-il pas alors possible que, sur l'étoile à neutrons, les particules chargées soient émises à partir de régions élevées ? Est-ce que les pulsars dont l'impulsion moyenne est une courbe lisse ne possèdent que des collines douces à leurs pôles magnétiques, alors que ceux dont l'impulsion moyenne est plus compliquée possèdent en ces pôles un terrain plus accidenté ? Ou encore, n'est-il pas plus probable que le profil de l'impulsion moyenne soit déterminé par la forme de détail de la structure du champ magnétique du pulsar ?

Les variations de la forme du faisceau d'une impulsion à l'autre pourraient correspondre à une variation continuelle de la forme du faisceau de particules émis depuis la surface de l'étoile. Certains chercheurs ont émis l'hypothèse que la magnétosphère puisse réagir sur l'étoile même qui l'a engendrée. Ils envisagent alors l'existence de brusques décharges électriques à la surface de l'étoile — de la foudre. Chacune de ces décharges ne pourrait-elle pas alors provoquer un nouveau jet de particules et déclencher ainsi l'apparition d'une nouvelle forme de faisceau ? Est-ce que la variation aléatoire des impulsions au cours du temps — certaines arrivant plus tôt, d'autres arrivant plus tard — ne pourrait résulter d'un balancement rapide du faisceau, balancement produit par des paquets de particules libérés dans des directions légèrement différentes ? Ou est-ce que les lignes de champ elles-mêmes ne sont pas soumises à des ondulations comme les algues dans la mer ?

La forme du rayonnement émis dans le cadre de ce modèle est représentée à la figure 22. Ce qui est frappant, c'est que ce modèle prévoit *deux* faisceaux provenant d'une même étoile : un pour chaque pôle magnétique. Au cours de la rotation de l'étoile, chaque faisceau balaye un cône dans l'espace, mais un seul cependant intercepte la Terre.

Mais certains pulsars présentent des impulsions intermédiaires, des éclairs secondaires situés entre les éclairs principaux. Le fait que ces impulsions intermédiaires se produisent habituellement environ à mi-chemin dans le cycle du pulsar doit avoir une signification. La configuration représentée à la figure 23, dans laquelle les pôles magnétiques sont situés sur l'équateur géographique, permet d'avancer une explication de ce phénomène.

C'est un puzzle, un jeu. L'astronome des pulsars essaie un modèle. Puis un autre. Il le manipule, le modifie ; il l'ajuste pour qu'il colle aux observations. Il se transforme en inventeur. En d'autres circonstances, on pourrait le qualifier de prestidigitateur : il concocte une explication, éventuellement plusieurs explications, et les faits surgissent d'un seul coup. On imagine les scientifiques plus rigoureux, déduisant en toute logique, à partir des lois de la nature, des conclusions

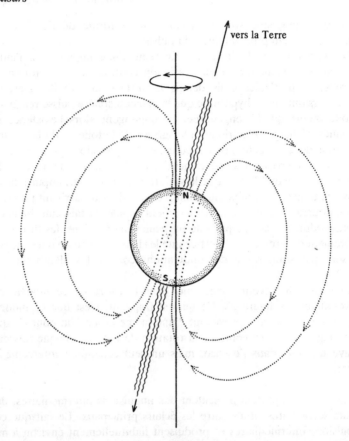

Figure 22

inéluctables. En fait, leurs manipulations font parfois très peu professionnel.

Soit. L'astronome des pulsars est assis dans son bureau, les pieds sur la table, regardant à travers la fenêtre. Sur sa table, du travail inachevé s'amoncelle, en attente. Il rêvasse. Un article lu la semaine passée flotte paresseusement dans son esprit — une nouvelle observation des propriétés des pulsars. Ça lui rappelle un truc que lui a dit son collègue l'autre jour, quelque chose sur les plasmas, les champs magnétiques...

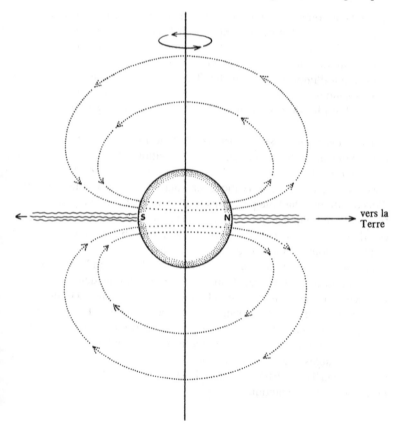

Figure 23

Des modèles de pulsars sont inventés pendant les repas et abandonnés après le café. Certains survivent plus longtemps, parfois suffisamment longtemps pour être publiés. Ce qui est remarquable, c'est que presque tout le travail se fait au cours de conversations. Il semble souvent plus efficace lorsqu'il passe par le dialogue. Les notes de téléphone s'accumulent.

L'astronome des pulsars s'envole pour une conférence. Des séminaires sont programmés. Des participants présentent les tout derniers résultats et remettent en cause les théories rivales. Il écoute avec application — de temps en temps. Mais l'action se passe aussi dans les couloirs. Un petit groupe s'est formé autour d'une machine à café, où quelqu'un ne jure que par le modèle de la distance-lumière. Rien d'autre n'a d'importance pour lui. Une personne avance une idée qui retient soudain son attention... il n'y avait jamais pensé auparavant.

Cela fait plus de dix ans maintenant que cela se passe ainsi.

Tout cela nous laisse insatisfaits. Pour le ralentissement du pulsar, nous avons deux théories et aucune observation. Quant à son faisceau, nous avons deux théories, chacune avec un nombre de variantes incalculable, et des observations en quantité, on pourrait dire trop d'observations. Quelque part dans toute cette masse de données doit se trouver la clef, l'indice qui conduira à la vérité. Quelque part dans toutes ces théories doit se trouver le point de vue global et unificateur qui ordonnera toute cette masse d'observations.

Pendant ce temps, les pulsars poursuivent leur scintillement, insouciants de notre ignorance. Tournoyant sauvagement dans le vide de l'espace — en un tour par seconde, en trente tours par seconde —, ils s'enveloppent d'une atmosphère de plasma surchauffé. Et de cet enfer émerge un puissant faisceau d'ondes radio, en rotation synchrone avec l'étoile. A des milliers d'années-lumière de là, des milliers d'années plus tard, de faibles traces de ce faisceau viennent frapper légèrement la surface de la Terre. Elles nous parviennent du brasier et de l'éclat d'un ouragan électromagnétique.

5. Glitch

Au cours de l'hiver 1969, le pulsar de Véla subit une transformation extraordinaire, du genre de celles que l'on n'avait jamais observées auparavant en astronomie. Cette transformation eut un impact énorme sur le monde scientifique. *Moi aussi*, j'en fus frappé. Dans ce chapitre et au cours du suivant, je vais décrire, d'un point de vue personnel, les efforts entrepris pour comprendre cet événement. Dès le début, mon intérêt pour les pulsars a été marqué par cet étrange événement — et continue à l'être.

Le 24 février 1969, en Australie, deux astronomes observèrent le pulsar de Véla. Ils le trouvèrent dans un état normal. Par hasard, Véla ne fut pas de nouveau observé pendant une semaine entière. Quand on se remit à son écoute — dans un observatoire américain cette fois-ci —, on le trouva encore dans un état normal, avec cependant une différence importante. Ses pulsations étaient plus rapides. Pendant ces sept jours, le pulsar de Véla avait à un moment donné inversé son processus de constant ralentissement et s'était mis à accélérer.

Rien dans l'émission antérieure à cet événement n'avait donné la moindre indication de ce qui allait se produire. Cette transformation semblait être survenue sans aucun signe avant-coureur. Mais elle laissa une marque durable sur le pulsar. Après avoir accéléré, Véla reprit son processus de ralentissement progressif, mais plus rapidement qu'avant. Sa vitesse de ralentissement avait augmenté.

Puis, lentement, sans à-coups, ce ralentissement se modifia. Le pulsar de Véla commença à ralentir plus lentement. Deux mois passèrent, puis six, puis une année. Mois après mois, sa vitesse de ralentissement diminuait. Mois après mois, elle se rapprochait un petit peu plus de la valeur qu'elle avait eue longtemps auparavant, avant que le pulsar n'ait accéléré.

La planète lointaine X... est en orbite autour d'une étoile tout à fait semblable à la nôtre, mais bien plus près. Cette planète est donc très chaude. Son soleil, monstre énorme occupant tout le ciel, brille d'un éclat terrible et a porté X... à une température que nous trouverions insoutenable. En fait, ce monde possède, en tout point de sa surface, une température supérieure au point d'ébullition de l'eau. Si, de jour, on y déposait un verre d'eau, il se mettrait immédiatement à bouillir, tant l'éclat du soleil est intense. Ce même verre d'eau, placé au milieu de la nuit à l'extérieur de cette planète, entrerait également en ébullition dans l'atmosphère surchauffée. Même au pôle nord, au milieu de la nuit perpétuelle de l'hiver, ou au sommet de la plus haute montagne, il se mettrait à bouillir.

Donc, la planète X... est sèche. Mais bien plus que le Sahara, ou la vallée de la Mort. Elle est absolument sèche. On ne pourrait y trouver le moindre étang, le moindre ruisseau ou la moindre trace d'une oasis. La surface de la planète X... est une étendue de plaines stériles balayées par les vents de sable, de montagnes rudes et désséchées. Un endroit tout à fait hostile à la vie.

Pourtant, aussi étrange que cela paraisse, la vie existe sur cette planète, non seulement la vie, mais la vie intelligente. Bien sûr, les habitants de X... ne nous ressemblent pas beaucoup, avec toutes leurs têtes et leur peau épaisse et écailleuse. Leur corps ne contient aucun liquide et leur biochimie interne est tout à fait étrange. Mais, cependant, ils ne nous sont pas tellement étrangers, et nous pouvons apprécier beaucoup de leurs activités. Comme nous, ils sont d'un naturel plein d'entrain, et il n'y a rien qui leur plaise davantage qu'une bonne soirée de temps en temps. Comme nous aussi, ils tendent à se regrouper dans des villes et passent le plus clair de leur temps coincés dans les embouteillages. Et comme chez nous, certains d'entre eux sont des scientifiques.

Parmi ces scientifiques, il y a des chimistes, et ces chimistes ont mené des expériences sur les composés moléculaires. Dans des laboratoires, ils ont pris les éléments hydrogène et oxygène, et les ont combinés pour former des molécules H_2O. Ils ont étudié les propriétés de cette molécule. Ils ont déterminé son spectre. Ils ont calculé l'énergie nécessaire pour la dissocier. Ils ont appris que c'était une molécule polaire. Ils ont même fait plus. Ils ont synthétisé un grand nombre de ces molécules, les ont injectées dans une chambre, chambre qu'ils ont réussi à refroidir au point que de minuscules flaques de liquide se sont formées sur le sol. Et ainsi, ils ont appris que le liquide H_2O est transparent, incolore, qu'il s'écoule facilement, et qu'il a une surface brillante comme un miroir. Ils en ont mesuré la densité, la viscosité et la tension de surface. Bien sûr, ces expériences ne furent pas faciles à réaliser ; les molécules furent difficiles à synthétiser et il fut encore plus difficile de refroidir la chambre d'expérience dans la fournaise qui règne sur leur planète. Ils ne disposèrent que d'à peine quelques grammes d'eau liquide pour mener leurs expériences.

Finalement, dans un ultime effort, les scientifiques de la planète X... sont parvenus à tellement refroidir leur chambre que l'eau a gelé un court instant. Ils ont ainsi appris que l'eau augmente légèrement de volume en se solidifiant ; que l'eau à l'état solide est fragile, lisse, et qu'elle se fend facilement.

Et maintenant, posons-nous une question au sujet de ces êtres hypothétiques : auraient-ils un moyen d'imaginer notre propre planète Terre ?

Serait-il possible que sans avoir jamais vu notre monde, ils puissent en prédire les propriétés à partir de ce qu'ils auraient appris dans leurs laboratoires ? Est-ce que leurs connaissances scientifiques leur permettraient d'imaginer que l'eau s'écoule parfois en des ruisseaux au murmure léger, d'autres fois en de puissants torrents ? Est-ce que ces connaissances les auraient préparés aux humeurs changeantes de l'océan : bleu et serein un jour, gris, sinistre et menaçant le lendemain ? Pourraient-ils prévoir, d'après les lois de la nature qu'ils ont découvertes, le scintillement du Soleil sur un étang ? Pourraient-ils prévoir qu'il n'existe pas deux flocons de neige exactement semblables ; que la neige est d'un blanc brillant lorsqu'elle tombe dans les villes, mais que, peu après, elle devient d'un gris crasseux ; qu'elle crisse sous les pas ; que c'est un plaisir pour le ski, mais un inconvénient pour la circulation ? Pourraient-ils prévoir que la plupart de nos grandes villes sont situées sur les côtes ou au bord des fleuves ? Et que diraient-ils devant un parapluie ou une planche à surf ?

Toutes ces propriétés de l'eau liquide et solide peuvent être *en principe* prédites à partir de la connaissance de celles de la molécule H_2O, associée à des observations faites sur une petite goutte d'eau. Mais dire qu'une chose est possible en principe ne signifie pas qu'elle soit facile à réaliser. Ni même qu'elle se réalisera un jour. Il est en tout cas évident que dans la pratique, les scientifiques de la planète X... auraient traversé des périodes difficiles ; il est vraisemblable qu'ils seraient parvenus à prévoir certaines choses sur notre monde, qu'ils en auraient ignoré d'autres, et que dans beaucoup de cas, ils seraient parvenus à des prédictions purement et simplement fausses.

Nous sommes dans la même situation par rapport aux étoiles à neutrons. On pourrait penser que, dans un certain sens, une étoile à neutrons ne nous est pas un objet tellement étranger, puisqu'elle est composée de particules élémentaires identiques à celles que l'on retrouve dans le noyau atomique. Le noyau atomique n'est en fait rien d'autre qu'une portion microscopique de la matière qui constitue une étoile à neutrons, et nous comprenons quand même pas mal de choses sur lui. La seule véritable différence, c'est la taille. C'est tout à fait vrai, mais en disant cela, on passe à côté du problème. Car le problème, c'est que les grandes quantités de matière ont un comportement radicalement différent de celui des petites quantités.

En laboratoire, nous disposons des particules élémentaires individuelles dont sont constituées les étoiles à neutrons : les neutrons, les protons et les électrons. Nous disposons aussi des associations de ces particules en nombre relativement petit : les noyaux atomiques. Le plus gros noyau connu est celui du Mendélévium : il contient 155 neutrons et 101 protons. C'est énorme pour un noyau atomique, mais par rapport à une étoile à neutrons, c'est infinitésimal. Nous en étudions les propriétés. Nous étudions les propriétés de noyaux plus légers, celles également de particules élémentaires isolées. Puis, prenant appui sur ce tremplin de connaissances, nous nous lançons, sans trop savoir où nous allons atterrir, et nous essayons de construire une image de l'étoile à neutrons.

Comment ? De la même façon que les habitants de l'hypothétique planète X... se feraient une image de la Terre. Il ne s'agit pas seulement de résoudre des équations ou de faire des expériences. Ni de trouver des réponses à des questions. Il s'agit bien plus de poser les bonnes questions. Il s'agit de distinguer les facteurs importants de ceux qui ne le sont pas. Mais, surtout, cela exige un véritable effort d'imagination. Nous devons nous représenter par la pensée un monde complètement étranger, complètement inconnu. C'est assez facile à faire en science-fiction. Mais quand vous devez tomber juste, c'est tout à fait différent.

Les scientifiques savaient tout cela, de manière abstraite, dès les années trente, lorsque les étoiles à neutrons furent proposées pour la première fois. Mais il y a une grande différence entre reconnaître intellectuellement une chose et en avoir la conviction intime. Ce ne fut qu'à la découverte des pulsars en 1967 que les scientifiques commencèrent à réaliser à quel point cet objet, qu'ils avaient appelé noyau géant, pouvait être étrange. Et il est juste de dire que ce ne fut pas avant l'hiver 1969, lorsque le pulsar de Véla se mit à accélérer, qu'ils s'en rendirent pleinement compte.

Ce ne fut pas un événement grandiose. La vitesse de rotation du pulsar augmenta dans un rapport d'à peine deux pour un million. Si c'était arrivé à la Terre, la durée du jour n'aurait raccourci que de 0,2 seconde. Mais cela n'arrive pas à la Terre, jamais. Ni pour le Soleil ou tout autre corps astronomique.

Ce fut cependant un événement particulièrement extraordinaire si l'on considère la régularité tout à fait remarquable des autres pulsars, notamment du pulsar de Véla lui-même, avant que cela ne lui arrive. Pratiquement tout le monde reconnut immédiatement que ce qui apparaissait comme une augmentation soudaine de la vitesse de rotation était en fait la conséquence relativement peu importante d'un cataclysme qui s'était produit à l'intérieur de l'étoile, un cataclysme d'un genre nouveau en astrophysique, et dont la nature était entièrement inconnue. Ce cataclysme était l'un de ceux qui ne se produisent apparemment jamais chez les objets qui nous sont les plus familiers dans l'univers, et il résultait à l'évidence d'une propriété propre aux étoiles à neutrons, et à elles seules. Ce fut cela, plus que toute autre découverte, qui déclencha un peu partout un intérêt pour l'étude de la composition interne des étoiles à neutrons, et qui incita la communauté des physiciens et des astronomes à comprendre ces mondes étranges et nouveaux.

Cette entreprise fut conduite par un physicien de l'université de Columbia, Malvin Ruderman. Plus qu'à quiconque, c'est à lui que nous devons nos connaissances actuelles sur les pulsars et les étoiles à neutrons. Non que tout ce que nous connaissons sur les étoiles à neutrons ait été découvert par Ruderman ; c'est un sujet trop vaste et qui rassemble trop de chercheurs pour être dominé par une seule personne. Et Ruderman n'a d'ailleurs pas toujours eu raison. Être un bon scientifique n'implique pas forcément que l'on ait raison à chaque fois, du moins en tout point. Il est bien plus important de tracer les grandes lignes d'un sujet, de découvrir des phénomènes entièrement nouveaux, d'indiquer des voies de recherches nouvelles et fécondes. C'est en cela que l'apport de Ruderman fut prépondérant. Il règne en science trop de démocratie, et les scientifiques sont trop raisonneurs et farouchement indépendants pour qu'une seule personne puisse en conduire l'évolution, au sens propre du terme. Les scientifiques influents comme Ruderman ne dirigent pas en donnant des ordres. Ils dirigent en stimulant l'inspiration. Ils dirigent par le pouvoir et l'autorité de leurs idées. A maintes reprises, ce fut Ruderman qui dégagea la nature profonde d'un phénomène ; qui fit le travail d'approche, nous surprenant tous par son imagination. Il nous força à rester vigilants.

Le modèle de structure interne des étoiles à neutrons, lentement mis au point par Ruderman et d'autres chercheurs, correspond à l'un des objets les plus étranges que connaisse la science. Nulle part ailleurs dans l'univers on ne trouverait quelque chose lui ressemblant, même vaguement. Et quelque part dans ce modèle doit se trouver la clef de l'étrange comportement du pulsar de Véla.

La densité moyenne d'une étoile à neutrons est à peu près celle du noyau atomique. Mais cette étoile ne possède pas en tout point cette densité. Si, partant de sa surface, on creusait un tunnel en direction de son centre, on rencontrerait en avançant des densités de matière de plus en plus grandes. Le poids énorme des couches supérieures de l'étoile comprime les couches inférieures, jusqu'au plus profond de l'étoile. En subissant de telles pressions, la matière passe par un certain nombre d'étapes au cours desquelles elle est soumise à de profondes transformations. Ces *densités* critiques sont analogues aux deux *températures* critiques de l'eau : celle de congélation et celle d'ébullition. Une étoile à neutrons possède en quelque sorte une structure en couches — une structure en oignon —, et plus on y pénètre profondément, plus elle devient étrange.

Pour se représenter plus facilement l'état de la matière à l'intérieur des étoiles à neutrons, il est instructif d'imaginer une expérience. Commençons avec un bloc de matière ordinaire — de la roche par exemple — et comprimons-le progressivement pour l'amener à des densités de plus en plus grandes. Il subira alors une série de transitions vers des états de plus en plus étranges, reproduisant à chaque stade l'état de la matière dans des régions de plus en plus profondes à l'intérieur de l'étoile.

Commençons avec une roche de la forme d'un cube d'un kilomètre de côté. Appliquons sur ce cube une batterie de presses géantes, et comprimons-le jusqu'à ce qu'il n'ait plus que 100 mètres de hauteur. Il est maintenant plus dense que n'importe quel matériau que l'on peut trouver sur Terre. Nous aurions bien du mal à en détacher un petit morceau de deux ou trois centimètres de côté, car il pèserait près de 200 kilos.

Souvenons-nous ensuite que les étoiles à neutrons, au contraire des planètes et des étoiles ordinaires, possèdent des champs magnétiques superpuissants. Pour reproduire les conditions qui règnent à l'intérieur de l'étoile, appliquons sur le cube un champ magnétique aussi intense. Ce champ est tellement puissant qu'il déforme jusqu'aux atomes constituant la matière. En l'absence de champ magnétique, les atomes ont une forme sphérique, alors que soumis à des champs magnétiques superpuissants, ils prennent une forme effilée et s'alignent d'eux-mêmes suivant les lignes de champ magnétique, comme autant de petites aiguilles placées bout à bout. Ils exercent des forces chimiques les uns sur les autres, s'associant en de fines et longues chaînes moléculaires. La matière prend alors une structure effilée, en mèche de cheveux. C'est *la première phase critique de la compression, elle correspond à la matière de la surface de l'étoile.*

Le cube, d'un kilomètre de hauteur au départ, a donc été comprimé jusqu'à une hauteur de 100 mètres. Comprimons-le davantage, jusqu'à ce qu'il n'ait plus que 5 mètres de haut. Maintenant, chaque centimètre cube de cette matière superdense atteint un poids de 100 tonnes, et se retrouve dans un état tout à fait inhabituel.

A cette pression, les atomes qui constituent la matière ordinaire n'existent plus. Ils sont forcés d'empiéter les uns sur les autres. Les atomes, sphériques ou « en aiguilles », sont formés d'électrons en orbite autour des noyaux. Mais une fois écrasés les uns sur les autres, cette structure ordonnée est détruite. C'est exactement ce qui se passerait si l'on pressait deux maisons en brique l'une contre l'autre : elles se décomposeraient en leurs éléments constitutifs, les briques. Cela correspond à *la seconde phase critique de la compression ;* au cours de cette phase, la matière se retrouve dissoute en un mélange homogène, uniforme, de composants atomiques : les électrons et les noyaux. Elle n'est plus soumise aux lois de la chimie. Par exemple, elle ne peut brûler, elle n'est ni acide ni basique, elle n'a pas de saveur. Ce sont là des propriétés purement chimiques de la matière, et la chimie résulte des interactions entre les atomes, mais les atomes ont disparu.

Cette matière forme un solide. Cela à cause des forces que les noyaux exercent les uns sur les autres. Ces forces sont très simples. Les noyaux possèdent une charge électrique positive, et les charges de même signe se repoussent. Les noyaux essaient alors de s'éviter entre eux. La situation la plus favorable est celle dans laquelle chaque noyau se trouve le plus éloigné possible de ses voisins. Cet ensemble, dans lequel chaque particule repousse, et est repoussée par, toutes les autres, se comporte exactement comme une foule entassée dans le métro : pour éviter les contacts, les gens *restent immobiles*. Chaque noyau trouve l'endroit qui le place le plus éloigné de ses voisins, et il y reste. La matière est gelée : non qu'elle soit froide, mais parce qu'elle est dense. Les étoiles à neutrons, comme la Terre, *possèdent une croûte externe*. Cette croûte commence quelques mètres à peine sous la surface de l'étoile, et se prolonge sur quelques kilomètres vers l'intérieur.

Le cube d'un kilomètre de côté a maintenant atteint une hauteur de 5 mètres. Poursuivons la compression. Les noyaux commencent alors à absorber des électrons. Un noyau atomique comprend à peu près autant de neutrons que de protons : sous l'effet de la compression, les protons réagissent maintenant avec les électrons qu'ils ont absorbés pour former encore plus de neutrons. Lentement, continûment, la matière ordinaire se comprime en matière neutronique.

Comprimons le cube jusqu'à ce qu'il atteigne 50 centimètres de côté. Chaque centimètre cube pèse 100 000 tonnes. C'est encore un solide, et il est maintenant presque entièrement constitué de noyaux riches en neutrons, avec quelques électrons résiduels. Mais, à cette densité, nous rencontrons la *troisième phase critique* de la compression : les neutrons commencent à entrer en ébullition autour des noyaux. Les noyaux sont tellement enrichis de neutrons qu'ils se retrouvent incapables de les contenir tous ; et un à un d'abord, puis en nombre sans cesse croissant à mesure qu'augmente la densité, les neutrons s'échappent de leurs noyaux comme les abeilles de la ruche. Ils remplissent les espaces entre les noyaux. Ils se déplacent librement. Ils s'écoulent dans tous les sens. Ils forment un fluide, un *superfluide*.

Malgré son aspect étrange, la croûte d'une étoile à neutrons est quand même un solide, et les solides sont des choses que nous rencontrons dans la vie de tous les jours. Mais rien dans notre expérience quotidienne ne présente les propriétés d'un superfluide. D'ailleurs, il n'existe sur Terre qu'un et un seul superfluide connu, et de plus extrêmement rare. Si l'hélium ordinaire — l'hélium des ballons à hélium — est refroidi à une température de quatre degrés au-dessus du zéro absolu, il se liquéfie. Cette transition est précisément l'analogue de celle que subit la vapeur d'eau lorsqu'elle est refroidie en dessous de cent degrés Celsius, et l'hélium liquide qui en résulte n'a rien de particulièrement remarquable. Mais si on refroidit ce liquide encore plus, à deux degrés au-dessus du zéro absolu, il subit un autre genre de transition et passe de l'état de fluide ordinaire à celui de superfluide.

La propriété la plus surprenante de l'hélium liquide est son absence totale de viscosité, cette propriété qui fait que les mouvements de tourbillons dans les fluides sont obligés de disparaître. L'eau possède une viscosité moyenne : si nous remuons de l'eau dans une baignoire, son mouvement se maintiendra quelques minutes. Le miel possède une grande viscosité et les mouvements tourbillonnaires y cessent immédiatement. L'hélium superfluide, lui, ne possède *aucune* viscosité, et si on agitait un bain d'hélium superfluide, les mouvements résultants s'y maintiendraient littéralement pendant des mois. Agitez-le en été et revenez à l'automne : il sera encore en train de tourbillonner.

Au-delà de la troisième phase critique de la compression, la matière est constituée d'un solide coexistant avec un superfluide. Le superfluide neutronique s'infiltre dans le solide, puis diffuse dans tous les sens. Nous décrivons ici la croûte *interne de l'étoile à neutrons*. Située juste en dessous de la croûte externe, elle est baignée par le superfluide de neutrons, véritable océan souterrain.

Continuons notre compression. Comprimons le cube jusqu'à ce qu'il ait 5 centimètres de côté. 10 milliards de tonnes de matière se retrouvent enfermés dans ce volume. Les noyaux sont si proches maintenant qu'ils se touchent les uns les autres. Ils s'interpénètrent. Ils se mélangent et perdent leur identité. Au-delà de cette *quatrième phase critique de la compression,* les noyaux se sont complètement désagrégés en une soupe homogène, presque entièrement composée d'un superfluide de neutrons, avec quelques traces de protons et d'électrons libres. Le solide a été dissous par la compression. A ce stade, nous avons atteint une zone se trouvant à peu près à mi-chemin entre la surface et le centre de l'étoile, et ce point marque la limite inférieure de la croûte de l'étoile. Au-dessous de cette frontière, un océan de neutrons superfluide s'étend jusque dans les profondeurs de l'étoile.

Plongeons dans cet océan, vers le cœur de l'étoile. La densité, en fait, n'augmente pas de beaucoup. Par rapport à notre expérience imaginaire, les conditions au centre même de l'étoile sont équivalentes à réduire le cube à un quart de sa taille actuelle. Cela fait une augmentation de densité relativement modeste. Mais par suite de cette augmentation, une chose importante se produit.

Nous atteignons les limites de notre connaissance.

Avec cet accroissement de densité, un nombre incalculable de particules élémentaires apparaît à l'intérieur de l'étoile. Plus elle est dense, plus les neutrons qu'elle contient se déplacent rapidement ; au centre de l'étoile, ils sont tellement rapides que, à chaque fois qu'ils entrent en collision, une gerbe de particules nouvelles apparaît. Sur Terre, ces étranges particules ne sont que très rarement créées, au cours d'expériences dans les accélérateurs de particules géants. Mais dans l'étoile, cela se produit constamment.

La physique des particules élémentaires est un domaine situé aux frontières mêmes de la connaissance actuelle. On connaît pratiquement plusieurs centaines de particules exotiques ; mais aucune n'est comprise en détail. La raison en est qu'elles ne vivent pas assez longtemps pour être correctement étudiées. Elles sont aussi évanescentes que des lucioles. Une fois créées dans un accélérateur, elles se désintègrent en d'autres particules exotiques qui elles-mêmes ne survivent que très peu de temps avant de se désintégrer à leur tour. Le méson pi, par exemple, survit en moyenne à peine 300 millionièmes de seconde, et il vit relativement longtemps par rapport aux autres particules de son espèce. Cependant, au cours de leur brève existence, ces particules exercent les unes sur les autres des forces d'une grande complexité, et interagissent de manières diverses.

Ces nouvelles particules élémentaires se désintègrent dans un laboratoire, mais pas dans une étoile à neutrons. Sous de grandes pressions, elles deviennent stables. Elles sont extrêmement nombreuses à occuper les grandes profondeurs de l'étoile. Le centre même d'une étoile à neutrons est constitué d'une matière dont nous comprenons à peine les propriétés.

Mais il y a plus. *Cette matière est plus dense qu'une particule élémentaire.* Elle se trouve soumise à une pression telle que ses constituants fondamentaux sont comprimés les uns sur les autres. Tout objet dans la vie quotidienne, même aussi dense qu'un bloc de plomb, contient une bonne quantité de vide. Les particules individuelles, qui forment la matière ordinaire, ne se touchent pas. C'est également vrai au cœur du Soleil ou dans les profondeurs des planètes. Mais dans une étoile à neutrons, la matière est complètement tassée : il n'y a plus d'espaces vides. Mais même à ce stade, nous n'avons pas encore atteint le centre de l'étoile. A des profondeurs encore plus grandes, les particules élémentaires sont encore plus serrées les unes contre les autres...

Cette situation n'a rien de nouveau. Elle s'est d'abord produite juste en dessous de la surface de l'étoile, et, là, c'étaient les atomes qui se trouvaient écrasés les uns contre les autres. Un peu plus bas, à la base de la croûte de l'étoile, ce fut au tour des noyaux d'être obligés de se rencontrer. Dans ces deux cas, la structure se désintégrait en ses composantes. Mais en quoi se désintègre une particule élémentaire ? *Possède-t-elle des composantes ?*

La pression terrible qui règne au centre d'une étoile à neutrons nous a obligés à nous poser une question. Cette question se trouve au centre de la physique moderne, et n'a pas encore été résolue. C'est la question de la composition ultime de la matière. Est-il réellement possible que la matière ne soit composée que de centaines de particules élémentaires de types différents ? Ou est-ce que ces particules sont elles-mêmes construites à partir d'unités encore plus fondamentales ?

L'opinion qui prévaut aujourd'hui est que les prétendues particules élémentaires sont elles-mêmes composées de quarks. Si c'est le cas, le centre même d'une étoile à neutrons n'est pas du tout constitué de neutrons, mais de quarks. Ces quarks, en fait, sont des bestioles extrêmement insaisissables. Aucun n'a jamais été directement capturé et étudié dans un laboratoire. En dépit des efforts les plus grands, cette particule, censée être l'élément fondamental de constitution de la matière, reste une énigme.

De nombreuses suggestions ont été avancées concernant l'état de la matière au cœur d'une étoile à neutrons. On a proposé que cette matière se solidifie, que le noyau, tout comme la croûte des étoiles à neutrons, soit solide. On a proposé la présence d'un grand nombre de mésons pi chargés, transportant des courants électriques supraconducteurs sans

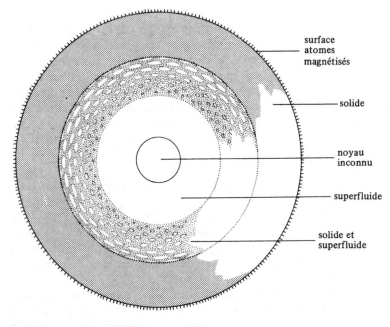

Figure 24

rencontrer de résistance. On a proposé que la matière subisse une transition vers ce qui est allègrement décrit comme un « état anormal », dans lequel les particules élémentaires se comporteraient comme si elles n'avaient aucune masse. Mais aucune de ces propositions n'est convaincante. Personne ne sait.

Nous avons achevé notre voyage de la surface vers le centre de l'étoile à neutrons. Ce fut un voyage à travers les phases de la matière, avec, de temps en temps, des haltes pour admirer les transitions qu'elle subissait. Chacune de ces transitions paraît plus extraordinaire que la précédente, et donne à la matière un aspect pratiquement méconnaissable par rapport à la physionomie ordinaire et familière du matériau dont nous sommes partis : un bloc de pierre cubique d'un kilomètre de côté, qui fut soumis à des densités tellement effroyables qu'il occupa, à la fin de notre expérience, un volume d'espace pas plus gros que le doigt.

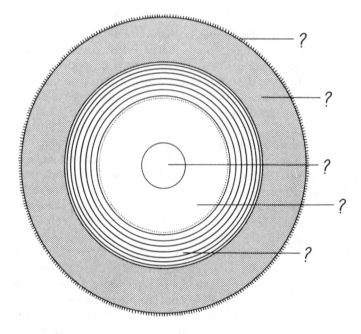

Figure 25

La figure 24 résume le modèle auquel nous sommes parvenus. Il y a d'abord la surface de l'étoile, avec son aspect hérissé au niveau microscopique, composée d'atomes effilés comme des aiguilles. Au-dessous de cette surface, la croûte, incomparablement plus dure que l'acier. Quelque part à l'intérieur de la croûte apparaît un océan souterrain, un océan superfluide. Beaucoup plus bas, la croûte se dissout pour laisser place à l'immensité du superfluide. Et, finalement, tout à fait au centre de l'étoile, un noyau dont les propriétés sont en grande partie inconnues. Nulle part ailleurs dans l'univers on ne trouverait une architecture aussi étrange et énigmatique. Voilà l'effet de la compression.

Pour terminer, la figure 25 propose une autre représentation, quelque peu différente, de la structure de l'étoile à neutrons. Peut-être est-ce la plus précise des deux ?

Au printemps de 1968, lorsque la découverte des pulsars fut annoncée dans la revue britannique *Nature*, j'étais inscrit comme étudiant en physique à l'université de Yale. J'étais en train de mettre la dernière main à ma thèse de doctorat. Comme bien d'autres, je me souviens encore de la première fois où j'ai vu ce numéro désormais célèbre, avec ces mots « Possibilité d'une étoile à neutrons » inscrits sur la couverture. Je me rappelle aussi que ma réaction fut un haussement d'épaules.

Il y avait plusieurs raisons à mon indifférence. La première tenait à ma situation à cette époque : j'étais un scientifique débutant qui venait juste d'achever le travail de recherche qu'exige son diplôme. Les étudiants qui viennent de terminer avec succès leur première recherche personnelle en sont souvent excessivement fiers, et tendent à la considérer comme la chose la plus importante depuis la découverte du feu. Mon sujet de recherche avait trait à la cosmologie — l'étude de l'univers pris dans son ensemble — et, pour cette raison, j'avais tendance à avoir une vision des choses un petit peu trop dominatrice. Il m'était difficile de porter attention à quelque chose d'aussi désespérément banal que la parution d'une nouvelle marque d'étoile.

Mais il y avait une autre raison à mon manque d'enthousiasme, et elle donne une indication sur la mentalité des scientifiques. Je ne fus pas impressionné par la découverte des étoiles à neutrons parce que je savais déjà qu'elles devaient exister. J'avais déjà lu les arguments originaux de Baade, Zwicky et Landau, et je les avais trouvés convaincants. Ce n'était pas ma faute si les astronomes — ceux des télescopes, ceux qui doivent aller dénicher ces fichus objets — avaient été si lents à faire le travail.

Pour une certaine forme d'esprit, il est presque aussi important de réfléchir sur une chose que de la découvrir. Pour ce genre d'esprit, une chose connue sans pour autant avoir été découverte possède une réalité énorme. Pour ce genre d'esprit, la pensée purement abstraite est extrêmement importante ; elle est aussi réelle qu'une table ou une chaise. Et j'ai cette forme d'esprit. Pour moi, les pensées et les idées ont une grande importance. Et, de plus, je trouve que penser est une chose agréable et je pense constamment. Je fais cela par plaisir. Certains font des mots croisés, d'autres jouent au train électrique dans la cave. Moi, je pense.

Une telle attitude se rencontre souvent chez les scientifiques. Mais pas chez tous. D'autres scientifiques furent carrément abasourdis à l'annonce de la découverte des pulsars. Comme je l'ai raconté dans le chapitre 3, Huguenin fut l'un de ceux-là. Huguenin ne se laisse pas facilement convaincre par des arguments abstraits. Pour un esprit comme le sien, les théories c'est très bien, mais un seul fait concret vaut mieux qu'un millier de mots. Huguenin était certainement au courant de la notion d'étoile à neutrons bien avant 1968, mais il n'y avait guère porté attention. Il ne l'avait ni acceptée ni rejetée, il l'avait simplement enregistrée. Peut-être est-il révélateur qu'il se soit orienté vers l'observation en astronomie, alors que moi, par tempérament, je me suis orienté vers la théorie.

En tout cas, pendant les années qui suivirent, plusieurs autres pulsars furent découverts, et le débat faisait rage sur leur nature. J'étais, quant à moi, concerné par d'autres problèmes. J'achevai la rédaction de ma thèse, je pris de longues et agréables vacances, et j'obtins une bourse de recherche.

Le système de la bourse de recherche est utilisé par presque tous les scientifiques aujourd'hui, et c'est une bonne chose. La plupart des chercheurs ne gagnent pas leur vie en faisant de la recherche. Ils le font en enseignant. Mais enseigner n'est pas une chose facile, et, surtout au début, lorsqu'on doit apprendre le métier, cela prend beaucoup de temps. Le problème est que la même chose est vraie en recherche. Le doctorat est habituellement le premier travail de recherche qu'entreprend un scientifique, et il n'est pas suffisant pour se familiariser avec toutes les techniques. L'idéal serait d'avoir davantage de temps sans enseignement pour acquérir une formation plus solide en recherche. C'est ce temps que permet d'avoir la bourse de recherche.

Mon directeur de thèse fut A.G.W. Cameron, et il fut tout ce qu'un étudiant peut souhaiter. Je fus donc particulièrement heureux lorsqu'il m'offrit une bourse, et content de l'avoir obtenue à New York. Pendant les premiers mois, je travaillai avec Cameron sur un sujet lié à mon travail de thèse. Nous avions pensé à quelque chose qui pouvait modifier mes premières conclusions. Ce travail n'aboutit pas, car, après bien des hésitations, nous nous sommes rendu compte que ce nouveau point de vue n'entraînait pas de conséquences appréciables. J'essayai de penser à d'autres sujets de recherche, toujours dans le même domaine, mais rien d'excitant ne se dégageait. En même temps, Cameron me poussait à travailler dans un domaine complètement différent pour élargir ma culture générale. Je fis un travail sur le rayonnement gravitationnel. Je commençais surtout à m'inquiéter.

C'est alors que le pulsar de Véla accéléra.

Aujourd'hui encore, en écrivant ces lignes, ce n'est pas sans un petit brin d'excitation que je me rappelle le moment où j'ai appris la nouvelle. C'était un dimanche, dans mon appartement à New York. Mes fenêtres donnaient sur les toits goudronnés des immeubles. A côté du fauteuil, il y avait la pile des *New York Times* de la semaine que je n'avais pas lus. Je les feuilletais négligemment. Un article attira mon regard : DES ASTRONOMES DÉCOUVRENT UN PULSAR « FOU ». En le lisant, je fus stupéfait. Je ne pouvais en croire mes yeux. Par tempérament, j'avais toujours été attiré par tout ce qui est étrange, incompréhensible, et je ne sais pour quelle raison — une raison que jusqu'à ce jour je n'ai pas encore réussi à m'expliquer — le comportement de Véla me fit une impression telle, que je n'en ai depuis jamais éprouvée de semblable avec les pulsars. Ma première réaction fut de penser que le *Times* s'était complètement trompé. Mais le *Times* ne faisait pas d'erreurs de ce genre.

C'était un signe.

Le lendemain, je trouvai Cameron dans son bureau. « Pour l'amour de Dieu, Al, qu'est-ce que c'est que cette histoire de balancer des planètes sur les pulsars ? » lui demandai-je.

L'article avait cité Cameron expliquant que quelque chose avait dû tomber sur le pulsar, l'accélérant en le percutant de côté — tout cela comme la vérité vraie. Je récupérai une enveloppe froissée dans la corbeille à papier et je calculai que, pour porter un coup assez important, l'objet devait être plus gros que Mercure. Cela n'avait aucun sens : quelle était la dernière fois qu'une planète était tombée sur le Soleil ?

Cameron avait griffonné le même calcul sur un bout de papier. Il se laissa aller en arrière dans son fauteuil. « La première fois que j'ai entendu parler de ça, c'est quand le *Times* m'a appelé avec cette information. Ils m'ont demandé ce qui avait pu se passer et c'est la première chose qui m'est venue à l'esprit. » Il se permit un petit sourire. « Mais en réfléchissant davantage, je pense que cela peut avoir été causé par l'apparition soudaine d'un phénomène de turbulence à l'intérieur de l'étoile. »

Cameron est comme ça. Il est grand, un peu large, mais surtout, il a une présence. Dans un groupe de plusieurs personnes, il est comme un navire qui avance avec précaution au milieu d'une flottille de bateaux à rames. Il est imposant, courtois, imperturbable. Il parle sobrement, d'une voix posée, même au cours d'une discussion : tout cela cache l'un des esprits les plus vifs, les plus inventifs que je connaisse.

Il m'indiqua les grandes lignes de sa dernière idée. Elle reposait sur la transformation brusque à l'intérieur du pulsar d'un mouvement de rotation uniforme en un courant tourbillonnaire chaotique. Je retournai dans mon bureau pour y réfléchir. Je revins et je lui posai quelques questions. Pourquoi Véla ? Pourquoi les pulsars et pas les autres étoiles ? Nous avons examiné la situation. Dans l'après-midi, Cameron écrivit un court article pour *Nature* dans lequel il exposait les grandes lignes de son idée, et, probablement parce que mes questions avaient stimulé sa réflexion, il ajouta mon nom comme coauteur. Ce simple geste eut pour conséquence que je m'intéressai encore plus aux pulsars. Peut-être en fait est-ce pour cette raison que Cameron avait si gentiment associé mon nom à ses réflexions : il voulait me faire travailler dans un nouveau domaine et il avait pensé que cela pouvait m'y amener. C'est le genre de comportement généreux que l'on rencontre chez lui.

De toute façon, je me décidai à apprendre tout ce que je pouvais sur les étoiles à neutrons. Je commençai mes lectures.

Les mois passèrent. Des rumeurs commencèrent à circuler en ville. Untel avait eu untel au téléphone qui lui avait dit que quelqu'un (il ne se rappelait plus qui) du Jet Propulsion Lab était en train d'observer le pulsar : l'augmentation de la vitesse de ralentissement semblait s'atténuer peu à peu. Véla ralentissait plus lentement.

L'idée de Cameron ne prétendait qu'expliquer l'accélération du pulsar. Stimulé par cette rumeur, je commençai à me demander s'il n'y avait pas dans cette idée quelque chose qui pouvait permettre de comprendre également les caractéristiques supplémentaires du phénomène.

Mais à chaque fois que je ressassais ce problème dans ma tête, une chose étrange se produisait. Je succombais à une lassitude particulière. Je me retrouvais anormalement fatigué. D'abord, je fus à peine conscient de mon étrange réaction ; je pensais un peu au problème, puis je passais à autre chose. Mais à chaque fois que j'y revenais, je retrouvais ma lassitude ; finalement, je m'en rendis compte. Je n'eus qu'un pas à faire pour en reconnaître la raison. Il y avait quelque chose que je me cachais à moi-même. Je refusais l'inconfortable évidence que je n'avais pas réellement compris la théorie de Cameron.

Il était temps de prendre le taureau par les cornes. A chaque fois que j'ai à réfléchir à quelque chose de difficile, j'ai l'habitude de le faire à pied. Je sors faire un tour. Ce jour-là, il faisait doux et agréable, et j'allai dans un parc près de chez moi. Là, le travail commença. C'était difficile. Quelque part dans l'explication de Cameron, il y avait un point que je n'avais pas compris ; j'avais beau essayer, je n'arrivais pas à mettre le doigt sur ce qui me gênait dans sa théorie. Je ne pouvais même pas m'expliquer ce qui me contrariait. Il y avait un endroit où mon esprit se bloquait, une espèce d'obstacle invisible. La confusion l'emportait sur la clarté ; mes idées s'embrouillèrent complètement. Quand je réfléchis aussi intensément, je débats avec moi-même, une moitié de moi-même défendant un certain point de vue, l'autre défendant le point de vue contraire ; mais cette fois-ci, chaque moitié de ma personne s'irritait tellement contre l'autre moitié qu'elles refusaient catégoriquement de se mettre au travail. Plusieurs fois, je tentai de reprendre le problème. A chaque fois, je repartais d'un point dont j'étais certain, dans la mesure où je pouvais l'être, et j'avançais, pas à pas, me parlant à moi-même comme une mère à un enfant désobéissant. Pendant tout ce temps, je marchais, avec une lenteur d'escargot. Je faisais trois pas, je m'arrêtais, regardant un arbre sans le voir, puis, brusquement, je me tournais et je repartais dans une direction totalement différente. Mon esprit se baladait.

Vers midi, n'étant parvenu à rien, je renonçai au combat, soulagé. Je retournai à mon bureau. Cameron était là ; nous sommes allés manger des sandwiches dans un bar du coin. En mangeant, je lui exposai mon problème. Cameron est un rapide. Il se mit aussitôt à parler. Comme beaucoup de scientifiques, il pense à haute voix. Pour autant que je me rappelle, il me parut assez satisfait de l'explication qu'il me donnait. Mais pour moi, c'était embrouillé. Il y avait des électrons qui se baladaient d'un côté, des champs magnétiques qui allaient de l'autre... Je n'arrivais pas à me les représenter. Bientôt, je cessai de l'écouter. Et le sentiment d'obscurité, de confusion désespérée, me reprit. J'avais l'impression que mon cerveau se décomposait. J'avais de la peine à respirer et j'eus besoin de reprendre ma respiration. Puis, quelque chose se produisit dans mon cerveau. Je sentis quelque chose en train de se *déplacer* dans ma tête. Ce fut une sensation physique de quelque chose qui tournait, comme un rocher que j'aurais essayé de faire rouler et qui se serait soudainement libéré. Je tenais mon explication.

J'interrompis brusquement Cameron qui continuait d'expliquer ses idées, et je lui décrivis rapidement ce que j'avais compris. Il attendit que j'eusse fini, puis il se remit à parler, et il me fut bientôt évident qu'il se comportait comme si je n'avais jamais parlé. Je l'interrompis à nouveau, et je lui demandai pour quelle raison il ne tenait aucun compte de ce que je venais de dire.

« En fait, dit-il, je n'ai pas vraiment compris. »

Je recommençai mon explication, en donnant cette fois-ci plus de détails. Quand j'eus fini, Cameron ne dit rien pendant un instant. Il grignotait un cornichon. Il regarda autour de lui. Il y eut un silence. Puis, il me fit le plus beau compliment qu'un scientifique peut faire à un autre scientifique.

« Mon Dieu, dit-il, mais c'est ça ! »

Nous sommes retournés au bureau ; j'étais très excité. Comme si on m'avait enlevé un poids de la poitrine. Je me mis immédiatement au travail et je commençai à développer mon idée en détail.

C'est triste à dire, mais finalement, ma merveilleuse idée a été abandonnée, car elle reposait sur les idées de Cameron qui se sont révélées fausses au cours du temps. Et aujourd'hui, mes idées et ses idées n'ont plus aucune importance. Ça ne fait rien. Ce fut agréable sur le coup, et le moment où j'ai trouvé mon idée fut l'un de ceux où l'on ressent le plus profondément le plaisir d'être un scientifique. De tels moments arrivent très rarement, personne ne peut les prévoir, mais quand ils se produisent, ils ont une grande valeur, car ils récompensent bien des efforts.

Il y avait d'autres bruits qui couraient en ville. Malvin Ruderman aussi avait une théorie pour expliquer le phénomène qui s'était produit à l'intérieur du pulsar de Véla. Et, en plus, il lui avait donné un nom. Il l'avait appelé un « glitch ».

Qu'est-ce qu'un glitch ? Les mordus de l'électronique reconnaîtront tout de suite ce terme. C'est de l'argot. Imaginez que vous ayez construit un nouvel instrument d'électronique très délicat ; imaginez qu'il fonctionne de manière parfaite pendant des mois et des mois et que, soudainement, inexplicablement, sans aucune raison, il se mette tout d'un coup à dérailler : ça, c'est un glitch.

La théorie de Ruderman sur le glitch du pulsar de Véla faisait intervenir des tremblements de terre se produisant à la surface de l'étoile, et cette idée me parut être de la folie, une merveilleuse folie. Cela piqua ma passion de toujours pour l'insolite. Puisque Ruderman aussi était à New York, j'allai le trouver. Ruderman écrit dans un style très soigné, et la lecture de ses articles m'avait déjà intimidé. Comment est-ce que quelqu'un pouvait avoir autant de connaissances ? Mais lorsque je le rencontrai, mes angoisses se dissipèrent. Il était plein d'une ferveur communicative, d'une énergie enjouée. Il n'y avait en lui rien d'autoritaire. Son intelligence brillante enchantait plus qu'elle ne paralysait. Au bout de quelques minutes, nous parlions tous les deux en même temps.

Il me donna toute une quantité d'articles sur les étoiles à neutrons. Je rentrai chez moi pour les lire. J'en parlai avec Cameron, puis je retournai en discuter avec Ruderman. J'avais eu quelques petites idées personnelles et je lui demandai son avis. Nous n'arrêtions pas de parler. Les heures passaient à toute vitesse. J'étais en train de tomber amoureux. Plus j'apprenais, plus je me sentais captivé par la puissance et la beauté des idées de Ruderman, et, en fin de compte, ce fut cela plus que toute autre chose qui cristallisa mon intérêt pour les étoiles à neutrons. Il me sembla alors que tout domaine de recherche qui pourrait faire surgir des idées aussi étonnantes serait l'un de ceux dans lesquels je travaillerais avec le plus de plaisir pendant des années. Et j'eus raison.

La théorie de Ruderman sur le glitch du pulsar de Véla se fondait sur le fait que les étoiles à neutrons possèdent une croûte solide. La Terre aussi en possède une, et, de temps en temps, la Terre a des tremblements de terre. Ruderman suggéra que le glitch de Véla avait tout simplement été provoqué par une rupture de ce genre, *un tremblement d'étoile à neutrons.*

Comment un tremblement d'étoile pouvait-il faire accélérer le pulsar ? En permettant soudainement à l'étoile de se contracter. Si je suis assis sur un tabouret de bar et que je me fais tourner, je tourne régulièrement tant que je garde la même position. Mais si je ramène mes bras vers moi, j'augmente ma vitesse de rotation. Et si je fais cela brusquement, je subis un glitch. Ruderman calcula que le glitch du pulsar de Véla devait s'être produit si cette étoile s'était brusquement contractée d'environ deux centimètres.

Pour quelles raisons le tremblement d'étoile s'était-il produit ? Pourquoi avait-il été aussi important ? Sur Terre, il se produit tout le temps des tremblements de terre, modifiant continuellement la forme de la Terre, mais ils ne sont jamais suffisamment importants pour affecter de manière appréciable la durée du jour. Ruderman donna la même réponse aux deux questions : parce que le pulsar ralentissait.

Quelle est la forme d'une étoile à neutrons ? Les étoiles sont sphériques. Une étoile ou une planète reste parfaitement sphérique aussi longtemps qu'elle n'est pas en rotation. Mais si elle est en rotation, elle s'enfle au niveau de l'équateur. Le diamètre de la Terre, par exemple, est environ 30 kilomètres plus grand à l'équateur qu'aux pôles. Et justement parce qu'il était lui aussi en rotation, le pulsar de Véla possédait un léger renflement équatorial.

Jusqu'ici, il n'y avait aucune différence particulière dans la théorie de Ruderman entre un pulsar et tout autre corps céleste comme la Terre. C'est ensuite qu'entrait en jeu une différence capitale : les pulsars ralentissaient. Et, chaque année, le renflement équatorial de Véla diminuait.

Si le pulsar de Véla n'avait pas possédé de croûte solide, ce changement de forme progressif se serait produit tout en douceur. Mais les solides ne changent pas de forme aussi simplement. Ils résistent aux déformations. La croûte du pulsar essayait de conserver sa forme enflée initiale, mais plus le pulsar ralentissait, plus cette forme devenait inadaptée. Et plus nous attendions, plus les contraintes subies par la croûte devenaient importantes. Finalement, elles devinrent trop importantes. La croûte craqua. Elle céda. Elle s'effondra au niveau de l'équateur, de deux centimètres. Et le pulsar fit un glitch.

C'est ainsi que Ruderman l'expliquait. En collaboration avec trois de ses collègues, il a également trouvé une explication à l'augmentation du ralentissement après le glitch et la décroissance progressive qui s'ensuivit. Mais l'aspect le plus important de cette théorie, et de loin, se trouve ailleurs. Le point important — et cela avait surpris Ruderman lorsqu'il avait découvert son idée — était que si cette théorie était correcte, alors, à l'échelle humaine en tout cas, le glitch du pulsar de Véla était unique : il n'en surviendrait pas d'autre pendant la durée de notre vie.

Ruderman était parvenu à cette conclusion en calculant *l'intervalle de temps prévu entre deux tremblements d'étoile successifs*. Dans son modèle, ils devaient se reproduire régulièrement. Le tremblement se produisait, et le pulsar faisait un glitch, mais, ensuite, le pulsar reprenait son processus continu de ralentissement ; et, en même temps, les contraintes recommençaient à s'exercer sur la croûte. Puis, finalement, elle se casserait de nouveau. Elle se casserait une fois que la rotation du pulsar se serait suffisamment ralentie. Et comme Ruderman savait à quelle vitesse le pulsar de Véla ralentissait, il était capable de prédire combien de temps nous devions attendre avant que le prochain événement de ce genre ne se produise.

La réponse qu'il avait obtenue se mesurait en centaines de milliers d'années.

La conclusion était qu'aucun de nous ne pourrait vivre assez longtemps pour être le témoin du prochain glitch du pulsar de Véla. Ni nos enfants. Le temps qu'il se produise, plusieurs centaines de milliers d'années se seraient écoulées, et notre époque, avec tout ce qui s'y rapporte, se serait complètement évanouie de toute mémoire. Et, très probablement, la race humaine aurait tellement progressé qu'elle n'accorderait plus aucun intérêt à des choses aussi puériles que les pulsars. Qui d'ailleurs pouvait dire que nous serions encore là dans un futur aussi lointain ? Si ce n'est pas le cas, ces faibles signaux radio, apportant la nouvelle du prochain événement, tomberaient dans les oreilles d'un sourd.

Selon la théorie du tremblement d'étoile, nous vivions à l'époque d'une énorme et invraisemblable coïncidence. Nous vivions la première époque de l'histoire au cours de laquelle le pulsar de Véla avait fait un glitch. Si notre espèce ne devait malgré tout pas survivre aux 100 000 prochaines années, nous vivions alors la *seule* époque où l'un de la série régulière de ses glitches aurait été observé. Et il s'était produit moins d'une année après la découverte du pulsar de Véla. Quelle est la probabilité pour qu'un événement ayant lieu une fois tous les 100 000 ans se produise effectivement aussi vite ? C'est 1 chance sur 100 000.

C'était une situation très particulière. Les théories de Ruderman et de Cameron n'avaient pas été les seules proposées. Mais celle de Ruderman se fit remarquer. Les autres furent délaissées. La sienne sembla la plus belle, la plus logique ; elle était cohérente et elle avait un sens. N'était cet inconvénient, on l'aurait acceptée sans problème. Mais à 1 contre 100 000, on avait du mal à y croire.

Cela devint une question d'opinion. Ruderman passa son temps à développer les diverses conséquences et extensions de sa théorie, mais il développa également une deuxième explication du glitch, complètement différente. Et nous, nous nous sommes retrouvés séparés en camps. Il y eut les « quakers » et les « antiquakers [1] ». Ses partisans croyaient qu'il était possible de vivre avec une coïncidence de 1 pour 100 000 ; les autres cherchèrent une meilleure idée. Mais comme toujours en ce qui concerne les croyances, le ton monta. Un jour, alors qu'il faisait un exposé sur la théorie des tremblements d'étoiles, on demanda sur un ton cassant à l'orateur s'il échangerait le reste de sa vie contre le temps qui s'écoulerait jusqu'à l'apparition du prochain glitch du pulsar de Véla. La réponse ne fut pas enregistrée.

Il en fut ainsi pendant plusieurs années. Puis, à l'automne 1971, le pulsar de Véla fit de nouveau un glitch.

1. Jeu de mots intraduisible à partir du nom de la secte des Quakers et de « earth*quake* », tremblement de terre. *(N.d.T.)*

6. Comment penser
   à quelque chose

Venons-en maintenant cinq années plus tard.

Au cours de ces cinq années, j'avais plusieurs fois déménagé, trouvé un poste d'enseignant, appris à enseigner, et achevé plusieurs travaux de recherche. Presque tous concernaient les pulsars ; la plupart portaient sur les idées générales formulées par Ruderman. J'avais moi-même (mais comme bien d'autres évidemment) pu y apporter ma contribution. Et pendant ces cinq années, le pulsar de Véla avait fait un troisième glitch, enterrant définitivement l'interprétation des glitches par les tremblements d'étoile.

Mais le plus important, c'est qu'à la fin de cette période je commençais à me lasser des pulsars. J'avais trop longtemps travaillé dessus. Il n'est jamais bon pour un scientifique de consacrer toute son énergie à un seul et même sujet. Il vaut mieux en changer de temps en temps pour éviter de s'encroûter. Et le temps était venu.

Mais avant, il me restait un dernier petit travail à terminer.

C'était un travail sur l'évolution à long terme des pulsars. Je désirais prendre le meilleur et le plus récent des modèles sur l'intérieur des étoiles à neutrons, et voir ses prédictions pour l'évolution d'un pulsar sur des millions d'années. Il existait un certain nombre de données d'observations indirectes sur le sujet — des études comparant des pulsars âgés de plusieurs millions d'années avec des pulsars jeunes —, et je voulais voir si tout cela pouvait être interprété à la lumière des prédictions de cette théorie. Mais, pour être honnête, je dois reconnaître que cet objectif — la comparaison de la théorie et de l'expérience, qui est tant censée tenir au cœur des scientifiques — n'était pas la raison pour laquelle j'avais entrepris ce travail. Mes véritables motivations étaient plus personnelles. J'avais décidé de le faire parce que je savais que je pouvais le faire, et bien le faire ; parce que je savais que, dans ce domaine, il n'existait que très peu de gens aussi qualifiés que moi. Une autre motivation était d'ordre esthétique : ce projet allait clore naturellement tout mon travail sur les pulsars. Il mettrait les points sur les i. Enfin, et c'est le plus important, j'étais tellement persuadé d'avoir déjà compris le problème, que je sentais que ce travail serait rapide et facile, et que je serais bientôt libre de changer de sujet.

Je me trompais sur toute la ligne. Ce ne fut pas un travail rapide et facile. Ce fut lent et pénible, et c'est devenu le travail le plus long et le plus difficile que j'aie jamais entrepris. Je ne comprenais pas le problème que je m'étais moi-même posé. En fait, je suis passé complètement à côté de l'aspect le plus essentiel de ce problème, et cette erreur aussi énorme m'a coûté deux années à errer en pleine confusion. Car ce travail ne concernait pas l'évolution des pulsars sur des périodes géologiques. Il portait sur les glitches.

Le système physique dont je voulais analyser le comportement était constitué de deux éléments : la croûte solide de l'étoile à neutrons, et le superfluide situé dans ses profondeurs. On peut faire une analogie avec un verre rempli d'eau. On a d'une part le pulsar en rotation dans le vide de l'espace. On peut simuler cela en fixant le verre sur la platine d'un tourne-disque et en la faisant tourner. Et d'autre part, il y a le super-fluide qui, bien que n'ayant aucune viscosité, exerce une légère force de « frottement » contre la croûte, comme l'eau contre la paroi du verre.

L'autre élément du problème était que le pulsar ralentissait. C'est comme si on utilisait une platine à vitesse variable et que l'on ramenait tranquillement sa vitesse à zéro. L'une des conséquences de ce ralentissement est la diminution progressive du renflement équatorial de l'étoile, mais cela n'avait aucune incidence sur mon travail. Je m'inté-ressais à quelque chose d'autre : l'effet de ce ralentissement sur le superfluide enfermé dans l'étoile.

Quel est cet effet ? Saisissez fermement le verre sur la platine en rotation. Le verre s'arrête immédiatement. Mais pas l'eau. Elle conti-nue à tourbillonner pendant quelques instants. D'une manière analo-gue, même si cela se passe lentement et continûment plutôt que brusquement, le ralentissement place le pulsar dans une situation où sa surface tourne beaucoup plus lentement que son intérieur. Et des kilomètres plus bas, immense, pesant des millions de tonnes par centimètre cube, le superfluide magique glisse sous la croûte de l'étoile. Il s'écoule continûment, interminablement, suivant une trajectoire qui se maintient pendant des siècles. Nous ne faisons là que décrire un équivalent cosmique du Gulf Stream.

A quelle vitesse s'écoulent ces courants ? Si le frottement entre le superfluide et la croûte de l'étoile est important, ils ne peuvent aller bien vite. Mais s'il est faible, ils peuvent être très rapides, et, effectivement, ils le sont. Ce frottement est en fait réglé par la température de l'étoile. Si le pulsar est chaud, ce frottement est important. Les courants internes seront donc faibles. Et si le pulsar est froid, le frottement est faible et les courants importants.

Voici le problème que je m'étais posé. Un pulsar naît dans le feu de l'explosion d'une supernova. Comme le phénix, il naît incandescent. Au cours des âges — des milliers, des millions d'années —, le pulsar se refroidit lentement. Et, au cours de ce refroidissement, la nature des courants dans ses profondeurs internes se modifie lentement. Ils deviennent plus importants. C'est ce réajustement progressif, qui se fait sur des durées géologiques, que j'avais décidé d'étudier.

Un dernier point. C'est un fait d'évidence quotidienne que le frottement dégage de la chaleur. Nous frottons nos mains l'une contre l'autre pour les réchauffer en hiver. Appuyez sur la pédale de frein d'une voiture et les plaquettes deviennent brûlantes. De même, lorsque les courants du superfluide frottent contre la croûte d'une étoile à neutrons, ils la réchauffent.

La première étape pour résoudre le problème était de le formuler plus précisément. N'importe qui pouvait apprécier globalement les effets de ces principes physiques généraux, mais je voulais voir ce qu'ils impliquaient en détail. Cette description littéraire contenait la clef permettant de comprendre un important phénomène physique, mais pour y parvenir, je devais utiliser des techniques spéciales.

C'étaient les techniques de la physique mathématique. Vous commencez avec un ensemble de principes physiques — par exemple ceux qui ont été donnés plus haut —, et vous écrivez chacun sous forme d'équation. Ensuite, vous résolvez ces équations. J'écrivis donc une équation exprimant en termes mathématiques l'affirmation que l'importance des courants internes dépendait de l'intensité du frottement entre eux et la croûte stellaire. Une autre proposition disait que cette force dépendait de la température. Et une troisième décrivait la façon dont la température était influencée par le frottement lui-même. A la fin, mon ensemble d'équations était compliqué : chacune était longue à écrire, et il y en avait beaucoup. Rien que pour les écrire, cela prenait énormément de place.

Dans un certain sens, à ce stade, je n'avais encore rien fait. Il n'y avait rien dans ces équations qui ne soit déjà contenu dans la description purement littéraire donnée plus haut. La seule différence, c'est que j'avais maintenant sous les yeux une formulation précise du problème. J'avais transformé un problème *physique* en un problème mathématique ; à partir de là, je pouvais oublier la physique.

Aucune de mes équations n'était la solution d'un problème. Chacune était elle-même un problème, et posait une question dont la réponse était la solution que je recherchais. La seule chose que j'avais à faire maintenant, c'était de trouver cette solution.

Mais je ne savais pas le faire.

Pour comprendre ce à quoi je me heurtais, on peut s'aider en considérant quelques exemples d'équations avec leur solution. La simple équation

$$2x = 8$$

demande s'il existe un nombre dont le double est égal à 8. C'est assez facile. On dit que la solution est $x = 4$. D'autres équations sont plus difficiles. Considérez par exemple

$$x^2 + 2x = 8$$

Là, c'est moins évident. On peut, bien sûr, essayer de deviner : on prend un nombre, comme ça, au hasard, on le double, on lui additionne son carré, et on regarde si ça fait 8. Si ça marche, on est content, mais on n'a guère de chances de tomber juste. Il vaut mieux trouver une méthode pour obtenir la réponse. Voici comment nous avons résolu la première équation, bien que la méthode utilisée ait été tellement simple que nous l'avons appliquée tout à fait inconsciemment : nous avons divisé 8 par 2. De manière analogue, les mathématiciens des siècles passés ont mis au point une règle pour résoudre la deuxième équation : « la formule du trinôme ». En l'appliquant, on trouve qu'il existe en fait deux solutions distinctes, 2 et −4.

Mais la formule du trinôme ne marche que pour les équations quadratiques (du second degré). Elle n'est d'aucun secours dans le troisième exemple,

$$x = \cos x$$

qui demande s'il existe un nombre égal à son cosinus. Cette équation est bien plus redoutable que les deux premières. Là encore, nous pouvons avoir assez de chance pour deviner la solution, mais cela ne semble guère probable. Comme avant, ce qu'il nous faut réellement, c'est une formule pour l'obtenir. Mais on n'a jamais réussi à en trouver une. Des générations de mathématiciens ont essayé, sans succès. Cette troisième équation pose une question dont personne ne connaît la réponse.

Voilà le problème auquel j'étais confronté. Mes équations étaient bien plus complexes que n'importe lequel de ces exemples, et pour aucune d'entre elles il n'existait de méthode donnant la solution. En des temps plus reculés, devant une situation aussi désespérée, j'aurais été obligé de renoncer. Mais pas aujourd'hui.

Je m'adressai à un ordinateur.

L'équation

$$x = \cos x$$

ne peut être résolue par les méthodes de la mathématique classique. Mais elle peut l'être par un ordinateur. La solution est même très facile à obtenir, et en une journée de cours dans un lycée, un élève pourrait écrire un programme pour faire ce que des générations de mathématiciens n'ont pu réussir.

La résolution par ordinateur a recours à la manière forte. Par exemple, un programme particulièrement simple pourrait demander à l'ordinateur de choisir un nombre — disons 0 —, et de voir s'il est égal à son cosinus. Si c'est le cas, nous avons terminé. Sinon, le programme demande à l'ordinateur de prendre un autre nombre — 1 par exemple — et d'essayer à nouveau. Et ainsi de suite. L'ordinateur ne fait qu'exécuter ce que n'importe qui d'entre nous pourrait faire : la seule différence, c'est qu'il est tellement rapide qu'il arrive à faire le travail jusqu'au bout, alors qu'une personne aurait tôt fait d'abandonner, dégoûtée.

Voici un premier essai de programme pour résoudre l'équation insoluble :

> Pas n° 1 : Prends x égal à –1.
> Pas n° 2 : Ajoute 1 à x.
> Pas n° 3 : Trouve le cosinus de x.
> Pas n° 4 : x est-il égal à son cosinus ?
> Si oui, écris x et arrête-toi.
> Si non, retourne au pas n° 2.

Cette séquence d'instructions fait commencer l'ordinateur par le nombre –1 et (pas n° 2) lui fait additionner 1. Il obtient 0. Ensuite (pas n° 3), il calcule le cosinus de 0. Si ce cosinus est lui-même 0, l'instruction suivante (pas n° 4) fait écrire la réponse et arrête l'ordinateur. Sinon, la machine retourne au pas n° 2. Le pas n° 2 dit maintenant à l'ordinateur d'additionner 1 à x, ce qui fait $x = 1$. Et le processus se poursuit aussi longtemps que nous avons la patience d'attendre.

Ces instructions, telles qu'elles sont formulées ci-dessus, ne sont pas écrites dans l'un des nombreux langages utilisés aujourd'hui pour les ordinateurs. Elles sont écrites en français — notre langage, pas celui de la machine. Si on les entrait dans un ordinateur, il se bloquerait. Mais il existe une traduction de ces instructions en Fortran, le plus couramment utilisé des langages de programmation scientifique :

```
    X = –1
 2  X = X + 1
    Y = COS (X)
    IF (X.EQ.Y) THEN
        PRINT X
        STOP
        END IF
    GO TO 2
```

Un simple regard sur ce programme suffit pour se rendre compte des particularités de ce langage. La première instruction est assez simple, et pose x égale –1. C'est l'équivalent Fortran du pas n° 1 du programme écrit en français. La seconde instruction correspond au pas n° 2, et, au premier abord, elle ressemble à une équation à résoudre. Si c'était le cas, ce serait vraiment une équation très particulière, car elle demande s'il existe un nombre qui est égal à lui-même plus un. Bien sûr, ce nombre n'existe pas ; cela ne doit pas nous préoccuper, car nous avons mal interprété cette instruction. Ce n'est pas une équation : cette instruction demande à l'ordinateur de donner à *x* son ancienne valeur plus un.

Le nombre 2 qui précède cette instruction n'en fait pas partie : c'est une adresse, dont la fonction va bientôt s'éclaircir. Ensuite, la troisième instruction correspond au pas n° 3 : l'ordinateur calcule le cosinus de *x* et appelle le résultat *y*. La quatrième instruction équivaut en fait au pas n° 4. L'instruction « IF »

$$IF (X.EQ.Y) THEN$$

fait vérifier par l'ordinateur si *x* est égal à son cosinus *y*. Si ce test est positif, on a réussi ; la machine exécute alors toutes les instructions jusqu'à « END IF » :

$$PRINT X$$
$$STOP,$$

ce qui affiche la valeur de *x* solution de l'équation, puis s'arrête. Si au contraire, le test est négatif, l'ordinateur saute ces instructions et passe à la suivante :

$$GO TO 2.$$

Cela fait revenir à l'instruction dont l'adresse est 2, celle qui fait recommencer entièrement le processus, avec *x* remplacé par *x* + 1.

Tel quel, ce programme présente un inconvénient, car rien ne garantit qu'il va marcher. Par exemple, il ne teste que les nombres positifs, et, si la solution est négative, il ne la trouvera jamais. Il est facile de remédier à cela. Mais ce qui est beaucoup plus grave, c'est le fait que le programme ne teste que des nombres entiers. La solution peut être une fraction, comme 1,5 : dans ce cas, le programme sautera par-dessus et continuera aveuglément, sans jamais s'arrêter.

On ne peut faire face à cette difficulté qu'en écrivant un programme plus sophistiqué. Une possibilité est de faire vérifier par l'ordinateur si chaque x choisi est plus grand ou plus petit que son cosinus. Par exemple, 0 est plus petit que son cosinus, mais pas 1. La solution se trouve alors quelque part entre 0 et 1. Un programme adapté pourrait prendre au hasard des paires de nombres, chacun compris entre 0 et 1, et choisis de sorte que le premier soit plus petit que son cosinus, et le deuxième plus grand. Le programme, ensuite, réduirait progressivement l'intervalle entre les deux nombres, augmentant le plus petit, diminuant le plus grand, tout en vérifiant à chaque fois que la solution n'a pas été dépassée. De cette façon, l'ordinateur se dirigerait tranquillement droit sur la solution.

Mais un tel programme ne trouvera jamais la solution exacte que nous recherchons. Il ne pourra que l'approcher. Par exemple, $x = 0,99$ degré est plus petit que son cosinus, alors que $x = 0,9999$ est plus grand. Si on ne désire pas une solution exacte, on peut s'arrêter ici, et dire que la solution est voisine de 0,99. Mais nous devons toujours rester conscients que nous ne pouvons résoudre complètement le problème. C'est spécifique aux ordinateurs, et il n'y a aucun moyen d'éviter cela : ils peuvent venir à bout des équations inaccessibles par les méthodes mathématiques classiques, mais jamais exactement. En vérité, les ordinateurs ne résolvent pas les équations. Ils les « résolvent ».

Aux prises avec un système d'équations insoluble, je me mis à écrire un programme pour en trouver une solution approchée. Cela se révéla être une entreprise difficile. Les équations étaient compliquées, et donc la méthode pour les résoudre. Je remplis des pages et des pages. La suite logique d'opérations intervenant dans mon programme était délicate, et il était facile de faire des erreurs. Je demandais à l'ordinateur d'effectuer des boucles un nombre précis de fois à l'intérieur d'une séquence d'instructions particulière. Il y avait parfois une sous-boucle qui, en fonction du résultat d'une plus grande, devait ou ne devait pas exécuter certaines choses. A un endroit, il y avait une boucle dans une boucle dans une boucle dans une boucle. Il y avait des instructions du genre : « Si c'est tel cas, et pas celui-là sauf la dernière fois que tu as essayé, et si, avant, tu as fait ce test un nombre pair de fois, alors fais ceci. »

Après des mois passés à écrire le programme arriva le temps de taper les cartes. L'ordinateur ne « lit » pas des mots écrits, mais des cartes perforées : une carte par instruction de programme. Je les tapai. Le programme comprenait environ 2 000 instructions ; cela faisait un bon paquet de cartes. C'était lourd à porter. Je les chargeai dans l'ordinateur. Le programme marchait.

Les programmeurs reconnaissent que lorsqu'un programme, nouveau et compliqué, marche du premier coup, ils sont plutôt embêtés. Cela signifie qu'ils ont commis une erreur tellement imperceptible qu'ils ne voient même pas ce que cela peut être. Il existe tellement de possibilités d'erreurs dans un programme, même dans un petit programme, qu'il est rare qu'il marche du premier coup sans avoir été modifié. Le mien était incroyablement long, et il y avait tellement d'endroits où il pouvait accrocher... Je jetai un regard désabusé sur mon paquet de cartes.

Je me mis à tester mon programme par tous les moyens à ma disposition. Je le forçai à me dévoiler ses faiblesses. Je le fis tourner pour les étoiles de grandes masses, de petites masses, pour les étoiles nées avec une très grande température, et celles qui sont nées avec une température relativement froide. Je le fis tourner en supposant une absence de courants superfluides au-dessous de la croûte stellaire, non que je voulais connaître la réponse, mais parce que je m'étais intuitivement forgé une idée de la réponse pour ce cas particulier. Finalement, au cours d'un essai, l'ordinateur me donna une température du pulsar inférieure au zéro absolu. J'avais trouvé une erreur.

Je la recherchai et je la corrigeai. J'avais maintenant amélioré mon programme au point qu'il ne voulait plus marcher du tout. Quand je chargeais les cartes dans l'ordinateur, il sortait aussitôt un message d'erreur, du genre : « Le programme a tenté de diviser par zéro », ou : « A voulu prendre la racine carrée d'un nombre négatif. » J'avais affaire à un « bug », une vermine. C'est un terme d'argot qui désigne une petite erreur, apparemment insignifiante, mais dont les conséquences sont catastrophiques et qui fait qu'un programme commet ce genre d'erreur. Le pire avec un bug, c'est qu'il peut être là, sous vos yeux, sans que vous vous rendiez compte de son importance. Un bug, cela peut être une virgule au mauvais endroit ; ou une absence de virgule. Cela peut être une erreur de frappe telle que « 23322 » au lieu de « 22322 », et, malgré la difficulté notoire qu'éprouvent les êtres humains à déceler ce genre d'erreur, l'ordinateur, lui, y réagit à chaque fois. Mais en tout cas, une fois le bug corrigé, on découvre presque toujours que la machine avait correctement fonctionné. Et que c'est l'homme qui avait fait une erreur.

Mon programme contenait vingt-cinq pages bourrées d'instructions

Fortran. Et quelque part dans tout ce fatras, il y avait mon bug. J'étudiai mon programme. J'étais sans cesse plongé dedans. Je plaçai des tests : des instructions qui faisaient écrire un message par la machine disant qu'elle était parvenue à tel endroit particulier. Quand je fis ensuite passer le programme, elle sortit les tout premiers messages, puis s'arrêta. De cette façon, je cernai l'endroit du programme où se trouvait mon bug. Je passai au peigne fin la région incriminée. J'en avais mal aux yeux.

Finalement, je trouvai le bug. Je le corrigeai. Et le programme repartit... mais pas pour longtemps. Il accrochait à un autre endroit. Je n'avais éliminé le premier bug que pour me retrouver face à un autre.

Des semaines passèrent, qui se transformèrent en mois. C'était l'été maintenant, et je m'étais juré qu'à l'automne, j'en aurais terminé. Après tout, j'avais eu l'intention de résoudre ce problème rapidement. Je commençais à me sentir pris au piège. Les mois passèrent. Je trouvai l'erreur. J'en trouvai plein. L'été s'achevait et j'étais loin d'avoir fini.

De nos jours, les ordinateurs fonctionnent à partir d'un terminal : un écran de télé et un clavier situés dans le confort de votre bureau, ou de votre salon. C'est une façon agréable de travailler. Ce n'était pas le cas à cette époque. Mon ordinateur lisait des cartes perforées, et tous ses utilisateurs se retrouvaient entassés dans une même salle. Nous chargions nos programmes dans un lecteur de cartes et les résultats ressortaient sur une imprimante. Ce lecteur avalait les cartes à une vitesse effrayante, et faisait un bruit d'enfer. En un instant, l'imprimante vomissait des pages et des pages de papier ordinateur. Les machines à perforer se trouvaient dans cette même salle. Les programmeurs tapaient sans arrêt, dans le crépitement et le ronflement des machines. C'était un vacarme permanent. Des gens traînaient un peu partout, les étudiants de première année en blue-jeans déchirés, les étudiants en thèse avec leurs enfants. Le sol était une véritable poubelle. Quant à l'ordinateur lui-même, il était invisible : il se trouvait quelque part dans une autre salle.

Tout le monde sait ce qu'est un travail long et pénible. Il n'y a rien de plus ingrat que la mise au point d'un gros programme. Pendant ce temps, quelqu'un avait observé un nouveau phénomène étrange dans les galaxies. Intéressant... mais j'étais rivé à mon programme. Il était extrêmement pénible à manipuler. Quand j'y apportais des modifications toutes simples, cela avait des conséquences considérables. C'était

137

un vrai château de cartes : j'en prenais une et tout s'écroulait. J'étais furieux. J'avais des cours à donner, des réunions auxquelles je devais assister. Des étudiants voulaient me voir. Il y eut les vacances de printemps, je restai là. L'été suivant, quelqu'un d'autre avait expliqué le nouveau phénomène sur les galaxies et s'était couvert de gloire. Pendant ce temps, je me perdais dans un labyrinthe de Fortran. Tout le monde avait applaudi au lancement d'un nouveau satellite à rayons X. Tout le monde sauf moi : j'étais occupé, maudissant chaque minute qui passait. Une année s'était écoulée et je rencontrai un autre bug.

C'était le bug le plus étrange que j'aie jamais rencontré. J'avais alors amélioré mon programme au point qu'il semblait marcher correctement pendant un moment. Il sortait la température, la vitesse de rotation et l'intensité des courants internes au sein de l'étoile. De plus, il ne donnait pas ces valeurs une seule fois, mais constamment, à chaque fois pour une phase nouvelle de l'évolution de l'étoile. Enfin, et ce n'était pas le moins important, la solution obtenue avait une signification intuitive évidente. Selon l'ordinateur, l'étoile ralentissait continûment, se refroidissait continûment, avec un accroissement continu de ses courants internes. Tout était en accord avec ce qu'on attendait.

Mais à première vue seulement. Le programme tournait tranquillement pendant un moment, puis soudain s'affolait d'une manière incompréhensible. Brusquement, sans prévenir, le refroidissement continu du pulsar s'inversait. L'étoile commençait à s'échauffer. Au même moment, elle se mettait à tourner violemment sur elle-même. L'ordinateur me disait qu'un souffle énorme de chaleur apparaissait à l'intérieur de l'étoile, comme si une bombe avait explosé dans ses profondeurs. Et en même temps que cette explosion, le pulsar augmentait brusquement sa vitesse de rotation.

Bizarre. L'été revint, je n'avais plus la contrainte des cours et je travaillais à plein temps pour traquer le bug. Mais je ne pus le trouver. Je mis dans le programme tous les tests auxquels je pouvais penser. Il les a tous franchis. En désespoir de cause, je demandai à l'ordinateur d'imprimer l'exécution du programme pas à pas. Cela me donna soixante-quinze pages bourrées de nombres, qui se retrouvèrent sur mon bureau. J'y jetai un coup d'œil, puis je rentrai tôt à la maison, profondément déprimé. Le lendemain matin, je me remettais au travail, le cœur gros, pour tenter de démêler ce fouillis déconcertant. Je l'examinais inlassablement, cherchant le bug. Je ne l'ai jamais trouvé.

Il n'y avait pas de bug.

Je ne me rappelle pas quand j'ai découvert cela pour la première fois. Mais je sais que je ne l'ai pas réalisé tout de suite. Je n'ai pas eu d'éclair d'inspiration. Au cours de l'été, petit à petit, je me suis rendu compte que ce que me disait l'ordinateur avait un sens. Quel sens, je ne pus le dire de suite. Je ne le compris d'abord que dans le langage de la machine, dans les termes mêmes de la séquence d'instructions que j'avais demandé à l'ordinateur d'exécuter. Petit à petit, je compris davantage. Petit à petit, je me mis à réfléchir, non par rapport au programme, mais par rapport aux mathématiques, aux équations qu'il était censé résoudre. Finalement, je me mis à penser non aux mathématiques, mais à la physique, au système physique décrit par ces équations. Il me fallut des mois pour réaliser que l'ordinateur me disait la vérité.

J'avais découvert une nouvelle sorte de bombe.

C'était une bombe qui ne pouvait exploser que dans les profondeurs d'un pulsar. Elle explosait d'elle-même, sans aucun avertissement. En explosant, elle libérait un énorme éclat de chaleur. Et elle accélérait la rotation de la croûte de l'étoile. *Elle provoquait un glitch sur le pulsar.*

Le principe de cette bombe s'était trouvé entre mes mains deux années plus tôt, quand je commençai ma recherche. Mais je ne l'avais pas remarqué. Il était contenu dans la description de mon travail, telle que je l'ai donnée plus haut. Si vous, cher lecteur, avez été vigilant, vous avez pu le remarquer en lisant cette description.

Ce principe comporte deux aspects : *1.* plus le pulsar est chaud, plus le frottement entre la croûte et les courants superfluides internes est important ; *2.* plus ce frottement est important, plus il y a de chaleur dégagée. Chacune de ces deux affirmations se réfère à l'autre. Elles s'entretiennent l'une l'autre. Nous avons ainsi affaire à un « feed-back ». En termes techniques, nous avons une *instabilité*.

Supposons qu'une action extérieure échauffe très légèrement le pulsar. Imaginons par exemple une météorite qui viendrait s'écraser sur le pulsar, libérant un minuscule éclat de chaleur. Ou bien imaginons qu'une petite fluctuation dans la magnétosphère en vienne à réchauffer sa surface, comme un éclair microscopique à la surface du pulsar. Quelle est la conséquence de cet apport de chaleur tout à fait négligeable ? D'après la proposition *1,* cela provoque un frottement un petit peu plus important de la croûte du pulsar contre les courants internes. Mais, à cause de la proposition *2,* cela à son tour réchauffe un petit peu plus l'étoile. La proposition *1* prend alors le relais une deuxième fois, et le frottement se fait plus fort. Puis c'est de nouveau le tour de la proposition *2* et l'échauffement devient plus important. Cela continue, faisant boule de neige, s'accélérant... le phénomène s'emballe. Cet infime éclat de chaleur a déclenché un échauffement catastrophique de l'étoile.

Voilà la bombe. En comparaison, le glitch n'est qu'un effet secondaire. Le glitch signale que la bombe a explosé. Les courants superfluides tournent plus rapidement que la croûte de l'étoile. Plus l'étoile est chaude, plus le frottement de ces courants contre la croûte est intense. Ils tendent à l'accélérer. C'est cet éclat de chaleur qui leur permet de faire cela : mais ce sont eux qui déclenchent le glitch.

Tout provient de l'éclat de chaleur initial. Mais qu'est-ce qui a provoqué cet échauffement ? Quel est ce météorite, quel est cet éclair qui a finalement provoqué le glitch ? Un autre exemple d'instabilité répondra à cette question. Considérons le problème d'un crayon en équilibre sur sa pointe. Il est instable : le crayon retombe dès qu'on le lâche. Bien sûr, si par une chance extraordinaire, nous arrivions à le mettre en équilibre parfait, il ne tomberait pas. Mais cela n'arrive jamais. L'événement le plus microscopique suffirait à détruire la perfection de l'équilibre auquel nous serions parvenus. Un courant d'air infinitésimal ferait basculer ce crayon sur le côté. Une vibration microscopique de la table le renverserait. En fait, nous n'avons pas besoin de nous demander ce qui détruit l'équilibre du crayon : il suffit d'un événement infime, microscopique, pour le faire tomber. L'important n'est pas du tout la perturbation initiale. L'important, c'est la simple existence de cette instabilité.

Le glitch peut avoir été provoqué par n'importe quoi.

C'est ainsi que je me suis, pour la première fois, intéressé aux pulsars, à cause de leurs glitches étranges et énigmatiques ; que j'ai passé des années à travailler dessus, apprenant des choses merveilleuses — d'autres moins merveilleuses —, et que, finalement, par hasard, à l'aveugle, comme un somnambule, je suis tombé sur une explication. Y a-t-il une morale à cette histoire ? En y repensant, pourrais-je trouver une méthode pour faire encore plus de découvertes ?

Je pense que non. C'est une histoire trop compliquée, avec tellement de coups de théâtre, de hasards, d'égarements, pour qu'on puisse en tirer une morale simple. Elle n'est que ce qu'elle a été.

Les scientifiques sont les personnes les plus sceptiques du monde. Dans l'état actuel des choses, la plupart des chercheurs sur les pulsars pensent que la véritable explication des glitches se situe dans une direction différente de celle que j'ai trouvée. Moi-même, je ne suis sûr de rien. Ce qui est en cause, c'est la nature précise du frottement entre le superfluide et la croûte de l'étoile, et si ce frottement est vraiment aussi sensible à la température de l'étoile. Sinon, la boucle en feed-back que j'ai décrite se rompt à un endroit, et cette théorie tombe par terre. Les superfluides sont des choses compliquées ; actuellement, nous n'en savons pas assez pour trancher. Il y a bien quelques expériences que l'on pourrait faire, mais rien ne dit qu'elles apporteraient une réponse à cette question. On pourrait également avoir recours à des calculs théoriques, mais ils sont eux aussi compliqués et pleins d'ambiguïté.

Je ne sais pas si ma théorie est juste. Je ne sais pas si c'est une bonne théorie, si elle est correcte dans ses grandes lignes ou si j'ai bâti un château en Espagne : sans aucun rapport avec le problème. Je ne peux dire si les années de travail passées sur ce sujet furent justifiées, et si cela en valut la peine. Et je ne crois pas que j'en serai jamais certain.

Il y a une différence énorme entre l'observation et la recherche théorique. Une observation démontre par exemple que la température du Soleil est comme ceci. Une autre que la nébuleuse d'Andromède est à tant d'années-lumière. Ce sont des faits certains, et on peut se fonder dessus. La recherche théorique ne conduit pas de son côté à de telles certitudes. Ses résultats sont d'ordinaire tout à fait impalpables. Elle mène à des idées nouvelles, mais les idées sont des choses incertaines et contestables. Elle aboutit à des points de vue nouveaux, mais cela reste insuffisant quand on veut des résultats solidement établis. Il faut vraiment une chance extraordinaire pour que, une fois achevé, un travail de recherche théorique nous apporte ce que nous attendions depuis le début : la compréhension.

Je dois avouer qu'il y a des moments où la pensée que je pourrais avoir raison m'emplit d'une sorte de terreur. Il y a des moments où je ne peux croire que j'ai réussi à pénétrer au cœur de ce mystère. Comment est-ce que quelqu'un qui a des problèmes avec son compte en banque peut honnêtement affirmer qu'il connaît le secret des pulsars ?

Cette recherche nécessita l'utilisation d'un ordinateur. Elle n'aurait pu réussir sans. Et cela est également vrai pour beaucoup d'autres travaux de recherche. En quelques dizaines d'années, ces machines sont devenues indispensables aux progrès de la science. Tout le monde sait que le programme spatial n'aurait pu se faire sans le développement de nouvelles fusées superpuissantes. Mais il aurait également échoué s'il n'y avait pas eu d'ordinateurs. Aucun être humain, ou même aucune équipe, ne pourrait maîtriser toute la suite d'opérations compliquées que suppose le lancement d'une fusée. Aucun être humain ne pourrait suivre une sonde spatiale en route pour Saturne, et contrôler ses opérations une fois arrivée. Un ordinateur si.

Les ordinateurs sont, bien sûr, tout aussi omniprésents dans la vie de tous les jours. Ils font les réservations d'avion. Ils suivent votre compte en banque et vous envoient vos notes de téléphone. Lorsqu'un médecin fait une prise de sang, les résultats du laboratoire reviennent sous une forme informatisée.

Beaucoup de gens s'inquiètent de leur prolifération. Pas moi, je les utilise constamment. Mais il y a un danger qui m'inquiète dans le développement des ordinateurs. Il provient d'un malentendu dont les gens sont assez fréquemment victimes. Je crois que les ordinateurs sont dangereux dans la mesure où ils entretiennent l'illusion qu'ils font des opérations exactes. Ce sont les machines les plus perfectionnées qui aient jamais été construites. Elles ne font pratiquement jamais d'erreurs. Un ordinateur peut multiplier 31,835521 par 14739,447 en un dix millionième de seconde et donner dans le même temps la bonne réponse. Il peut additionner un million de nombres en une minute. Et alors ?

Les programmeurs ont l'habitude de dire : « Ils ne font que ce qu'on leur dit de faire. » Ils entendent par là qu'en elle-même, la précision d'un ordinateur n'est pas ce qui est le plus important. Pour moi, j'en suis totalement convaincu. Mon histoire est pleine de faux départs, de gaffes, de confusions dont les hommes sont si souvent victimes. En fin de compte, la merveilleuse perfection de la machine n'a abouti qu'à l'invention d'une théorie, un espoir, une idée.

Non. Ce n'est pas l'ordinateur qui a résolu mon problème. C'est une autre machine : c'est cette petite portion de matière grise qui se trouve dans mon cerveau. Pendant des siècles, les scientifiques se sont fort bien passés des ordinateurs jusqu'à récemment, et si, par enchantement, tous les ordinateurs de la Terre venaient à disparaître, il ne fait aucun doute que la science continuerait à progresser. L'ordinateur n'est qu'un outil. Dans le fond, le récit de chaque découverte ne fait que raconter toujours la même histoire : celle de l'esprit créatif en action.

Il est certain que l'activité de l'esprit est pour nous une chose bien mystérieuse, qui nous reste cachée. Particulièrement l'esprit en train de penser. Penser n'a rien de spectaculaire. En fait, j'ai découvert qu'il m'était difficile de dire à quel moment je pensais et à quel moment je ne pensais pas. Cela a été une source infinie d'étonnement pour moi de remarquer combien de fois j'étais parvenu à la solution d'un problème à un moment où je pensais à autre chose. Il y a plusieurs années, je fus aux prises avec un bug particulièrement embarrassant. J'avais passé plus d'une semaine dessus. A la fin, j'étais parvenu à avoir presque tout mon programme en tête, mais je ne m'en sentais pas pour autant près de découvrir le bug. Finalement, j'y suis arrivé, pendant mon sommeil. J'avais été réveillé par un cauchemar. J'étais dans mon lit, la gorge sèche et le cœur battant, et c'est dans cet état que j'ai réalisé que je savais où se trouvait l'erreur dans mon programme. Je ne l'ai pas trouvée à cet instant : je me suis rendu compte que je l'avais déjà trouvée.

Une autre fois, j'étais sous la douche quand la solution d'un problème me traversa l'esprit. Je n'étais pas en train de penser aux pulsars. Je ne pensais à rien du tout, j'étais simplement en train de paresser sous la douche, de savourer la chaleur de l'eau, lorsqu'il me vint tranquillement à l'esprit que telle observation pouvait s'expliquer de telle façon. Une troisième fois aussi, une idée m'est venue en tondant le gazon. Les idées viennent parfois après des heures de pénibles réflexions ; d'autres fois, elles arrivent toutes seules, sans qu'on le leur ait demandé. Et à chaque fois, j'ai éprouvé le même sentiment curieux que ce n'était pas *moi* qui avais pensé l'idée ; mais plutôt que l'idée, entièrement conçue par un mécanisme externe, était finalement venue flotter dans ma conscience. Comme si la véritable activité de l'esprit se trouvait entièrement hors de notre conscience ; comme si les idées se formaient dans l'obscurité, et qu'elles ne devenaient visibles que lorsque cela leur plaisait.

Bien qu'elle soit indispensable aux activités scientifiques, la créativité n'est pas enseignée à l'école. Personne n'a jamais appris à penser. Au lycée et à l'université, j'ai suivi des cours sur les sujets les plus divers — les maths, la physique —, mais jamais un seul sur la créativité. Elle ne peut être enseignée. Heureusement, elle n'a pas besoin de l'être. La créativité appartient en propre à l'espèce humaine et tout le monde, qu'il soit scientifique ou non scientifique, pense tout le temps de façon créative. Constamment, continuellement, sans en avoir aucunement conscience et sans pouvoir le maîtriser, notre esprit s'amuse à virevolter : en comparant des idées, en engendrant des idées, en rejetant des idées. Et de temps en temps, quelque chose vient éclore en surface. La créativité s'épanouit.

Albert Einstein a écrit un jour que le plus incompréhensible, c'était que l'univers soit compréhensible. Pendant longtemps, je ne comprenais pas ce que cela signifiait, mais maintenant, je crois que je sais. Car après tout, en quoi a consisté ma recherche ? Je n'ai jamais observé de pulsar. J'ai visité une fois un radiotélescope, essayant de voir un pulsar, mais tout ce que j'ai vu, c'est un télescope. Et je n'ai jamais vu de neutrons ou d'électrons.

Mais rien de tout cela ne m'a empêché de faire de la recherche sur ces objets. Comment ai-je fait ? En pensant. Et penser, en fait, c'est pratiquer l'introspection : c'est regarder à l'intérieur de soi-même. Je n'ai jamais rien regardé qui ne fût dans un livre, un listing, ou un bout de papier rempli de signes que j'avais moi-même tracés. *L'astronomie d'observation est peut-être l'étude des télescopes, mais le travail théorique est l'étude du contenu de son propre esprit.*

Ma pensée se fait en anglais, mais aucun pulsar n'a jamais entendu parler anglais. J'ai résolu des équations, les étoiles à neutrons n'en ont jamais résolu. Je suis allé à l'école, j'ai appris la physique, la nature n'en a jamais eu besoin. La nature est, tout simplement.

Les règles élémentaires de la logique, du langage, des mathématiques : voilà les outils de la recherche ; et cela n'appartient qu'aux hommes. Ce sont les inventions de notre espèce. Comment se peut-il que leurs utilisations nous fournissent des vérités solides sur l'univers lointain ? Voici un objet : un cerveau. Il y circule des courants électriques, il s'y produit des réactions chimiques. Il est constitué de protoplasme, de protéines, d'ADN. Et voici un autre objet : à 1 000 années-lumière de nous, d'un diamètre de 15 kilomètres, d'un éclat brûlant, tournoyant violemment sur lui-même, superdense. En un certain sens, la forme d'activité du premier objet peut être considérée comme le reflet, le double de celle du deuxième. Voilà la magie de la pensée créatrice : l'outil le plus puissant que l'espèce humaine ait jamais découvert.

deuxième partie

Trous noirs

7. Le feu, la glace et la machine à voyager dans le temps

En ce début d'été, la journée s'annonce chaude et agréable, et, vers midi, les plages de la côte californienne commencent à se remplir. Allongée sur sa serviette, une jeune femme prend un bain de soleil. Bercée par la chaleur, elle s'est presque endormie, son transistor doucement collé à l'oreille. Des enfants crient en courant sur la plage. Le grondement sourd des vagues parvient à peine à sa conscience.

Maintenant, réveillée par une irritation familière sur ses épaules, elle s'assoit et, instinctivement, cherche en tâtonnant sa lotion solaire. Tout en se massant, elle remarque qu'elle cligne des yeux tant le Soleil est brillant. Non loin de là, les joueurs d'un match de volley improvisé décident de s'arrêter, et se réfugient à l'ombre des parasols ou dans la fraîcheur des vagues. Ailleurs, un couple ramasse ses affaires et se dirige vers sa voiture. Craignant les coups de soleil, la jeune femme arrange une serviette sur ses jambes.

Regardant autour d'elle, elle réalise que le reflet du Soleil dansant sur les vagues a quelque peu changé. Il est plus perçant que d'habitude : plus bleu, plus brutal. Il lui fait mal aux yeux. Elle tend son bras, et le contour précis de son ombre se détache durement sur le sable. Inexplicablement, les couleurs de son sac de plage lui paraissent inhabituelles, et celles des maisons qui bordent la plage semblent étranges. Jusqu'au vert des pelouses qui a changé. La couleur habituelle du Soleil, un jaune chaleureux, s'est peu à peu transformée en un bleu électrique, sévère.

Elle se lève et court plonger dans l'eau. Dans le ciel, le Soleil brille avec fureur. Il est un petit peu plus petit que d'habitude.

Maintenant, la première demi-heure est passée et la plage a été entièrement désertée. Quelques baigneurs attardés s'activent nerveusement et se précipitent à l'abri de leur voiture. Le Soleil est devenu violent, d'un éclat bleu, aveuglant et féroce. A plusieurs centaines de kilomètres vers l'est, en Arizona, une famille en vacances roule dans le désert de Mojave en direction du Grand Canyon. Sur cette plate immensité désertique, pas la moindre trace d'ombre ; ils ont l'impression d'être emprisonnés dans un four. Sans oser l'avouer, le père, au volant, commence à se faire du souci : c'est à peine s'il peut voir, malgré ses lunettes de soleil. Il cligne nerveusement des yeux, les couvrant de sa main l'un après l'autre ; il s'efforce de maintenir la voiture sur la route. A côté de lui, sa femme a fermé les yeux, et, à l'arrière, les enfants se taisent, immobiles. Sous ce déluge de lumière étincelante, il remarque à peine au début la sensation de brûlure sur son bras. Il a le coude à la fenêtre, en plein soleil. Il le ramène brusquement à l'intérieur en grognant. Ils passent une borne et il dit sans presque s'en rendre compte : « Kingman, 30 kilomètres. »

Kingman... il y aura de l'ombre là-bas, ça, il le sait ; il appuie sur le champignon. En espérant que les pneus vont tenir sous cette chaleur — énorme, même pour un désert en plein été —, que le radiateur ne va pas surchauffer, il amorce un virage ; les pneus hurlent sur l'asphalte. Est-ce un camion qui vient en face ? Il ferme les yeux un instant, puis les rouvre d'un seul coup, pour mieux voir. Oui ! Bien qu'il n'en soit pas conscient, il a mal à la tête maintenant, et les enfants sont en train de pleurer. Un pneu mord la terre sur le bas-côté. D'un coup de volant, il ramène la voiture sur la route. Le camion passe dans un rugissement. Il ferme ses yeux une fraction de seconde. Le prochain virage sur la route, il ne le voit pas.

Une heure après avoir commencé à s'effondrer, le Soleil s'est contracté de moitié par rapport à sa taille normale. Sa transformation se poursuit, continûment, lentement. Maintenant, son éclat est aveuglant. Il devient bientôt un peu plus brillant, encore plus brillant quelques minutes plus tard. Le Soleil agonisant ne laisse échapper aucun grondement sur la Terre. La lente destruction de la planète s'accomplit dans un silence absolu. Les fleurs se balancent encore dans les jardins, les ruisseaux s'écoulent encore en gazouillant, et il souffle encore une brise légère. Ce n'est que la lumière terrible du Soleil qui a changé. A New York, une femme sort du métro, regarde le ciel affolée, et se précipite dans le premier building. Derrière elle, un homme s'arrête, indécis, puis retourne dans le métro. Des conducteurs rangent leur voiture sur le côté, regardent avec anxiété autour d'eux, et courent se mettre à l'abri.

Dans une plaisante rue de la banlieue, un garçon est debout sous la chaleur accablante, les yeux fermés très fort, complètement immobilisé. Sa peau brûle. Pris de panique, il ouvre les yeux un instant, voit un buisson près de lui et se glisse dessous pour se protéger du Soleil. Mais dix minutes après, cet abri n'est plus suffisant. Il se met à pleurer. Non loin de là, un homme, dans son salon, entend les cris. Il a la gorge sèche et son cœur bat à cent à l'heure. C'est plus fort que lui, il ne peut se résoudre à quitter sa maison pour secourir le garçon. Il a baissé les stores, mais la lumière du Soleil, dangereuse, destructrice, s'infiltre quand même par les bords. Dehors, les cris se sont tus. D'un seul coup, le toit de sa maison s'embrase.

Sur tout l'hémisphère de la Terre éclairé par le Soleil, les gens surpris dehors meurent lentement dans des brûlures atroces. Ceux qui se trouvent chez eux meurent dans l'incendie de leur immeuble. C'est au tour des forêts maintenant de s'embraser. Des oiseaux tombent du ciel. Quatre-vingt-dix minutes après avoir commencé à s'effondrer, le Soleil s'est réduit à un point de lumière brûlante dans le ciel. Les lacs, les rivières, les océans se mettent à fumer, puis entrent en ébullition. Des nuages de vapeur se mélangent à la fumée âcre des cités en flammes, et enténèbrent la fin de la destruction. A travers ce brouillard suffocant, le Soleil infiltre ses rayons meurtriers. Il se ramasse sur lui-même pour rejaillir en un dernier éclair foudroyant. Alors, la Terre elle-même commence à se liquéfier, et se répand en torrents de roches en fusion.

A Londres, le Soleil est déjà couché depuis une heure, mais maintenant, à l'ouest, le ciel s'illumine brièvement d'une lueur nouvelle et terrifiante. Et juste après arrive une tempête brûlante de vapeur et d'air surchauffés : l'atmosphère de la Terre se répand de l'hémisphère du jour vers l'hémisphère de la nuit. Plus violente qu'un ouragan, bouillante, couvrant une bande de milliers de kilomètres de large et formant un anneau tout autour du globe, elle renverse les immeubles et foudroie les avions dans le ciel. Une brusque explosion d'ondes gravitationnelles, dernier cri gravitationnel du Soleil, secoue les profondeurs mêmes de la Terre. Les planètes oscillent brièvement sur leurs orbites.

Puis c'est l'obscurité.

Le Soleil a disparu. En un instant, en un dix-millième de seconde, sa splendeur terrible s'est éteinte. Maintenant que la fumée et la vapeur se dissipent dans le ciel, les étoiles apparaissent et répandent leur éclat sur un spectacle de désolation sans pareil. Là où autrefois s'étendaient de vastes prairies, des forêts, des lacs, apparaît maintenant une terre brûlée, aussi stérile que la surface de la Lune. Pas un buisson, pas un arbre n'est resté debout. Les douces prairies ont été transformées en plaines calcinées, et les forêts en tas de cendres. La terre, fondue, a pris la consistance de la lave refroidie. Des villes entières ont été rasées, et toutes les maisons en bois, du nord au sud des Amériques, ont disparu sans laisser de trace. Les impressionnants gratte-ciel de New York ne sont plus que tas de scories. La statue de la Liberté n'est plus qu'une mare de métal fondu. Des nuages de cendres poussés par le vent se déposent sur les ruines. Les Grands Lacs se sont complètement évaporés, et ce qui fut autrefois la grande étendue du Mississippi n'est plus qu'un sillon desséché serpentant entre des collines sans vie.

Du commencement jusqu'à la fin, deux heures à peine se sont écoulées.

En ce moment même, dans un appartement à Tokyo, un homme dort, protégé du Soleil par l'énorme masse de la Terre. Perturbé quelques instants par un léger frémissement au passage de l'onde gravitationnelle, il s'est vite rendormi. Quelques heures plus tard, il se met à se tourner d'un côté, puis de l'autre. A la fin, il s'assoit dans son lit et regarde autour de lui. Dehors, il fait encore nuit noire. Les étoiles brillent à travers les fenêtres ouvertes. Il s'allonge à nouveau, ferme ses yeux, mais sans savoir pourquoi, il ne parvient pas à se rendormir. Petit à petit, il prend conscience d'un fait particulier et agaçant : bien que ce soit le milieu de la nuit, dehors, la rue est toute embouteillée par la circulation.

Finalement, tout à fait éveillé, il s'enveloppe d'un peignoir de bain et se dirige à petits pas vers la cuisine. Il allume la lumière et regarde la pendule. Il est 9 heures du matin.

Tout d'abord incrédule, il pense simplement que cette pendule est détraquée, mais bientôt un accent de panique montant de la rue le persuade qu'il est vraiment arrivé quelque chose. Il allume la radio, commence à s'habiller, mais s'arrête, abasourdi par ce qu'il entend. Nouvelles de terribles tempêtes en Europe de l'Est et dans les îles du Pacifique Sud... toutes les communications avec l'Amérique du Nord sont inexplicablement interrompues... le vol de la JAL en provenance de Londres a plusieurs heures de retard... et à maintes reprises, le fait, incroyable et incontournable, que le Soleil a manqué son lever. Mais ce qui fait battre son cœur dans sa poitrine, ce n'est pas l'obscurité qui règne dehors ; ni les nouvelles qu'annonce le speaker. C'est *comment* le speaker donne ces nouvelles : c'est l'accent de franche terreur, sans cesse croissante, dans la voix du speaker.

L'homme finit précipitamment de s'habiller et descend dans la rue. Et c'est ici seulement, bousculé, renversé de temps en temps par des mouvements de foule paniquée, qu'il prend véritablement conscience de l'ampleur de ce qui vient de se passer. Quelque part, quelqu'un crie.

A Moscou, la nuit a été fraîche, mais maintenant, aucun lever de Soleil ne vient dissiper la fraîcheur. Une femme, mariée à un sous-officier du gouvernement et mère de trois enfants, ferme les fenêtres de son petit appartement et fouille dans la commode pour trouver un pull léger. Les enfants sont à l'école (Dieu sait ce que les professeurs vont encore leur raconter, pense-t-elle) ; étant une personne pratique, elle décide, par mesure de précaution, de faire des stocks de nourriture. Maîtrisant la peur qui l'envahit, elle lutte contre la foule terrifiée pour atteindre le magasin. Il y a plus de monde que jamais, les étalages sont plus dégarnis que d'habitude, mais elle arrive à trouver presque tout ce dont elle a besoin. Le vendeur est assiégé par des clients brailleurs, et, quand finalement elle arrive à lui, il lui demande deux fois le prix normal. Contrairement à son habitude, elle accepte sans l'ombre d'un murmure, et reprend le long trajet vers la maison. Le temps d'y arriver, elle tremble de la tête aux pieds, et commence à ressentir l'oppression de l'obscurité. Elle s'assoit et allume une cigarette de ses mains tremblantes. Dehors, des nuages s'amoncellent. Une pluie froide commence à tomber. Elle se lève, ouvre la porte de l'armoire, et se met en quête de vêtements d'hiver.

Émeutes à Singapour... scènes de terreur à Bombay... panne de courant de quelques heures à Jérusalem. Dans le ciel, les étoiles poursuivent leur ronde lentement, imperturbables. « Midi » arrive. Toujours pas de Soleil. C'est « le soir » et, maintenant, un « jour » s'est écoulé. Sur toute une moitié du globe, la destruction est totale. Sur l'autre moitié, l'incompréhension et l'émotion cèdent à la panique. Au début, c'est cette obscurité sans fin et l'incompréhensibilité de cet événement qui pèsent sur les esprits. Au début, personne ne remarque le froid qui augmente.

Au bout de quelques semaines, la première neige commence à tomber en Égypte. Les feuilles de palmiers sont fouettées par les rafales d'un vent glacial. Ce ne sont pas quelques centimètres de neige qui tombent, mais des mètres et des mètres : les énormes quantités d'eau de mer, évaporées par la chaleur lors de l'effondrement du Soleil, retombent maintenant sur la Terre en une dernière et interminable chute de neige. Alexandrie est paralysée par la première tempête de neige de son histoire. Le Sphinx contemple, énigmatique, les rafales de neige. Le Nil gèle. Maintenant, c'est « minuit ». Maintenant, c'est « midi ». Le froid s'accentue.

Dans les pays plus chauds, autour de l'équateur, des populations entières sont presque immédiatement anéanties par ce froid inhabituel. Dans les régions au climat plus rigoureux, où le chauffage central fait partie des habitudes de vie, les gens survivent un peu plus longtemps. Trente degrés au-dessous de zéro à Genève. Les camions-citernes de fuel sont attaqués à main armée. Les épiceries sont pillées par des foules. Cinquante degrés en dessous de zéro. Les conduites d'eau sautent sous le gel. Le géant Orion scintille dans ce froid d'acier. La circulation est immobilisée par d'énormes congères, et l'approvisionnement des marchés a cessé. Soudain, devant une demande d'électricité sans précédent, une panne de courant plonge la ville dans l'obscurité. Dans un effort surhumain, les ingénieurs rétablissent le courant. Une semaine plus tard, il y a une nouvelle panne, cette fois-ci, pour de bon.

A Pékin, vingt personnes se sont regroupées dans un appartement muni d'une cheminée. Morceau par morceau, ils brûlent les meubles en bois. Mais bientôt le mobilier s'épuise et quelqu'un se risque courageusement à chercher du bois dans l'appartement voisin abandonné. Les gens se blottissent les uns contre les autres, en cercle autour du feu, fixant la chaleur du foyer d'un regard anxieux. Dehors, la neige s'est tellement amoncelée que la porte est maintenant bloquée. Ils sont piégés à l'intérieur. Non loin de là, un immeuble a pris feu, et des gens se sont rassemblés autour du brasier. Bientôt, l'immeuble d'à côté prend feu à son tour, puis le suivant. Chaleur ! Aucune voiture de pompiers ne vient éteindre l'incendie. Marchant péniblement dans la neige, la foule vient se réchauffer près des flammes.

Quatre-vingts degrés en dessous de zéro. Maintenant, les villes d'Europe, d'Asie et d'Afrique sont des tombes silencieuses et sans vie. Isolés ici et là, quelques groupes de personnes, serrées les unes contre les autres dans l'obscurité, sont parvenus à survivre. Aucun n'a conscience de l'existence des autres. Chacun croit former les derniers survivants de l'espèce humaine.

Cent degrés en dessous de zéro. Tout le monde meurt.

Tout au fond des quelques océans restants, le froid ne pénètre pas tout de suite, et l'absence de lumière solaire n'est pas une chose nouvelle pour un poisson habitué à l'obscurité éternelle. Mais la surface de l'océan finit quand même par geler. Vue de l'espace, faiblement éclairée par les étoiles, la Terre a complètement perdu son aspect différencié : c'est une sphère uniforme, entièrement enveloppée d'une épaisse couverture neigeuse. Le dessin familier des continents s'est effacé, et les cuvettes océaniennes se sont remplies de glace. Les dernières gouttes d'eau restant dans les profondeurs invisibles de ces océans finissent par geler, et le dernier poisson meurt. La vie s'est éteinte sur la planète Terre.

Maintenant, l'atmosphère de la planète commence à se liquéfier. Il tombe une pluie d'un genre nouveau, une pluie d'air liquide. Très vite, elle s'écoule en ruisseaux glacés formant des étangs transparents qui gèlent à leur tour. Le vent souffle de plus en plus léger, et bientôt cesse complètement. Il a gelé. Le vide terrible de l'espace interstellaire atteint la surface même de la Terre.

Tout s'arrête.

Avant la disparition du Soleil, les planètes du système solaire étaient en orbite autour de lui, soumises à son attraction gravitationnelle. Elles sont toujours en orbite, mais elles tournent maintenant autour d'un trou noir. Le récit qui vient d'être fait est une description plus ou moins précise de ce qui se produirait si le Soleil, soudainement privé des moyens de supporter son propre poids, s'effondrait sur lui-même. Lorsqu'on comprime un gaz, il s'échauffe, comme en témoigne, par exemple, l'expérience qui consiste à gonfler un pneu de vélo et à s'apercevoir que la pompe elle-même est devenue tout à fait brûlante. Il en serait donc ainsi avec les gaz qui composent le Soleil : l'intense chaleur engendrée par l'effondrement aurait des effets destructeurs sur la Terre. Mais, en fait, d'après ce que nous savons, un tel destin ne nous est pas réservé. Le Soleil terminera ses jours plus tranquillement. Cela arrivera à d'autres étoiles. C'est déjà arrivé.

Mais tout cela n'était que le commencement, la phase préliminaire de son effondrement. Dans la phase finale, il s'est produit quelque chose de tout à fait différent, quelque chose d'unique dans toute la physique et dans toute l'astronomie. Le Soleil a été transformé en trou noir.

Au contraire d'une étoile à neutrons, qui est entourée d'une agitation violente, orageuse, un trou noir s'enveloppe de silence. Il reste tout à fait tranquille, et il est réellement invisible. Approchez à quelques centaines de kilomètres de ce trou noir qu'était autrefois le Soleil. L'éclat du Soleil, le vent solaire, l'aveuglante couronne solaire, tout cela a disparu. Au premier coup d'œil, il n'y a rien à voir. Rien à voir, peut-être, mais beaucoup à sentir, car il règne ici une intense attraction gravitationnelle. Comme si le néant pouvait exercer une force.

Les constellations éloignées subissent une étrange modification. Devant vous se trouve un petit coin de ciel, pas plus grand qu'une pièce de cinq centimes, entièrement dépourvu d'étoiles, et autour duquel l'image du ciel est déformée. Le trou noir dérive sur le côté. Si une *sphère* noire — un rocher — se déplaçait, on verrait une forme en mouvement sur le fond d'étoiles. Mais avec le trou noir, c'est différent. Sa silhouette ne fait pas simplement que cacher les objets : elle les expulse d'une région circulaire du ciel. Lorsque ce disque vide approche une étoile, l'image de cette étoile glisse légèrement vers le haut, pour laisser le passage. Puis, une fois la silhouette passée, l'étoile redescend doucement pour reprendre sa place. Et une étoile qui se trouve au-dessous de la trajectoire de la silhouette s'écartera vers le bas. Enfin, une étoile se trouvant exactement sur le chemin du trou noir fait une chose plus spectaculaire : son image se déploie en un anneau de lumière brillant qui entoure le trou, puis se reforme en une étoile ponctuelle de l'autre côté du trou, après son passage. Un trou noir est une lentille gravitationnelle, et le fond du ciel glisse autour de lui.

Éloignons-nous maintenant de l'attraction intense du trou, et retournons vers des régions d'espace plus ordinaires. Quand nous étions près de lui, il s'est produit quelque chose d'étrange. Le reste de l'univers a vieilli un peu plus vite que nous. Si nous avons passé dix minutes à examiner la lentille gravitationnelle, dix minutes et une seconde se sont écoulées au loin derrière nous. Le trou noir nous a envoyés dans le futur un peu plus rapidement que d'ordinaire. C'est une machine à voyager dans le temps.

Dans la vie ordinaire, nous avançons tous vers le futur d'une manière continue et inexorable, chacun à la même vitesse que les autres. L'expérience quotidienne se déroule d'une manière telle que cette marche vers le futur semble être absolue, indifférente à tout ce que nous pouvons faire, et universelle. Nous croyons également, et l'expérience le confirme, que si dix minutes se sont écoulées à un endroit, il s'est également écoulé dix minutes n'importe où ailleurs. Il peut être midi à Philadelphie quand il est 9 heures à Los Angeles, mais nous comprenons bien que c'est un artifice qui est dû au fait que la Terre est ronde. Il ne s'agit pas là d'une propriété fondamentale du temps. Ce qui est fondamental, c'est le temps *écoulé*. Si je vous téléphone depuis Philadelphie alors que vous êtes à Los Angeles, il est tout à fait clair, pour nous deux, que nos temps s'écoulent de la même façon.

Tout cela est détruit par le trou noir. Si je m'aventurais au voisinage d'un trou, alors que vous en resteriez éloigné, je vous observerais en train de respirer à une vitesse anormalement rapide. Pour moi, vos gestes, votre façon de parler, jusqu'au battement même de votre cœur, tout me semblerait précipité, excessivement rapide. Les battements de l'horloge à côté de vous m'apparaîtraient bien trop rapides. Et vous, de votre point de vue, vous affirmeriez que je me déplace au ralenti. Mais ce ne sont ni les horloges ni nos propres corps qui ont été modifiés, c'est l'écoulement même du temps.

Descendons plus près du trou. Il occupe maintenant une portion du ciel assez considérable. Pourtant, ici encore on ne voit rien. Le terme même de « trou noir » n'est pas approprié, car il laisse entendre qu'il s'agit de quelque chose de noir que l'on peut observer. On peut voir un mur peint d'un noir profond, mais jamais un trou noir. Un trou noir ressemble à ce que serait un espace vide. Si on l'éclairait avec une lampe de poche, on ne le verrait pas davantage. Et il n'apparaîtrait pas sur un écran radar. N'était son attraction gravitationnelle et la déformation radicale qu'il exerce sur les constellations lointaines, on n'aurait pas le moindre indice de son existence. On ne ressent pas le ralentissement du temps. Restez dix minutes près de lui, puis revenez. Onze minutes se seront écoulées à l'extérieur.

Risquons-nous encore plus près du trou. A cinq cents mètres au-dessous de nous se trouve une vaste étendue d'invisible. Il y fait aussi

157

noir que dans une grotte. Au-dessus, les étoiles sont d'un bleu dur et brillant, et l'image déformée de notre propre corps plane de tous côtés. Toutes les dix minutes, vingt minutes s'écoulent loin au-dessus de nous. La force de gravitation est maintenant colossale, et plus nous descendons, plus elle s'accentue. Rapprochons-nous encore plus. Descendons jusqu'à cinquante centimètres de cette frontière invisible. Toutes les dix minutes ici, il s'écoule dix-sept heures tout en haut. Ici, la fusée la plus puissante de la NASA serait incapable de soulever un petit pois. Descendez encore plus, de cinquante centimètres...

Le Soleil n'est plus loin de nous maintenant ; il s'effondre sur lui-même. Cela faisait des siècles qu'il avait disparu, laissant la Terre se congeler, et, pendant tout ce temps, il était là, s'effondrant à presque la vitesse de la lumière, et pendant tout ce temps, il ne s'est même pas contracté d'un centimètre. Maintenant, nous aussi nous tombons, impuissants, mais lui aussi continue à tomber en dessous de nous. En une fraction de seconde, il s'est effondré en un point, à un kilomètre sous nos pieds. Et nous plongeons vers ce point, la tête la première. Au-dessus de nous, il y a d'autres objets qui tombent dans le trou, une véritable pluie, des planètes, des étoiles. La grande masse de la nébuleuse d'Andromède fait partie du lot. Tout est en mouvement maintenant, tout tombe. Criez « Au secours » et ce cri aussi retombe vers l'intérieur. Envoyez un puissant signal radio vers le haut ; il retombe. Braquez une lumière droit vers l'extérieur, elle retombe droit vers l'intérieur. Rien ne quitte un trou noir. Mais avant d'avoir le temps de penser à tout cela, nous sommes tombés au centre du trou. Des forces insurmontables entrent en jeu et nous sommes mortellement écrasés.

8. Newton, Einstein et Schwarzschild

Un trou noir est une pathologie de la gravitation, une singularité dans le champ gravitationnel d'un objet. L'objet, cela peut être n'importe quoi, une étoile, une planète. Il n'a pas d'importance. C'est la singularité qui compte. Elle s'enveloppe autour de l'objet qui l'a engendrée et le rend complètement invisible. Elle courbe les trajectoires des rayons lumineux. Elle déforme l'image des régions lointaines du ciel. Elle déforme la structure profonde de l'espace et du temps. Et enfin, elle réagit sur l'objet et le comprime jusqu'à lui ôter toute existence. Cette destruction se dissimule derrière un voile. Un événement solennel se déroule sous nos propres yeux, le drame de la destinée ultime de la matière. Et nous ne le voyons jamais.

Il est plus facile de dire ce que n'est pas un trou noir que ce qu'il est. Ce n'est pas un trou. « Un trou dans l'espace » est une expression utilisée de temps en temps pour le décrire, même par des scientifiques qui devraient pourtant être plus au courant. Mais ce n'est pas une bonne description. Bien plus, cela n'a pas de sens. Un trou est un endroit où il n'y a pas de matière ; l'espace est un ensemble d'endroits où il n'y a pas de matière. L'expression n'a donc pas plus de sens que de parler d'« un espace dans l'espace ».

En fait, cette expression possède une signification tout à fait différente. C'est de l'argot. En Angleterre, un trou noir est une *prison,* comme dans l'expression « le Trou noir de Calcutta ». Dans ce sens, cela se comprend : un trou noir est une prison dans laquelle la matière est enfermée à tout jamais.

Pour aborder un sujet aussi étrange et aussi inquiétant, le mieux est de partir de ce qu'on connaît. Revenons à l'expérience imaginaire développée au chapitre 5. Dans cette expérience, un rocher cubique était comprimé à des densités de plus en plus grandes, et nous nous étions attachés à suivre les transformations successives qui apparaissaient dans sa composition interne au cours de cette compression. Mais, maintenant, comprimons quelque chose de plus gros. Comprimons le Soleil lui-même.

En faisant cela, nous ne faisons que reproduire l'effondrement catastrophique du Soleil que nous avons décrit au chapitre précédent. La différence, c'est que, cette fois-ci, nous allons le faire lentement. Nous aurons le temps de voir en détail comment les choses se passent. Au cours de sa compression, le Soleil subit exactement la même série de transformations que celles qui ont été décrites au chapitre 5 : de l'état solide à l'état superfluide, jusqu'à un mélange de particules élémentaires. Mais ce n'est pas cela qui va nous intéresser ici. Ce qui va nous intéresser, c'est la force de gravitation à la surface du Soleil.

Le Soleil est un objet très massif et l'attraction gravitationnelle qu'il exerce est énorme, beaucoup plus grande que celle de la Terre. Si un homme de 75 kilos se trouvait à la surface du Soleil, il y pèserait deux bonnes tonnes. Et si alors nous comprimions le Soleil, son poids augmenterait davantage. Car au cours de cette compression, une même quantité de matière se trouverait confinée dans une région d'espace de plus en plus petite, et l'attraction gravitationnelle qu'elle exerce deviendrait plus importante. Ainsi, plus le Soleil devient petit, plus l'homme de 75 kilos qui se trouve à sa surface pèse lourd.

La *vitesse de libération* du Soleil est également une notion importante. C'est la vitesse qu'il faut communiquer à un objet pour l'envoyer dans l'espace. La vitesse de libération de la Terre est de 11 kilomètres par seconde. Lancez une pierre avec une vitesse plus petite et elle retombera sur la Terre. Lancez-la avec une vitesse plus grande — par exemple en la plaçant dans une fusée —, et elle partira à l'assaut des étoiles.

La vitesse de libération du Soleil est bien sûr beaucoup plus grande. Elle vaut environ 625 kilomètres par seconde, et encore plus si on comprime le Soleil. Si on réduit le Soleil de moitié par rapport à sa taille actuelle, l'homme de 75 kilos atteint un poids de 8 tonnes et la vitesse de libération vaut 880 kilomètres par seconde. Et si on ramène le Soleil à un dixième de son rayon actuel, l'homme pèse facilement 200 tonnes, et la vitesse de libération atteint plus de 1 600 kilomètres par seconde. Si le Soleil est comprimé jusqu'aux dimensions de la Terre, cette énorme concentration de matière attire l'homme avec une force de 25 000 tonnes, et la vitesse de libération est alors de 6 400 kilomètres par seconde. Comprimons-le davantage. Écrasons le Soleil sur lui-même jusqu'à ce qu'il n'ait plus que 2,8 kilomètres de rayon. La gravitation atteint alors une intensité tellement incroyable que la vitesse de libération est de 300 000 kilomètres par seconde.

300 000 kilomètres par seconde... la vitesse de la lumière.

En 1905, à l'âge de vingt-six ans, Albert Einstein reçut son titre de docteur de l'université de Zurich. La même année, il publia trois articles dans la revue allemande *Annalen der Physik*. Chacun de ces articles marque une étape très importante de la physique. Le premier développait une théorie du mouvement brownien, théorie qui confirma de manière définitive la nature atomique de la matière. Le second développait une théorie de l'effet photoélectrique, et constitua un pas en avant important pour la création de la théorie quantique. Et dans le troisième article, Einstein présentait la théorie de la relativité restreinte.

Dans les dix années qui suivirent, Einstein étendit les idées de la relativité restreinte à de nouveaux domaines. Il en résulta la publication, en 1916, de la théorie de la relativité générale. Toute la théorie de la relativité était alors achevée, et, jusqu'à ce jour, elle est considérée comme l'une des plus grandioses créations de l'espèce humaine.

Une mauvaise théorie se reconnaît à ce qu'elle recourt continuellement à des modifications et à des réajustements pour s'adapter aux découvertes nouvelles, au fur et à mesure qu'elles se produisent. Pour les théories comme la relativité, c'est la situation inverse qui prévaut : les nouvelles découvertes sont conformes à la théorie, dans une mesure que même son inventeur n'aurait pu prévoir. La théorie se révèle plus juste que ne l'avait pensé son créateur. En 1905, Einstein avait prédit que le temps s'écoulait plus lentement pour un corps en mouvement que pour un corps au repos. Lorsqu'il fit cette prédiction, il n'y avait pas la moindre possibilité pratique de la vérifier par une expérience. Il fallut attendre plusieurs décennies avant que cette possibilité se présente, et que cette prédiction soit confirmée. Telle qu'elle fut conduite, cette expérience mit en jeu l'étude de la désintégration d'une particule élémentaire instable en mouvement, mais, en 1905, Einstein n'avait jamais entendu parler de cette particule. Ni lui ni aucun autre physicien de son époque n'avaient la moindre idée de son existence. Dans une certaine mesure, la théorie d'Einstein était si profondément en accord avec la réalité qu'elle collait avec les découvertes à venir.

La relativité restreinte prévoyait également que l'inertie d'un corps devait être plus grande lorsqu'il est en mouvement que lorsqu'il est en repos. C'est de nos jours une évidence pour les ingénieurs qui conçoivent les accélérateurs géants de particules élémentaires, mais, en 1905, il fallait encore attendre plusieurs générations avant de les voir apparaître. Ces accélérateurs étaient inconcevables. Les galaxies l'étaient également à cette époque, mais lorsque finalement on les découvrit, cela révéla l'immense et majestueuse expansion de l'univers. Elle aussi avait été prédite par Einstein.

Einstein accomplit tout cela sans aucune subvention du gouvernement, sans escouade d'assistants, sans télescope ni ordinateur. Il fit cela tout seul, utilisant seulement la puissance de son esprit. Il ne s'appuyait pas sur les données scientifiques les plus récentes. Il ne lisait pas toutes les revues. Il se retira plutôt dans ses pensées solitaires et décida comment l'univers physique devait se comporter. A partir d'un pur raisonnement *a priori*, il construisit ses théories et les fit marcher.

Si on examine le développement de la science, rien ne permet de prévoir l'œuvre d'Einstein. Son travail n'était pas une conséquence logique de la démarche scientifique de son époque. Einstein inventa de nouvelles méthodes pour faire de la physique, et sa pensée emprunta des chemins tout à fait différents de ceux que ses contemporains suivaient. Plus on remonte dans sa vie, plus son génie apparaît. Même jeune homme, Einstein fut reconnu comme l'un des plus grands physiciens de son époque, et, en vieillissant, son prestige ne fit que croître. A la fin de sa vie, il imposait le respect. Et aujourd'hui, il domine son époque comme Shakespeare a dominé l'Angleterre élisabéthaine, ou Beethoven la Vienne du XIXe siècle. Son œuvre est là, unique, intacte, acte exceptionnel de création.

Parler des trous noirs, c'est parler en fait de la gravitation. Mais qu'est-ce que la gravitation ? La gravitation, c'est ce qui fait que les objets restent posés sur la Terre. En ce moment même, tout se tient debout autour de nous. Dans six heures, la Terre aura effectué un quart de tour dans sa rotation quotidienne autour de son axe, et tout sera de travers. La chaise, la table, le verre d'eau sur la table : tout aura une inclinaison loufoque. L'eau qui fuit du robinet tombera horizontalement dans l'évier. Et six heures plus tard, tout sera complètement à l'envers. Tout tombera vers le haut. Et ce tour de passe-passe est réalisé par la gravitation.

C'est sir Isaac Newton qui inventa le concept moderne de gravitation ; pour lui, il s'agissait d'une force. Les corps tombent à cause d'une attraction entre eux et la Terre. Notre planète exerce une force sur la petite goutte suspendue au robinet qui fuit : cette petite goutte se libère et vole en direction de la Terre. La Lune elle-même n'échappe pas à cette attraction et y répond en tournant autour de nous.

Mais le trou noir n'a pas sa place dans le système de Newton. Il déborde largement du cadre des idées newtoniennes. Le trou noir est un enfant de la théorie de la relativité générale d'Einstein. La relativité générale est également une théorie de la gravitation, mais elle considère la gravitation d'un point de vue tout à fait différent de celui de Newton. Pour Einstein, la gravitation n'est pas du tout une force, mais une déformation de la nature intime de l'espace et du temps, et ses effets sont bien plus subtils que tout ce que Newton avait pu imaginer. Il fallut dix années à Einstein pour créer sa théorie, et, aujourd'hui encore, elle reste l'une des théories les plus fascinantes et les plus compliquées de toute la physique.

Comme toute théorie physique, le contenu de la relativité générale se ramène à un ensemble d'équations, les équations du champ de gravitation d'Einstein. Ces équations décrivent le champ gravitationnel produit par n'importe quel corps, mais, comme toutes les équations, elles apportent moins une solution qu'elles ne proposent un problème à résoudre. Et cela, en vérité, n'est pas un travail facile. En termes de difficulté mathématique pure, les équations d'Einstein comptent parmi les plus impénétrables et les plus obscures de la physique. Elles sont extrêmement rebutantes et compliquées. Il ne s'agit pas de résoudre une, mais seize équations distinctes, chacune étant une équation aux dérivées partielles non linéaire à seize fonctions inconnues distinctes. Ces fonctions, en fait, possèdent une interprétation très subtile, et, même lorsque les équations sont résolues, il reste encore beaucoup de travail pour parvenir à l'interprétation définitive. Même aujourd'hui, plus d'un demi-siècle après que ces équations ont été formulées par Einstein, nous connaissons très peu de chose sur leurs solutions, et il existe une partie de la physique qui se consacre uniquement à leur étude. Les scientifiques qui travaillent dans ce domaine sont de plus en

Trous noirs

plus des mathématiciens de haut niveau, qui pensent en termes de concepts tellement abstraits que cela dépasse les préoccupations de leurs amis physiciens. Ils se qualifient eux-mêmes de relativistes.

La première personne qui trouva une solution exacte de ces équations ne fut pas Einstein lui-même. Il avait fait une tentative dans le premier article où il exposait la théorie de la relativité générale, mais il n'était pas allé très loin et s'était contenté d'une solution approchée. C'est l'astronome allemand Karl Schwarzschild qui obtint la première solution exacte des équations du champ de gravitation, et, ce qui est remarquable dans cet exploit, c'est la façon dont il a été réalisé. Schwarzschild n'a pas découvert sa solution en travaillant dans sa bibliothèque. Il l'a trouvée alors qu'il était à la guerre.

Lorsqu'éclata la Première Guerre mondiale, Karl Schwarzschild avait quarante ans et était l'un des plus éminents astronomes allemands. Il avait derrière lui une liste impressionnante de travaux scientifiques et avait atteint un âge où l'on peut raisonnablement espérer se retirer. Mais ses idées patriotiques lui firent sentir la nécessité de se porter volontaire dans l'armée. Il servit d'abord en Belgique, puis en France, et fut ensuite transféré sur le front est. En Russie, il contracta une affection rare, douloureuse et incurable, le pemphigus. Dans la tension de la guerre, sous la pression de la maladie, Schwarzschild poursuivit son travail scientifique. Il élabora sa solution des équations de champ. Deux mois après, sa maladie s'était tellement aggravée qu'il fut rapatrié en Allemagne. Il mourut deux mois plus tard.

L'article de Schwarzschild annonçant sa découverte fut publié dans le numéro de 1916 du *Journal de l'Académie royale des sciences de Prusse*. Il est intitulé : « Sur le champ de gravitation d'une masse ponctuelle dans la théorie d'Einstein », et se trouve juste après un article d'Helmreich sur les « Corrections manuscrites dans le glossaire de Galien sur Hippocrate ». Ce numéro de 1916 avait une bonne épaisseur — environ 1 400 pages — et on peut y trouver des articles sur l'archéologie (« Contribution à l'étude de la religion égyptienne »), l'astronomie (« Sur la période de l'étoile variable RR Lyrae »), et la littérature (« Sur les Upanishads »). Il y a aussi les comptes rendus des séances de l'Académie et ses rapports d'activité. Et on y trouve également une notice nécrologique sur Schwarzschild. Elle a été rédigée par Einstein.

164

Schwarzschild semble avoir été content de sa solution. Dans son article, il note qu'« il est toujours agréable d'avoir des solutions exactes pour les problèmes », et, plus loin, que cela « permet au travail de M. Einstein de resplendir d'un éclat encore plus grand ». Mais rien ne montre qu'il ait pris sa solution très au sérieux. A part une certaine satisfaction du travail bien fait, cet article ne laisse apparaître aucun sentiment particulier. En fait, l'article de Schwarzschild est remarquablement bref — à peine quelques pages —, et ne porte pratiquement que sur les mathématiques. Il développe sa méthode pour résoudre les équations d'Einstein, un point c'est tout. A aucun endroit dans l'article on ne trouve la moindre indication que quelque chose d'important a été découvert. Et rien ne semble indiquer qu'Einstein ou quelqu'un d'autre l'ait pensé. Lorsque l'article de Schwarzschild fut publié, cela ne provoqua aucune agitation. La communauté scientifique en prit simplement note et poursuivit ses occupations.

Que cela se soit passé ainsi donne la mesure de la complexité et de la subtilité de la relativité générale. Car après tout, dans la plupart des disciplines scientifiques, une fois qu'un problème a été exactement résolu, le travail est terminé. Mais ici, le travail ne fit que commencer. Il fallut quelques mois à Schwarzschild pour trouver sa solution. Il nous a fallu un demi-siècle pour en apprécier complètement la signification. Au niveau mathématique, la solution de Schwarzschild semble d'une simplicité remarquable, et elle est facile à écrire. On la trouve dans tous les livres. Mais derrière son apparente simplicité se cache une richesse extraordinaire. De plus, cette solution est difficile à comprendre. Elle possède un certain nombre de particularités qui semblent absolument invraisemblables, pathologiques. Ces pathologies étaient tellement surprenantes que les physiciens ne savaient comment les aborder. Jusqu'en 1960, il y eut d'âpres discussions pour savoir comment les traiter. Une des approches fut de les ignorer complètement. Un livre de relativité générale, publié en 1965 et qui fit autorité, prend exactement ce parti. Il mentionne à peine leur existence. Une autre approche fut de les considérer plus sérieusement et d'affirmer qu'elles remettaient en question toute la solution des Schwarzschild. Einstein lui-même adopta un temps cette position, et publia un jour un article essayant de montrer que la solution ne pouvait en aucun cas appartenir à la réalité. En l'occurrence, il avait tort.

Ce n'est que récemment que le brouillard s'est dissipé et que l'on a découvert la nature véritablement révolutionnaire du résultat de Schwarzschild. Loin d'être de simples contrariétés, il est maintenant admis que ces pathologies possèdent une signification tout à fait fondamentale. Ce n'est qu'aujourd'hui que l'on comprend la véritable nature de la solution de Schwarzschild. La solution de Schwarzschild décrit un trou noir.

Schwarzschild n'était pas simplement à la recherche d'une solution quelconque des équations d'Einstein. Il désirait répondre à une question plus précise. Il voulait étudier le *champ de gravitation à l'extérieur d'un corps sphérique*. La solution de Schwarzschild fut sa réponse.

La Terre étant pratiquement sphérique, on peut lui appliquer la solution de Schwarzschild. On peut également l'appliquer au Soleil. Mais aucun de ces deux corps n'est un trou noir. Leur champ de gravitation est tout à fait ordinaire et ne présente aucun des comportements bizarres caractéristiques des trous noirs. Cependant, il existe, de manière essentielle, une relation entre le trou noir et des corps aussi ordinaires que la Terre et le Soleil. Quelle est cette relation ?

C'est la *compression*. Tout objet peut être transformé en trou noir en lui faisant simplement subir une contraction. Voilà la signification de l'expérience imaginaire d'écrasement du Soleil que nous avons décrite plus haut. A chaque étape de ce processus, le champ gravitationnel du Soleil était donné par la solution de Schwarzschild. Lorsque le Soleil était relativement gros, ce champ n'avait rien de particulier ; mais lorsqu'il fut comprimé jusqu'à un rayon de 2,8 kilomètres, un changement spectaculaire s'est produit : le Soleil s'est transformé en trou noir.

Ce rayon critique de 2,8 kilomètres est d'une importance capitale. Il est si important qu'on lui a donné un nom : *le rayon de Schwarzschild du Soleil.* C'est le rayon jusqu'auquel il faut comprimer le Soleil pour que sa vitesse de libération soit égale à la vitesse de la lumière.

Comme pour le Soleil, les relativistes parlent du rayon de Schwarzschild de n'importe quel objet. Le rayon de Schwarzschild de la Terre mesure 0,8 centimètre, celui de notre galaxie 0,03 année-lumière. Les scientifiques vont même plus loin et parlent de la *surface de Schwarzschild* d'un objet. C'est une sphère imaginaire dont le rayon est simplement le rayon de Schwarzschild de l'objet. La surface de Schwarzschild de la Terre, d'à peine 2 centimètres de diamètre, est profondément enfouie au centre de la Terre *(fig. 26).*

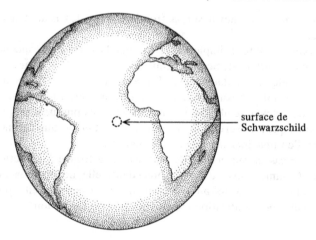

Figure 26

La surface de Schwarzschild n'a aucune réalité matérielle. Si nous perçions un tunnel jusqu'à 0,8 centimètre du centre de la Terre, nous n'y trouverions rien d'exceptionnel. Ce serait comme se trouver dans un

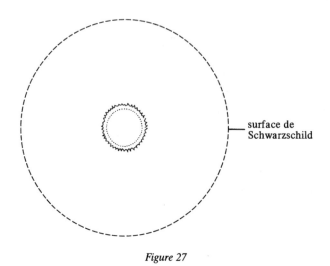

Figure 27

167

champ de maïs, à cheval sur la frontière entre les États-Unis et le Canada.

Mais cela, c'est tout simplement parce que la Terre est beaucoup plus grosse que sa surface de Schwarzschild. Il en est de même pour le Soleil, et toute étoile visible dans le ciel. En fait, il est difficile d'imaginer un objet si violemment comprimé qu'il se retrouverait à l'intérieur de sa surface de Schwarzschild. Mais, en revanche, les pulsars sont presque aussi petits que leur surface de Schwarzschild. Rien, à coup sûr, ne nous interdit d'en imaginer un comme à la figure 27.

Dans ce cas, la surface de Schwarzschild se trouve à l'extérieur de l'objet. Comme dans l'exemple précédent, elle ne possède aucune réalité matérielle. Mais au contraire de cet exemple, elle possède maintenant une signification essentielle. C'est un trou noir.

9. Lumière

La scène se passe sur l'île de Principe, minuscule grain de terre baigné par l'océan Atlantique. A quelques kilomètres au sud se trouve l'équateur, et, à l'est, pas très loin derrière l'horizon, la côte africaine. Il règne une chaleur et une humidité intenses. Les nuages s'accumulent ; c'est à peine si l'on devine le Soleil. Il a une forme de croissant. La date : le 29 mai 1919. Une éclipse de Soleil est sur le point de se produire.

Eddington et Cottingham ne s'attardent pas à admirer le spectacle au-dessus d'eux. Ils se concentrent sur leurs appareils : un télescope de 3,3 mètres posé à plat sur une table, un miroir monté devant, réfléchissant l'image du Soleil sur la lentille du télescope, un moteur pour faire tourner le miroir suivant le déplacement du Soleil. Ils ont le cœur lourd en voyant les nuages obscurcir le ciel. Cela fait un mois entier qu'ils sont sur cette île à se préparer pour l'éclipse, et, avant cela, il leur avait déjà fallu deux mois pour venir d'Angleterre.

Quand vient le moment de l'éclipse totale, ils se mettent au travail. En silence, avec le plus grand soin, et la plus grande rapidité. Chaque mouvement a été répété des fois et des fois au cours de leur préparation, comme des danseurs qui répètent une scène particulièrement importante. L'un introduit une série de seize plaques photographiques dans le télescope, l'une après l'autre, promptement. L'autre expose ces plaques suivant des temps variables, de 2 secondes pour la plus courte exposition, jusqu'à 20 secondes pour la plus longue. Le seul bruit que l'on entend est le tic-tac régulier d'un métronome qui bat les 302 secondes de la durée de l'éclipse. Le rayonnement argenté, mystérieux, de la couronne solaire brille au-dessus d'eux, à peine visible à travers les nuages. Dessinant une arche gigantesque, une puissante protubérance solaire s'étire à 150 000 kilomètres de la surface du Soleil. Les deux hommes ne s'en doutent absolument pas. Pas une seule fois ils ne tournent leurs regards vers le ciel. Ce n'est que plusieurs jours plus tard, lorsque les plaques photo auront été développées, qu'ils réaliseront ce qu'ils ont manqué.

Deux heures plus tôt, et à des milliers de kilomètres de là, la même scène exactement avait déjà été jouée, cette fois dans le petit village de Sobral, au nord-est du Brésil. Ici aussi, on avait pris, dans le même affolement précipité, une série de photos de l'éclipse, et, ici aussi, elles seraient développées et examinées avec une attention scrupuleuse. Mais ce n'est pas à l'image de l'éclipse solaire que s'intéressent ces astronomes. Ni à celle de cette magnifique protubérance. Ce sont les étoiles qu'ils recherchent sur leurs photographies, celles dont la lumière passe près du bord du Soleil. Ils veulent mesurer la position de ces étoiles. Ils veulent la mesurer avec une précision de 1/600 de centimètre.

Ils pèsent la lumière.

Ces expéditions sur l'éclipse solaire de 1919 vérifiaient une prédiction de la théorie de la relativité générale. Selon cette théorie, la lumière était influencée par la gravitation. Einstein affirmait que la lumière tombait.

Cela peut surprendre ou ne pas surprendre une oreille contemporaine, mais, en 1919, c'était révolutionnaire. Cela allait à l'encontre de tout ce que les gens savaient sur la lumière, les scientifiques autant que le grand public. Car après tout, dans la vie de tous les jours, il n'y a que la matière qui pèse. Ce sont les *choses* qui ont un poids : les objets matériels que l'on peut toucher. Mais la lumière n'est pas une chose. La lumière est immatérielle et évanescente : une lueur sur l'horizon. Comment est-ce qu'une lueur pouvait tomber ?

En 1919, le sens commun était strictement en accord avec les lois de la physique. La matière était faite d'atomes ; et la lumière était une onde dans l'éther. L'idée qu'une telle onde puisse être attirée par la Terre sortait complètement du cadre scientifique de l'époque. L'éther lui-même pouvait être attiré, mais l'affirmation que les ondes qu'il contenait puissent l'être également paraissait aussi saugrenue que l'idée que des ondes au milieu d'un étang puissent être attirées par un buisson qui pousse sur ses rives. Bien plus : c'était inconcevable. Rien dans tout ce que la physique avait appris sur la lumière au cours des deux cents dernières années ne donnait la moindre indication qu'il puisse en être ainsi. Si Einstein avait raison, tout un édifice scientifique, que l'on avait mis deux siècles à bâtir, était bon pour une modification radicale.

Comment se peut-il que la lumière soit influencée par la gravitation ? La célèbre équation d'Einstein, $E = mc^2$, semble apporter une réponse. Selon cette équation, à toute masse m est associée une énergie égale à m fois la vitesse de la lumière au carré. Cette énergie, c'est la puissance redoutable de la bombe à hydrogène. Mais l'interprétation inverse est également vraie : à toute énergie E est associée une masse égale à E divisée par c^2.

Selon ce point de vue, la lumière purement immatérielle transporte une masse. Cette lampe, juste là, ne fait pas qu'émettre un rayonnement, elle émet quelque chose qui a du poids. Ce poids est très faible. Si on laissait cette lampe allumée pendant une année, elle dégagerait à peine un cent millième de gramme sous forme d'ondes lumineuses. On peut exprimer cela autrement en disant qu'aux tarifs actuels de l'électricité, la lumière électrique revient à la somme fabuleuse de 10 millions de francs le gramme, ce qui donne une idée de la petitesse de la masse associée à son énergie. Mais bien que cette masse soit très petite, elle n'en existe pas moins selon Einstein, et toute masse, si petite soit-elle, doit tomber.

Malheureusement, cette tentative d'explication ne marche pas. Elle a bien un sens, mais, tout simplement, elle est fausse. En fait, elle est fausse d'un facteur exactement égal à deux, car il s'avère que la lumière tombe deux fois plus que ce qui est prédit par ce raisonnement. L'interprétation correcte de ce phénomène est bien plus délicate et met en jeu une analyse de la nature même de l'espace et du temps. Nous y reviendrons au chapitre 11. Laissons pour l'instant cette question de côté.

De toute façon, il est relativement facile de voir ce qu'Einstein voulait dire. Lancez une balle horizontalement, exactement horizontalement. La balle quitte votre main, part sur le côté, mais ne continue pas longtemps ainsi : la gravitation incurve sa trajectoire vers le bas, et, bientôt, elle tombe sur la Terre. La même chose est vraie pour une balle tirée d'un fusil et, selon la relativité, pour un faisceau de lumière émis par une lampe de poche. La prédiction d'Einstein est que de la lumière émise horizontalement depuis la surface de la Terre est déviée vers le bas de 0,00015 seconde d'arc, 1/2 000 000 de degré.

Cet angle de déviation est tellement petit que toute expérience pour tester cette prédiction était impossible en 1919. Elle reste encore impossible aujourd'hui. L'idée de cette expérience est relativement

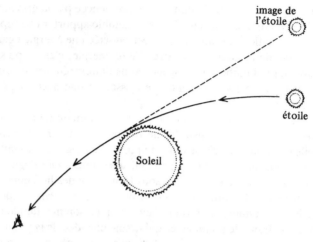

Figure 28

simple : on dirige le faisceau d'une lampe-torche contre un mur et on regarde si la tache d'éclairement se trouve légèrement en dessous de la hauteur attendue. Mais la déviation de la lumière par la gravitation de la Terre est tellement faible que la précision nécessaire pour faire cette expérience dépasse largement tout ce que l'on peut réaliser.

Puisque la gravitation sur le Soleil est plus importante que sur la Terre, Einstein y avait prédit un angle de déviation plus grand. Une expérience pour tester cette prédiction avait une plus grande chance de succès. Et puisque nous ne pouvons nous rendre sur le Soleil pour la réaliser, une petite variante vient tout de suite à l'esprit. Ne considérons pas un rayon lumineux provenant de la surface du Soleil. Considérons plutôt un rayon qui vient de *derrière* le Soleil, et qui effleure sa surface, comme dans la figure 28. D'où provient ce faisceau ? D'une étoile distante. La gravitation sur le Soleil est tellement importante que l'angle de déviation de ce rayon lumineux est assez grand : pratiquement 2 secondes d'arc.

L'effet de cette déviation est de déplacer la position de l'image de l'étoile. Ce déplacement l'écarte du Soleil. Ainsi, comme conséquence de la déviation des rayons lumineux par la gravitation, l'étoile se comporte comme si elle avait été repoussée par le Soleil, d'un angle exactement égal à celui de la déviation du rayon lumineux. Et, sur une photographie du voisinage du Soleil, les étoiles sembleront s'être dispersées par rapport à leurs vraies positions, et exactement de cet angle.

Voilà la prédiction d'Einstein, et celle-ci, au contraire de la précédente, n'est pas impossible à tester. Un angle de 2 secondes d'arc peut sembler petit par rapport aux dimensions de la vie quotidienne, mais il n'est pas petit pour les astronomes. Les astronomes ont l'habitude de travailler avec de tels angles. L'expérience semble tout à fait réalisable.

Bien sûr, il y a un problème. Les étoiles ne sont pas visibles en plein jour.

Heureusement pour Einstein — et heureusement pour nous —, il y a un moyen de s'en sortir. Par une coïncidence tout à fait remarquable, la Lune semble avoir exactement la même taille que le Soleil. C'est bien sûr une illusion de perspective. En réalité, la Lune est beaucoup plus petite que le Soleil. Mais elle est aussi beaucoup plus proche de nous, et exactement de la distance qu'il faut. Si la Terre n'avait pas de Lune, ou si notre Lune était plus petite ou plus éloignée, des choses comme une éclipse totale de Soleil ne se produiraient jamais. Si notre Lune avait été plus grosse, ou plus proche, une éclipse totale ressemblerait davantage à un crépuscule ordinaire. C'est seulement parce que la Lune et le Soleil se trouvent avoir la même taille apparente dans le ciel, qu'une éclipse est telle que nous l'observons. *Aucune* des autres planètes du système solaire ne possède de telles éclipses.

Mais nous, si. Tous les deux ou trois ans, l'ombre de la Lune tombe quelque part sur la surface de la Terre. Placez-vous à cet endroit et vous serez le témoin de l'un des plus extraordinaires de tous les spectacles cosmiques. La lumière du Soleil s'éteint. La nuit tombe. La couronne solaire — constamment brillante, presque jamais visible — resplendit alors magiquement d'un rouge nacré. Si vous êtes doublement chanceux, une puissante protubérance solaire se suspendra au-dessus de la couronne comme une flamme cosmique immobile. Et cette vision suffit pour faire venir les larmes aux yeux des astronomes les plus endurcis.

Et les étoiles apparaissent.

Peut-être vaut-il mieux laisser maintenant la parole à sir Arthur Eddington, l'un des plus éminents astronomes de son époque, et chef des deux expéditions sur les éclipses :

« Cette courbure affecte les étoiles que l'on voit au voisinage du Soleil, et donc la seule chance de faire une observation se situe pendant une éclipse totale lorsque la Lune protège de l'éblouissement de la lumière. Mais même dans ces conditions, il subsiste une grande quantité de lumière, provenant de la couronne solaire, qui s'étend bien au-dessus du disque. Il est alors nécessaire d'avoir, près du Soleil, des étoiles assez brillantes qui ne disparaîtront pas dans l'éclat aveuglant de la couronne. De plus, le déplacement de ces étoiles ne peut être mesuré que par rapport à d'autres étoiles, de préférence plus éloignées du Soleil et subissant un déplacement moindre ; nous avons donc besoin d'un nombre raisonnable d'étoiles brillantes et situées à l'écart du Soleil, qui nous serviront de points de référence.

« A une époque dominée par l'obscurantisme, un philosophe de la nature voulant faire une expérience importante aurait consulté un astrologue pour connaître le moment le plus favorable à sa tentative. De nos jours, un astronome consultant les étoiles annoncerait, à juste titre, que le jour de l'année le plus propice pour peser la lumière est le 29 mai. Cela parce que dans son parcours annuel autour de l'écliptique, le Soleil traverse des champs d'étoiles d'une richesse variable, mais que le 29 mai, il se trouve au milieu d'une zone d'étoiles brillantes véritablement exceptionnelle — appartenant aux Hyades —, de loin le plus beau champ d'étoiles qu'il ait rencontré. Maintenant, si ce problème s'était présenté à un autre moment de l'histoire, il aurait peut-être fallu attendre quelques milliers d'années pour qu'une éclipse totale de Soleil se produise à la date privilégiée. Mais, par une chance incroyable, une éclipse s'est produite le 29 mai 1919. »

D'une manière générale, les étoiles sont des objets immuables, et les astronomes ont suffisamment de temps pour effectuer leurs observations. Si les appareils ne fonctionnent pas cette nuit, on peut toujours essayer la nuit suivante. Ce n'est pas le cas pour ce genre d'observation. Les éclipses de Soleil sont rares, et lorsqu'elles se produisent, elles sont excessivement brèves, quelques minutes au plus. Et dans ces quelques minutes, il faut faire entrer toutes les observations ; si l'on n'y arrive pas, il n'y a aucun moyen de se rattraper, sauf en patientant jusqu'à la prochaine éclipse. De plus, comme l'a souligné Eddington, toutes les éclipses ne permettent pas de peser la lumière. Si quelque chose s'était mal passé, il se serait écoulé quatre-vingt-dix bonnes années avant que ne se présente la prochaine occasion. La précision des mesures était si serrée que l'erreur la plus imperceptible aurait tout gâché, comme cela arriva en fait avec quelques-unes des données recueillies à Sobral. Les astronomes qui observent une éclipse sont connus pour se cogner à leurs appareils et les faire tomber par terre dans leur précipitation. Mais en fait, il aurait suffi d'une épaisse couverture nuageuse pour faire échouer la tentative.

Donc, ce ne furent pas une, mais deux expéditions qui furent lancées, et chacune fut organisée avec une attention méticuleuse. Ce fut l'astronome royal, sir Frank Dyson, qui avait réalisé deux années auparavant la possibilité exceptionnelle offerte par cette éclipse pour tester la relativité générale, et c'est à lui que l'on doit pratiquement tout le succès de ces expéditions. Et ce fut grâce aux efforts de Dyson qu'Eddington fut choisi pour les diriger.

Mais cela ne s'est pas exactement passé de manière habituelle. La Première Guerre mondiale faisait rage, et Eddington était quaker. C'était un homme profondément religieux ; s'il se trouvait appelé sous les drapeaux, il avait décidé de se déclarer objecteur de conscience. De nos jours, les objecteurs de conscience sont considérés comme des hommes de haute stature morale, mais, en 1917, c'étaient des parias. A cette époque, la ferveur patriotique était telle que beaucoup de collègues d'Eddington à Cambridge avaient l'impression que leur université serait déshonorée s'il se déclarait objecteur de conscience. Dès lors, l'association des anciens élèves entra en action. On fit appel auprès du Home Office pour que l'incorporation d'Eddington soit ajournée, en invoquant l'intérêt national pour maintenir dans ses foyers un scientifique aussi distingué. Le Home Office voulut bien coopérer ; pendant quelque temps, il sembla que la tentative avait réussi.

Ce fut Eddington lui-même qui mit des bâtons dans les roues. Le Home Office lui avait envoyé un formulaire d'exemption. Tout ce qu'il avait à faire, c'était de le signer et de le retourner. Mais pendant cette même période, certains de ses amis croupissaient dans des camps d'internement pour avoir exprimé les mêmes convictions. Eddington décida qu'il ne pouvait se permettre de rester libre sous un prétexte aussi mesquin. Il retourna alors le formulaire non signé, et ajouta en note que, s'il était exempté, il réclamerait de toute façon un statut d'objecteur de conscience.

Cette petite note déclencha un véritable ouragan. En prenant la loi au pied de la lettre, le Home Office n'avait pas d'autre solution que d'envoyer Eddington dans un camp d'internement. Et loin de lui manifester quelque sollicitude, de nombreux collègues d'Eddington, à Cambridge, se déchaînèrent contre lui. Ils estimaient qu'il ne faisait que se poser en grand moralisateur et que, en agissant ainsi, il avait de lui-même provoqué une crise. Eddington, en fait, n'avait aucune angoisse de se retrouver emprisonné, et fut extrêmement surpris de leur mécontentement. Il ne faisait que vivre en accord avec ses principes.

C'est dans ce pétrin qu'intervint l'astronome royal, avec une solution. Dyson proposa qu'Eddington soit exempté à l'expresse condition qu'il organise et conduise les expéditions sur l'éclipse de 1919. Ce fut un compromis ingénieux, le seul qui fût acceptable par tout le monde. Et c'est ainsi que sir Arthur Eddington devint le premier homme qui a expérimentalement testé la théorie de la relativité générale.

Il n'est peut-être pas facile aujourd'hui d'imaginer le degré qu'avait atteint la haine envers l'Allemagne pendant la guerre. En Amérique, il était presque partout interdit d'enseigner l'allemand dans les collèges. En Angleterre, la famille royale avait transformé son nom de Maison de Hanovre — un nom allemand — en Windsor. De nombreux scientifiques britanniques étaient tombés sur les champs de bataille, et il y avait un sentiment antiallemand assez répandu dans les universités. Il fut même sérieusement question que les scientifiques n'entretiennent plus de relations avec leurs collègues allemands, non seulement pendant la durée de la guerre, mais même longtemps après. La relativité, travail d'un physicien allemand, ne fut pas épargnée par cette attitude. La relativité était une science ennemie.

Par ailleurs, les travaux récents d'Einstein étaient pratiquement inconnus en Angleterre à cette époque. La théorie de la relativité restreinte, publiée en 1905, avait déjà traversé le « Channel » à cette époque ; mais pour la relativité générale, sortie pendant la guerre, ce fut une autre histoire. En particulier, très peu de gens connaissaient la prédiction d'Einstein sur la déviation de la lumière des étoiles par le Soleil. Et dans les dernières années de la guerre, les relations scientifiques de part et d'autre étaient pratiquement au point mort. Les scientifiques allemands et britanniques avaient cessé de correspondre. Les abonnements aux journaux scientifiques ennemis furent tous annulés. Mais la Hollande, qui était restée neutre, recevait ces journaux et un astronome hollandais, ami personnel d'Eddington, lui faisait parvenir des copies des articles d'Einstein. Ce fut par cette filière incertaine que les travaux d'Einstein s'infiltrèrent en Angleterre. Eddington, en fait, possédait les *seules* copies des articles d'Einstein dont pouvaient disposer les Anglais à cette époque, et ce fut largement grâce à lui que leur attention fut attirée sur la relativité. Ce fut grâce à son amitié avec Eddington que Dyson, astronome royal, entendit parler pour la première fois de la déviation de la lumière par le Soleil.

Et tout bien considéré, c'est tout à l'honneur de la science britannique que d'avoir réalisé ces deux expéditions sur les éclipses en 1919. Elles furent organisées en dépit d'une haine violente contre tout ce qui était allemand, et dans une méconnaissance totale des travaux d'Einstein. Et elles furent montées à la toute dernière minute. On ne pouvait construire aucun appareil nécessaire pour les observations tant que durait la guerre. Ce ne fut qu'à la signature de l'armistice, en novembre 1918, que les fabricants d'instruments se mirent au travail. Il fut achevé dans la précipitation, et à peine trois mois plus tard, les expéditions s'embarquèrent. Eddington et E. T. Cottingham allèrent à Principe ; deux autres astronomes allèrent à Sobral.

Il y avait trois possibilités. Tout d'abord, il se pouvait que les observations ne révèlent aucune variation dans la position des étoiles derrière le Soleil ; dans ce cas, la lumière n'était pas influencée par la gravitation. On pouvait également n'observer que la « demi-déviation » dont nous avons parlé plus haut dans ce chapitre. Et enfin, on pouvait obtenir les deux bonnes secondes d'arc de déviation prédites par la relativité générale. « Je me rappelle Dyson, écrivit plus tard Eddington, en train d'expliquer tout cela à mon compagnon Cottingham qui en avait essentiellement retenu que plus la valeur serait grande, plus ce serait excitant. " Qu'est-ce que cela signifiera si nous trouvons une déviation double ? — Alors, reprit Dyson, Eddington deviendra fou et vous devrez rentrer tout seul. " »

Eddington et Cottingham passèrent deux mois en mer, puis un autre à Principe pour achever leurs préparatifs. A l'aube du jour de l'éclipse, le ciel était couvert, et beaucoup de leurs clichés en furent gâchées. Sur certaines photographies cependant, les étoiles arrivèrent à percer les nuages. Les plus réussies montrèrent les images de cinq étoiles et furent analysées sur-le-champ. « Trois jours après l'éclipse, écrivit Eddington, lorsque les tout derniers calculs furent achevés, je sus que la théorie d'Einstein avait passé l'épreuve avec succès. Cottingham n'avait pas à rentrer tout seul. »

Il fallut attendre plusieurs mois avant d'obtenir une confirmation supplémentaire. Quatre plaques photographiques, d'un genre que l'on ne pouvait développer par temps chaud, furent rapportées non développées en Angleterre. Une d'entre elles montra de bonnes images des étoiles et, d'après les mesures, fit également apparaître la déviation prévue par la relativité générale. L'équipe de Sobral resta au Brésil deux mois après l'éclipse pour faire de bonnes photographies de comparaison du champ d'étoiles après que le Soleil eut repris sa course à travers le Zodiaque. Lorsqu'ils rentrèrent en Angleterre, on se rendit compte que leurs photographies contenaient, et de loin, les meilleures données. Ils avaient eu une bonne météo pendant l'éclipse. Ce furent celles-ci qui finalement apportèrent la vérification la plus précise.

AUX MORTS POUR LA PATRIE
CÉLÉBRATION DE L'ARMISTICE
TOUS LES TRAINS S'ARRÊTENT DANS LE PAYS

Le roi invite tous ses sujets à se joindre à lui pour une célébration particulière de l'anniversaire de la fin de la guerre, telle qu'elle est annoncée dans le message suivant :

« J'ai le désir et l'espoir qu'à l'heure où l'armistice entra en vigueur, il puisse y avoir, pendant le court instant de deux minutes, une totale suspension de toutes nos activités normales. Pendant ce temps... toute activité, tout bruit, tout déplacement devraient s'arrêter, de sorte que, dans un silence parfait, les pensées de chacun puissent se recueillir en souvenir respectueux des morts pour la Patrie. »

Cet article parut à Londres, dans le numéro du *Times* du 7 novembre 1919. Il y avait un autre article sur la même page :

RÉVOLUTION SCIENTIFIQUE
UNE NOUVELLE THÉORIE DE L'UNIVERS
LES IDÉES DE NEWTON ABANDONNÉES

C'est hier après-midi, dans les salons de la Société royale, au cours d'une réunion commune de la Société royale et de la Société d'astronomie, que furent présentés les résultats obtenus par les observateurs britanniques de l'éclipse totale de Soleil du 29 mai.

L'espoir que des théories rivales sur un problème physique fondamental puissent être enfin départagées ayant suscité le plus vif intérêt auprès de la communauté scientifique, nombreux furent les astronomes et les physiciens participant à cette réunion. Il était généralement admis que ces observations seraient décisives pour la vérification des prédictions du célèbre physicien Einstein...

Alfred North Whitehead était présent :

« L'atmosphère, tendue par l'intérêt, était exactement celle que l'on retrouve dans le théâtre grec : nous formions le chœur commentant le décret de la destinée tel qu'il se dévoilait au détour d'un incident suprême. La mise en scène même n'était pas dénuée d'une certaine qualité dramatique : cérémonial traditionnel et, dans le fond, l'image de Newton nous rappelant que la plus imposante des généralisations scientifiques venait maintenant de recevoir, après plus de deux siècles, sa première modification. Et l'intérêt personnel ne manquait pas : une grande aventure de la pensée était finalement parvenue à atteindre l'autre rive saine et sauve (*sic*). »

L'article du *Times* concluait par un commentaire : « Même le président de la Royal Society, en affirmant qu'ils venaient d'entendre " l'une des plus profondes, si ce n'est la plus profonde des proclamations de la pensée humaine ", devait confesser que personne encore n'avait réussi à exposer en un langage clair ce qu'était réellement la théorie d'Einstein. » Et l'article poursuivait en exposant, en un paragraphe excessivement bref, ce qu'était réellement la théorie d'Einstein.

Un troisième article sur la même page annonçait qu'aucune personne privée ne pouvait posséder, vendre ou conduire une voiture à moteur dans toute l'Irlande sans l'autorisation expresse du gouvernement. Les prévisions météo du jour étaient : « Froid et couvert : quelques averses ou crachins. »

L'observation de la déviation de la lumière par la gravitation suscita un intérêt passionné auprès du grand public. Rarement la presse avait accordé une attention aussi importante à une découverte scientifique. La prédiction d'un physicien allemand avait été vérifiée par des astronomes britanniques au cours d'une expédition dans des pays lointains. Cela, et le fait aussi qu'Einstein était un pacifiste, qu'il s'était souvent élevé contre la guerre, à ses risques et périls, ne pouvait que plaire à un monde qui se relevait à peine de la guerre la plus dévastatrice de l'histoire. Mais le plus important de tout fut la reconnaissance publique qu'Einstein avait fait ses prédictions à partir d'un raisonnement véritablement révolutionnaire. Les gens surent qu'il avait porté un coup aux idées les plus universellement répandues sur l'espace et le temps. Ce fut à partir des expéditions sur l'éclipse de 1919 qu'Einstein commença à acquérir la dimension quasi mythique qu'il possède aujourd'hui. Avant 1919, il était célèbre auprès des physiciens. Après 1919, il fut célèbre dans le monde entier.

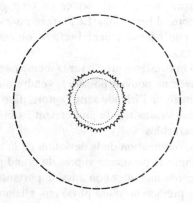

Figure 29

En tout cas, cet événement semble l'avoir réjoui, si l'on en juge par une carte postale qu'il écrivit cet automne :

Chère Maman,
Bonnes nouvelles aujourd'hui. H. A. Lorentz m'a télégraphié que les
expéditions anglaises ont effectivement prouvé la déviation de la lumière
au voisinage du Soleil...

Laissons maintenant de côté la déviation de la lumière par le Soleil et venons-en à la déviation analogue par les trous noirs. C'est uniquement parce que la gravitation sur le Soleil est faible à l'échelle astronomique que l'angle de déviation produit par le Soleil est petit. Mais, pour un trou noir, le champ gravitationnel est bien plus important et donne naissance à des effets spectaculaires. Examinons ces effets à l'aide d'une lampe-torche. Suspendons-la au-dessus du trou noir et suivons la trajectoire de son faisceau.

Commencons par la suspendre à bonne hauteur au-dessus du trou, comme sur la figure 29. A des distances aussi grandes, le champ de gravitation est très faible et la déviation est infime : il n'y a là rien de nouveau. Descendons la lampe maintenant *(fig. 30)*. Le champ gravitationnel du trou noir devient plus intense et la trajectoire du rayon lumineux s'incurve plus sérieusement. C'est là quelque chose qui est tout à fait étranger à notre expérience quotidienne. Vivre dans un tel environnement serait comme vivre dans la salle de miroirs truqués d'un parc d'attractions. Les objets qui apparaîtraient droit devant nous se trouveraient en réalité au-dessous de nous. Et ceux qui sont situés en ligne droite devant nous apparaîtraient au-dessus de nous. Si une voiture arrivait droit sur un observateur, elle semblerait flotter au-dessus de sa tête, et cet observateur verrait non pas la calandre, mais le toit de la voiture. L'intense champ de gravitation de l'étoile modifie radicalement la propagation de la lumière et un observateur pourrait avoir la sensation de vivre à l'intérieur d'une lentille. Et il aurait raison.

Descendons la lampe encore plus *(fig. 31)*, jusqu'à ce que sa distance à l'étoile soit exactement une fois et demie le rayon de Schwarzschild. La lampe se trouve alors à un demi-rayon de Schwarzschild de la surface de Schwarzschild, et la gravitation est tellement importante que la trajectoire du rayon lumineux se referme en un cercle. Le faisceau de lumière se retrouve en orbite autour de l'étoile.

Vivre à cet endroit permettrait d'assister à des spectacles tout à fait

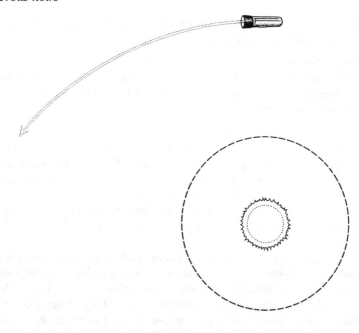

Figure 30

remarquables. Un observateur verrait l'arrière de sa tête flottant devant lui, et, sur le côté, il pourrait apercevoir son oreille. Il se trouverait entouré d'une couronne d'images de sa propre tête, toutes vues sous des angles différents. A cet endroit, nous pouvons également incliner notre lampe vers le haut *(fig. 32)*. Son faisceau décrit alors une spirale qui se déroule lentement vers l'extérieur, pour finalement atteindre des régions où la gravitation est suffisamment faible pour que sa trajectoire soit pratiquement une ligne droite. Si nous l'inclinons vers le bas *(fig. 33)*, le faisceau suit alors une spirale rentrante pour finalement tomber sur l'étoile située au-dessous. La lumière est alors piégée par la gravitation.

Plus cette lampe s'approche de l'étoile, plus sa lumière se retrouve piégée. Une fois sur la surface de Schwarzschild, *tous* ses rayons lumineux sont aspirés vers le bas, puis absorbés. Ici, la gravitation est tellement forte que même si nous orientons la lampe à la verticale, son

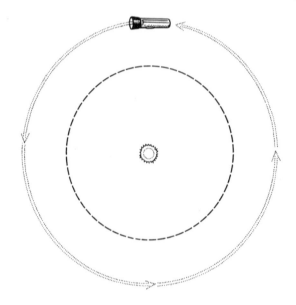

Figure 31

faisceau se recourbe sur l'étoile. C'est vrai également *(fig. 34)* si on descend la lampe à l'intérieur de la surface de Schwarzschild. Aucun rayon lumineux émis dans cette région ne peut s'en échapper et atteindre les étoiles distantes. La lumière tombe alors comme une pierre.

Faisons maintenant une autre expérience. A la place de la lampe-torche, descendons une ampoule sur la surface de Schwarzschild. Plaçons-nous très loin dans l'espace avec une grosse bobine de fil électrique. L'ampoule brille à l'extrémité de ce fil, suspendue entre nous et l'étoile. Déroulons le fil et *observons* l'ampoule.

En descendant, l'ampoule se met à faiblir anormalement. Comme si l'électricité venait à manquer dans le fil. Pourtant, elle ne manque pas. En réalité, l'ampoule éclaire autant qu'avant, mais, à mesure qu'elle descend, de moins en moins de lumière nous parvient. La lumière se

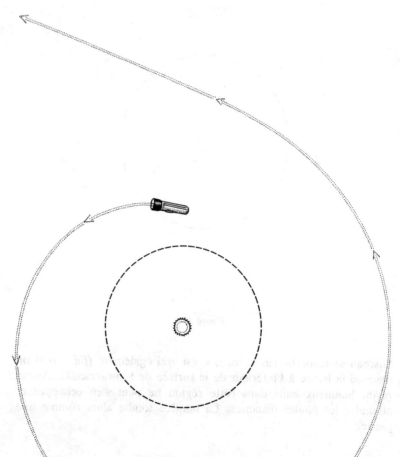

Figure 32

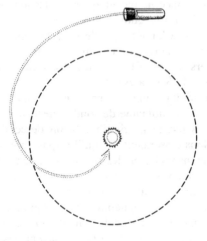

Figure 33

laisse aspirer par l'étoile. Plus l'ampoule se rapproche de la surface de Schwarzschild, plus elle faiblit, et, une fois qu'elle atteint cette surface, elle devient invisible. Et elle disparaît de notre vue.

On ne peut voir un objet se trouvant à l'intérieur de la surface de Schwarzschild. Quel que soit son éclat, sa lumière ne nous atteint

Figure 34

185

jamais. Et cela ne concerne pas uniquement les ampoules électriques. C'est vrai pour n'importe quoi. Descendons une brique sur l'étoile. Nous la voyons par la lumière qu'elle réfléchit, mais une fois qu'elle traverse la surface magique, toute cette lumière s'éloigne de nous en s'infléchissant vers le bas. Et la brique disparaît au moment où elle traverse la surface de Schwarzschild.

Et cela ne se produit pas uniquement pour la lumière. Les ondes radio aussi appartiennent au domaine des ondes électromagnétiques et sont également attirées par la gravitation. Si on descendait un émetteur radio, ses émissions cesseraient dès qu'il disparaîtrait de notre vue.

Et c'est également vrai pour les rayons X et gamma. La surface de Schwarzschild peut emprisonner la radioactivité la plus intense. La radioactivité nucléaire comprend, entre autres, des rayonnements de cette nature, ondes électromagnétiques de très grande fréquence. (Elle est également composée de particules à hautes énergies, et comme nous le montrera le chapitre 10, celles-ci se retrouvent également piégées.) On pourrait de cette façon rendre inoffensives les substances radioactives les plus dangereuses. Versez un chargement de déchets d'uranium provenant d'un réacteur nucléaire sur une étoile fortement comprimée, et approchez ensuite un compteur Geiger près de sa surface de Schwarzschild. A quelques centimètres de lui se trouvent des tonnes d'uranium mortel, mais pas la moindre parcelle de radioactivité ne traverse cette surface. Le compteur Geiger reste silencieux.

Quant à l'étoile, c'est bien son propre champ de gravitation qui donne naissance à tous ces effets, mais elle-même reste invisible. Comme la lumière de l'ampoule qui est aspirée vers le bas, comme les ondes radio et les rayons gamma qui restent emprisonnés, la lumière de l'étoile est également piégée par la gravitation. Elle subit une attraction tellement importante qu'elle ne peut s'élever au-dessus de la surface de l'étoile. *On ne peut voir un objet plus petit que son rayon de Schwarzschild.* Il ne pourrait même pas se manifester sur un écran radar. Un radar fonctionne en faisant rebondir des ondes radio sur des objets : il détecte alors le retour de l'écho et signale ainsi la présence de l'objet réfléchi. Mais une telle étoile absorberait cet écho.

L'impénétrabilité de la surface de Schwarzschild a conduit les physiciens à lui donner un autre nom : *l'horizon.* C'est une appellation pertinente. Au-delà de l'horizon terrestre, les objets se trouvent tels qu'ils sont habituellement, mais restent invisibles. La différence, c'est que cet horizon-ci est absolu. Sur Terre, l'horizon recule à mesure que l'on s'avance vers lui, alors que l'horizon de Schwarzschild est inviolable. Dès qu'il se trouve derrière l'horizon, un objet disparaît à jamais au regard.

L'horizon est la surface du trou noir. Un trou noir est une région d'espace se trouvant à l'intérieur d'une certaine distance critique par rapport à une étoile fortement comprimée. Plus on étudie cette région, plus l'étoile qui en est à l'origine perd de son importance, et plus le trou noir lui-même — espace pur, immatériel : un ensemble de lieux — apparaît comme une réalité pratiquement matérielle. Il est sphérique et possède une dimension bien définie : celle du rayon de Schwarzschild de l'étoile qu'il contient. Il possède une masse : celle de l'étoile qui l'a créé. Et il possède bien d'autres propriétés tout aussi surprenantes.

Terminons ce chapitre par une petite digression sur une coïncidence assez remarquable. Tout ce dont nous venons de parler découle de la solution de Schwarzschild pour les équations du champ gravitationnel d'Einstein, mais le nom de Schwarzschild possède une signification. Il se compose de deux mots allemands : *schwarz,* qui veut dire noir, et *Schild,* qui veut dire barrière, bouclier. Et qu'est-ce que l'horizon d'un trou noir, sinon un noir bouclier qui protège tout ce qui se trouve derrière lui ?

Le nom de Schwarzschild signifie exactement ce que lui-même a découvert.

10. Force

Que vaut le champ gravitationnel d'un trou noir ? Avec quelle force attire-t-il les objets ? Sur Terre, nous répondons chaque jour à cette question : lorsque nous prenons des objets. Chaque fois que je soulève ma valise, je mesure — du moins je ressens — la force avec laquelle ma valise est attirée par la Terre. Faisons la même expérience avec un trou noir. Suspendons un objet attaché à l'extrémité d'une corde au-dessus du trou, et mesurons la force qui s'exerce sur la corde.

Pour être plus précis, revenons à l'expérience précédente, celle où nous descendions une ampoule électrique dans un trou noir. Dans le chapitre 9, nous nous demandions comment on voyait l'ampoule. Demandons-nous maintenant combien elle pèse. Newton nous enseigne — et Einstein l'approuve — que cette attraction augmente à mesure que l'ampoule s'approche de la source du champ de gravitation. Partons de loin, de très loin à 10 000 kilomètres du trou noir.

Le trou noir est tellement massif que l'attraction qu'il exerce est considérable. Même à cette distance, l'ampoule pèse une bonne tonne et demie. Maintenant, laissons filer la corde. A 6 000 kilomètres au-dessus de l'étoile invisible, l'attraction est si forte que l'ampoule pèse facilement 10 tonnes. A 150 kilomètres, il faut exercer l'incroyable force de 17 000 tonnes pour empêcher l'ampoule de tomber. C'est alors qu'elle commence à pâlir. Plus elle approche de la frontière du trou noir, plus elle faiblit, et plus elle pèse. Son poids atteint des proportions inimaginables. Et, finalement, lorsque l'ampoule touche la surface de Schwarzschild, deux choses se produisent. L'ampoule faiblit jusqu'à disparaître complètement, et la force qui agit sur la corde devient infiniment grande.

La corde casse, et l'ampoule tombe dans le trou noir.

A l'intérieur d'un trou noir, la gravitation est écrasante. Rien ne peut s'y opposer. Un objet situé à l'intérieur de l'horizon ne pèse pas un million de tonnes, ou une centaine de millions de tonnes. Ce poids dépasse tout ce que l'on peut chiffrer, et aucune force, quelle que soit sa valeur, n'a la moindre possibilité de s'y opposer. Dès qu'il atteint la frontière d'un trou noir, un objet scelle son destin : il tombe tête la première, désespérément ; il tombe à la vitesse de la lumière et s'écrase sur la surface de l'étoile en une fraction de seconde. Essayez de tirer cet objet avec une corde pour arrêter sa chute : la corde vous sera arrachée des mains et glissera elle aussi dans le trou. Entrez dans le trou à bord d'une fusée, mettez les moteurs en marche pour tenter de vous en échapper. Quelle que soit la puissance qu'ils développent, elle sera insuffisante. La fusée elle aussi tombera sur l'étoile.

A l'intérieur d'un trou noir, la gravitation possède des caractéristiques tout à fait différentes de celles qui règnent à l'extérieur. Dans les situations ordinaires, la gravitation joue certes un rôle important, mais on peut toujours s'en accommoder. Nos jambes peuvent nous porter et on peut construire des immeubles. Mais rien de tout cela n'est concevable à l'intérieur de la surface de Schwarzschild. Personne ne pourrait s'y tenir debout. Les immeubles s'écrouleraient. La lumière elle-même s'écroulerait. A l'intérieur d'un trou noir, la chute est un mode de vie.

Rien n'y échappe, et cette chute se poursuit pendant un certain temps. Elle se poursuit jusqu'à ce que l'objet vienne heurter l'étoile située plus bas. Quant à savoir combien de temps cela prend, cela dépend de la taille du trou, qui, elle, dépend de sa masse. Si l'étoile qui a engendré ce trou possède une masse exactement égale à celle du Soleil, sa surface de Schwarzschild est relativement petite — elle a 2,8 kilomètres de rayon — et les objets tombent pendant 1/100 000 de seconde avant de se désintégrer en mille morceaux. Mais il pourrait également exister des trous noirs plus gros. Si quelque part dans l'univers, une galaxie entière se trouvait comprimée en deçà de son rayon de Schwarzschild, elle deviendrait un trou noir de plusieurs centaines de milliards de kilomètres de diamètre. Les objets qui y pénétreraient se retrouveraient en chute libre pendant dix jours. On peut même concevoir l'existence de trous noirs encore plus gros, tellement massifs, tellement énormes qu'à l'intérieur, les objets tomberaient pendant des siècles. La vie serait-elle possible dans un tel environnement ? Peut-être, et, dans ce cas, cela donnerait un mode de vie plutôt surprenant. Le lecteur pourra s'amuser à imaginer l'existence que l'on mènerait dans un monde pareil : le monde de la Chute universelle.

Le trou noir engloutit tout ce qu'il touche. Supposez qu'un trou noir de 30 centimètres de diamètre ait pénétré dans ma chambre et soit en train de flotter là, devant moi. Un trou de cette taille aurait été produit par un objet beaucoup moins massif que le Soleil, mais malgré tout assez gros : il serait 18 fois plus massif que la Terre. Je ne peux le voir. Tout ce que je vois, c'est un disque de 30 centimètres de diamètre, complètement noir, qui se profile sur le mur du fond, avec tout autour, l'image du mur lui-même, complètement déformée.

Dans ma main, j'ai un bâton d'1 mètre de long. J'avance prudemment le bras et j'effleure le trou avec l'extrémité du bâton. Il m'est arraché de la main, puis est totalement aspiré. Le trou a 30 centimètres de diamètre, le bâton mesure 1 mètre... et le bâton est à l'intérieur du trou. Il a été contracté pour pouvoir entrer dedans.

Je pousse un sofa vers ces ténèbres suspendues. Il se froisse comme une feuille de papier et disparaît de ma vue. Il y a à côté de moi tout un tas d'ordures nauséabondes, des pelures d'oranges, du marc de café. Tout cela entre dans le trou. Même les odeurs sont absorbées.

Je lance une grenade dans le trou. Je n'entends aucune explosion ; aucune pluie d'éclats mortels ne me traverse le corps. Le trou ne frémit même pas lorsque la grenade explose. Il a contenu l'explosion. Il l'aurait également contenue si, à la place de la grenade, j'avais lancé une bombe à hydrogène.

Il n'y a pas que des objets dans ma chambre. Quelle est la force que ce trou exerce sur moi ? Je me suis tenu à bonne distance de lui. Comme je n'ai aucune envie de me retrouver éclaté en mille morceaux sur une planète invisible 18 fois plus lourde que la Terre, je me suis bien gardé de toucher sa frontière. Mais il m'attire, et, bien que cette attraction ne puisse être infinie, elle reste malgré tout considérable. Combien vaut-elle ?

Elle s'élève à 5 000 000 000 000 000 de kilos.

C'est la catastrophe. Je perds brusquement l'équilibre et je plonge tête la première dans le trou noir. Dans mon vol plané, je m'agrippe désespérément à un bouton de porte, mais il m'est arraché des mains. La table près de moi se met elle aussi à plonger sur le côté. La porte est arrachée de ses gonds et suit le mouvement. Un grondement continu, un hurlement strident, provient de la fenêtre : c'est l'air, l'atmosphère de la Terre, qui s'engouffre dans la pièce, violemment aspiré. Sur les bords du trou, l'air est chauffé à blanc par le frottement et la compression. Le plafond s'écroule sur moi. Les murs s'effondrent. Le sol se soulève, vole en éclats, pulvérisé en un geyser de poutres et de briques. L'arbre, devant la fenêtre, plie et craque comme une brindille. Il s'abat avec violence, se fracasse contre les briques et la charpente, et tout se précipite dans le néant.

Ce trou se trouve quelque part sur la côte Est des États-Unis. A 5 000 kilomètres de là, vers l'ouest, l'océan Pacifique roule ses vagues sur la côte californienne. Lui aussi est attiré par le trou ; il se soulève en un gigantesque raz de marée, le plus grand que l'on n'ait jamais connu. Los Angeles est submergé par cet océan qui déferle vers l'est, car ce n'est pas une partie seulement de l'océan, une vague, mais l'océan tout entier qui se vide jusqu'à la dernière goutte. Les eaux s'accélèrent dans leur chute horizontale ; en quelques secondes, elles atteignent une centaine de kilomètres à l'heure en un grondement assourdissant. Los Angeles est détruite, mais pas seulement par l'océan. Les gens marchant dans les rues sont propulsés vers l'est avec une force de plusieurs milliers de kilos. Les gratte-ciel s'effondrent. Au-dessous d'eux, le sol — la roche, la terre, les cailloux, le manteau de la Terre —, tout se retrouve arraché et plonge dramatiquement vers le trou noir.

La planète Terre tout entière est absorbée par le trou noir. Elle se retrouve plissée, écrasée, comprimée en une boule de débris de toutes sortes, pour être finalement annihilée. Mais elle ne pénètre pas d'un seul coup dans le trou noir. Son anéantissement prend un certain temps. Une avalanche de rochers qui dévale par là en rencontre une autre qui arrive de côté. Cela crée un embouteillage cosmique qui ralentit la marche des événements sans toutefois pouvoir l'arrêter. Un enchevêtrement de débris entoure le trou noir. Dans ses profondeurs, un gouffre de trente centimètres de large est entouré d'un magma de roches vaporisées, surchauffées par l'intense compression qu'elles viennent de subir. A la surface de cette boule, d'énormes geysers, explosions de vapeurs chauffées à blanc, jaillissent de ses profondeurs. La masse de débris rétrécit. Elle n'a plus maintenant qu'1 kilomètre de diamètre. Plus qu'1 mètre. Elle a disparu. La Terre vient d'être annihilée par une sphère de 30 centimètres de néant.

A la fin, il ne reste plus que le trou noir, imperturbable. Il a simplement subi une petite modification. Il a absorbé tellement de matière qu'il est devenu un petit peu plus lourd. Et son rayon de Schwarzschild a augmenté. Le gouffre s'agrandit à mesure qu'il dévore les objets.

La matière qui rencontre un trou noir tombe à l'intérieur en libérant une énorme quantité d'énergie. Comme un immeuble qui s'écroule en un grondement assourdissant, un effondrement de matière dans un trou noir possède sa signature caractéristique. Cette signature, c'est une violente émission de rayonnement — des ondes lumineuses, radio, et des rayons X — qui résulte de l'énorme échauffement de la matière lors de sa compression à l'entrée du trou. Une fois que cette matière a dépassé l'horizon, on ne peut détecter son rayonnement, mais elle émet longtemps avant d'avoir atteint cette limite. Même à des milliers de kilomètres du trou noir, elle est déjà tellement comprimée dans sa chute, tellement heurtée de toutes parts, qu'elle rayonne intensément. Et ce rayonnement est quelque chose que nous pouvons capter.

Nous avons déjà observé de telles émissions. La nuit, le ciel peut donner une impression de calme, de sérénité, mais plus les astronomes observent l'univers, plus ils se rendent compte qu'il est le théâtre d'événements extrêmement violents. Il est rempli de cataclysmes. Sont-ils la preuve de l'existence de trous noirs ?

La nébuleuse du Crabe est le premier objet mentionné dans le catalogue de Messier sur les nébuleuses diffuses. La figure 3 (dans les photos hors texte) représente un autre objet : le quatre-vingt-septième dans la liste de Messier. Messier 87, M87 — c'est ainsi que l'on appelle cette nébuleuse —, est située dans la constellation de la Vierge et est facilement visible dans le ciel, au printemps et en été. A travers un petit télescope, elle rayonne tranquillement sa lumière nacrée. Au contraire du Crabe, ce n'est pas un nuage. C'est une galaxie, un énorme essaim d'étoiles situé au loin dans l'espace. La Terre se trouve dans une telle galaxie, la Voie lactée, mais cette galaxie est différente. La figure 4 (dans les photos hors texte) montre ce à quoi ressemblerait *notre* galaxie depuis un endroit qui serait situé à des millions d'années-lumière de nous. A une telle distance, le Soleil serait complètement invisible, abeille invisible perdue dans son essaim. Notre galaxie, elle, a la forme d'un disque, et est traversée par des bras qui se déroulent en spirale.

M87, quant à elle, ne possède pas de bras en spirale, n'a pas la forme

1 La nébuleuse du Crabe *(en haut)*. (California Institute of Technology et Carnegie Institution of Washington.)

2 Observatoire à pulsars de la Réserve de Quabbin *(en bas)*. (George Orsten, département d'astronomie, université du Massachusetts.)

3 Photo en négatif de la galaxie Messier 87 *(en haut)*. (Avec la permission du Dr H. C. Arp, Mount Wilson Observatory et Las Campanas Observatories.)

4 La nébuleuse d'Andromède, une galaxie semblable à la nôtre *(en bas)*. (California Institute of Technology et Carnegie Institution of Washington, © 1959.)

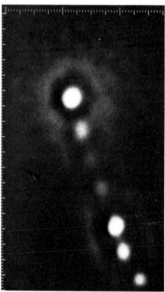

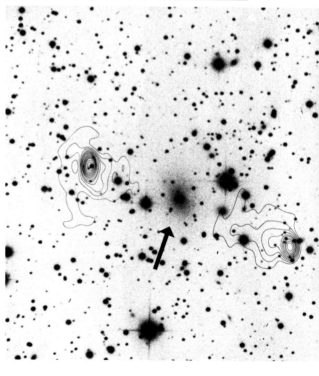

5a Le jet de M87 *(en haut à gauche)*. (Avec la permission de H. C. Arp, Mount Wilson Observatory et Las Campanas Observatories.)

5b Photo du jet reconstitué par ordinateur *(en haut à droite)*.

6 La galaxie Cygnus A (indiquée par une flèche), et ses lobes radio-émetteurs (photo en négatif, *ci-contre*). (Avec l'autorisation de H. C. Arp, Mount Wilson Observatory et Las Campanas Observatories.)

7 Le quasar 3C48 *(en haut)*. (©) 1972 McGraw-Hill, Inc.; photo extraite de «Slides for Astronomy», de Hodge.)

8 Uhuru, dans le nez de la fusée, en attente du lancement *(ci-contre)*. (Harvey Tananbaum.)

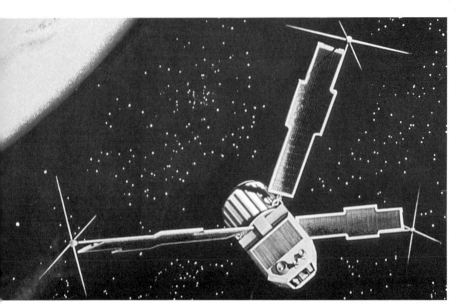

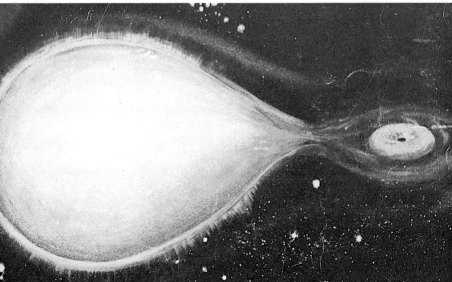

9 Dessin du satellite Uhuru sur son orbite *(en haut).* (Smithsonian Astrophysical Observatory.)

10 Dessin d'une étoile à neutrons en orbite autour d'une étoile ordinaire *(en bas).* (Lois Cohen, Griffith Observatory. Avec la permission de TRW Systems Group.)

11 La source à rayons X Cygnus X-1 se trouve quelque part à l'intérieur du carré. (Avec la permission du Dr Jerome Kristian, Mount Wilson Observatory et Las Campanas Observatory; Carnegie Institution of Washington.)

12 S. Jocelyn Bell Burnell. (Avec la permission du Dr S. Jocelyn Bell Burnell.)

13 G. Richard Huguenin, d'humeur songeuse. (Université de Massachusetts.)

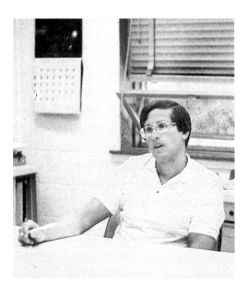

14 Harvey Tananbaum. (Karen Tucker.)

15 Riccardo Giacconi. (Karen Tucker.)

16 Subrahmanyan Chandrasekhar. (Universi·
de Chicago.)

17 Stephen Hawking. (David Montgomery;
Syndication Sales.)

d'un disque ; elle est sphérique. On peut voir également à la figure 3 un nuage sphérique, comme un brouillard de points entourant la galaxie. On peut en compter des centaines. Ce ne sont pas des étoiles ; ce sont eux-mêmes des essaims d'étoiles. Sur un agrandissement, chaque point se révèle être lui-même sphérique, version miniature de l'énorme galaxie autour de laquelle chacun se rassemble. On les appelle des amas globulaires, et chacun contient jusqu'à 100 000 étoiles. M87 est tellement grande qu'à côté d'elle, ces amas n'apparaissent que comme de toutes petites taches.

Les galaxies comme M87 sont très communes — en fait, on en connaît des millions — et, pendant des années, M87 n'a suscité aucune attention particulière. Mais depuis peu, ce point de vue a changé. Petit à petit, la vieille interprétation de M87 comme simple essaim d'étoiles a été démolie par toute une série de découvertes. La première fut l'observation d'une émission radio en provenance de cette galaxie. A la différence de celui des pulsars, cet éclat est continu, invariable, mais infiniment plus intense. Comparé à l'intensité du rayonnement radio de M87, la puissance d'émission d'un pulsar est positivement insignifiante.

Sur la figure 3, le noyau de M87 semble être un entassement d'étoiles, comme une masse compacte de lumière. Mais c'est une illusion. Cette illusion provient du fait qu'il y a eu surexposition du noyau de la galaxie sur la photo, cette exposition prolongée ayant été faite pour mettre en évidence les contours incertains de cette galaxie, avec tout son cortège d'amas globulaires. La figure 5a (dans les photos hors texte) montre ce que donne une exposition plus courte. Ici, les amas globulaires et le contour de M87 sont tout à fait invisibles, et on pénètre profondément à l'intérieur du cœur de la galaxie. Sur cette figure 5a, on peut voir le groupement dense, extrêmement compact, des étoiles qui se trouvent au centre même de la galaxie. Mais on voit également quelque chose d'autre, quelque chose qui était complètement masqué par la surexposition de la figure 3.

C'est le jet qui fuse du centre de la galaxie. C'est un objet tout à fait remarquable. D'abord, il est *droit*, et les lignes droites ne se rencontrent pas souvent dans la nature. Ensuite, ce jet est également une source puissante de rayonnement radio. Enfin, il est constitué de nœuds.

Ces nœuds sont plus facilement visibles sur la figure 5b, qui est une photo reconstituée à partir de plusieurs clichés assemblés par ordinateur. Le jet de M87 ne forme pas une ligne continue ; il se compose d'une succession de renflements. C'est vrai également si on observe les émissions radio qui proviennent de ce jet. Enfin, cette photo révèle quelque chose d'autre, d'une grande importance, quelque chose que l'on aurait pu deviner, mais dont on ne pouvait être certain : ce jet s'élance depuis le centre même de la galaxie.

Ce centre — le *noyau* de M87 — est une source de rayonnement radio et de rayonnement X. Mais sa propriété la plus importante ne fut pas du tout découverte par les radioastronomes ou les astronomes du rayonnement X. Elle le fut par un simple dénombrement d'étoiles. Ce travail fut effectué par une équipe de quatre astronomes du California Institute of Technology — Peter Young, James Westphal, Jerome Kristian et Christopher Wilson — en collaboration avec Frederick Landauer du Jet Propulsion Laboratory. Il dura plus de deux années, et la plupart de ce temps fut consacré à la mise au point de l'une des « caméras » les plus sensibles qui aient jamais été construites : le système de détection SIT. Le SIT — Silicone Intensifier Target — est un tube de caméra de télévision, muni d'un amplificateur au silicone, et monté sur l'oculaire d'un télescope. Il remplace la plaque photographique traditionnelle et donne des résultats qui lui sont bien supérieurs. La difficulté est que ce système ne donne pas de photographie, mais un enchevêtrement compliqué de données que l'on ne peut analyser qu'à l'aide d'un ordinateur. Mais une fois cette analyse terminée, on peut reconstituer une image qui possède une meilleure définition que tout cliché obtenu avec les procédés ordinaires.

Young et ses collègues pointèrent leur appareil sur M87. Leur écran de télévision était divisé en une multitude de carrés minuscules, ou « pixels[1] » : 256 sur chaque côté. Les données qu'ils obtinrent furent une série de nombres — 256×256 —, chacun représentant la quantité totale de lumière à l'intérieur d'un pixel donné. Lorsqu'ils dessinèrent le graphe à partir de ces nombres, un résultat ahurissant apparut. Ils choisirent une rangée de pixels passant directement à travers l'image de M87 sur leur écran de télé, en faisant bien attention à ce que cette rangée rencontre exactement le centre de cette galaxie. La figure 35 est la représentation graphique de ce qu'ils ont trouvé.

Il y a une forte concentration de lumière vers le centre de la galaxie.

1. Pour « *picture element* », élément d'image. *(N.d.T.)*

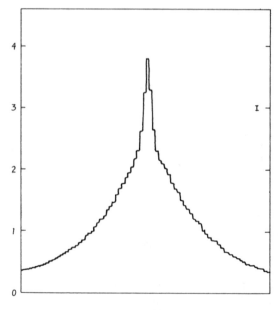

Figure 35

Cette lumière provient d'étoiles, et le graphe montre qu'elles sont bien plus entassées les unes sur les autres dans le noyau de M87 qu'à sa périphérie. En lui-même, cet entassement n'a rien de nouveau : il se présente dans toutes les galaxies. C'est la densité de cet entassement qui est significative : le noyau de M87 possède *une population d'étoiles trop dense.*

Les astronomes s'en persuadèrent en observant une deuxième galaxie, une galaxie qui porte banalement le nom de NGC 4636. Cet objet fut choisi parce qu'il était aussi semblable que possible à M87 : il était lui aussi sphérique, ne contenait pas de bras en spirale, et était à peu près à la même distance de nous que M87. La figure 36 montre le résultat obtenu. Le graphe met en évidence un accroissement de lumière en allant vers le centre de la galaxie, mais cet accroissement est loin d'être aussi spectaculaire. En particulier, le « pic » de lumière qui apparaît dans le noyau de M87 ne se retrouve pas dans celui de NGC 4636. C'est ce pic central qui est inhabituel et significatif pour M87. Il ne se présente dans aucune autre galaxie.

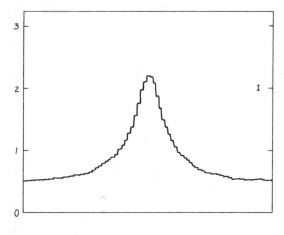

Figure 36

Qu'est-ce qui peut provoquer une aussi grande accumulation d'étoiles au centre de la galaxie ? Il doit y avoir quelque chose pour les y maintenir. Elles doivent être attirées par une énorme concentration de matière. Mais, d'un autre côté, cette concentration elle-même ne se manifeste pas dans les données fournies par le SIT. Ces données ne font apparaître que la lumière des étoiles, et rien qui ne provienne d'une masse géante supplémentaire située au centre de la galaxie. Quelle que soit la nature de cette masse, elle ne peut émettre beaucoup de lumière.

Mais peut-être n'émet-elle pas du tout de lumière ? Peut-être est-ce un trou noir ?

A partir de la connaissance qu'il avait sur la distribution des étoiles au sein du noyau de M87, le groupe put calculer simultanément la masse et la taille de cet objet central. Ils trouvèrent que cette masse était gigantesque, cinq *milliards* de fois celle du Soleil, et que son diamètre devait avoir moins de 600 années-lumière, et probablement beaucoup moins. Cet objet pouvait-il être un trou noir géant ? C'est en tout cas une interprétation possible de leur résultat. Et cela colle bien avec d'autres particularités également présentées par la galaxie. L'intensité des rayonnements X et radio issus du noyau s'accorde bien avec cette idée, puisqu'on s'attendrait à ce que le trou noir engloutisse continuellement la matière autour de lui, et, ce faisant, émette un rayonnement.

Que ce modèle pour M87 soit ou non correct, il est clair que beaucoup de chemin reste encore à faire avant de parvenir à comprendre cette galaxie. Rien de ce que Young et ses collègues ont découvert ne permet d'expliquer le jet qui jaillit depuis l'emplacement du trou noir, ni la multitude de petits ganglions qui le composent. Et il n'a pas été démontré de manière concluante que M87 contienne effectivement un trou noir. Cela reste une supposition, et bien qu'elle soit cohérente avec leurs données, ce n'est pas la seule interprétation possible. *N'importe quel objet* constitué de cinq milliards d'étoiles fournira une interprétation de leur découverte, à condition qu'il ait une dimension inférieure à 600 années-lumière et qu'il n'émette que de petites quantités de lumière. Il peut très bien se faire que l'objet central ne soit rien de plus extraordinaire que 5 000 000 000 d'étoiles d'un éclat exceptionnellement faible, amassées dans le volume imparti. Quant à 600 années-lumière, c'est un diamètre assez grand pour un tel volume.

Pour comprendre ce que Young et ses collègues ont découvert, il sera nécessaire de faire mieux qu'eux. Nous devrons recommencer leur observation, mais avec un appareil plus sensible. Et s'il s'avère que l'accumulation d'étoiles au centre de M87 est encore plus spectaculaire que celle qu'ils ont trouvée, cela confirmera l'interprétation du trou noir. Toutes les autres interprétations qui ne font pas intervenir de trou noir prédisent un pic relativement arrondi pour cette distribution ; elles se trouveraient donc écartées par une telle découverte.

Mais le problème est qu'ils ont trop bien fait le travail. Ils l'ont fait aussi bien que l'on pouvait le faire. Avec les télescopes et les appareils qui existent actuellement, il n'y a aucune possibilité d'améliorer leur travail. Il ne semble y avoir qu'un seul espoir à l'horizon pour résoudre cette question : le télescope spatial. Ce sera un grand télescope placé en orbite autour de la Terre et dont l'entretien sera assuré par la navette spatiale ; lorsqu'il entrera en opération, ce sera, et de loin, le plus puissant télescope du monde. Il révolutionnera notre vision de l'univers. Entre autres choses, il sera l'instrument idéal pour décider si M87 renferme un trou noir géant en son centre. Actuellement, le lancement du télescope spatial est programmé pour la fin des années quatre-vingt, mais étant donné les problèmes de budget auxquels doit faire face la NASA, il est difficile de savoir si ce projet sera réalisé.

D'ici là, nous devons attendre.

La petite tache au centre de la figure 6 (dans les photos hors texte) est Cygnus A, une galaxie de forme irrégulière et de faible éclat située dans la constellation du Cygne. A part sa forme, il n'y a apparemment pas grand-chose dans cette galaxie pour attirer l'attention. Cependant, c'est l'un des émetteurs radio les plus puissants du ciel.

Ces signaux radio ne proviennent pas de la galaxie elle-même. Ils proviennent de régions qui en sont très éloignées, de deux régions d'espace radio-émettrices très étendues, situées symétriquement par rapport à la galaxie, et bien plus grande qu'elle. La figure 6 montre également une carte de l'émission radio observée.

Mais le plus étrange peut-être avec ces deux régions, c'est qu'elles apparaissent tout à fait vides sur le plan optique. Toutes les recherches d'objets visibles sur les photos (comme celle de la figure 6) se sont soldées par un échec. Apparemment, rien de ce que peut déceler un télescope optique ne permet de distinguer ces étendues d'une autre région du vide intergalactique. Il faut un radiotélescope pour mettre en évidence qu'elles contiennent quelque chose.

Ces deux régions contiennent des électrons en quantité et un champ magnétique, les lignes de champ magnétique formant un écheveau gigantesque et compliqué, s'enroulant dans un sens puis dans l'autre, et s'étendant sur des millions d'années-lumière ; et les électrons ayant une énergie et une vitesse énormes, précipités à travers l'écheveau, se retrouvant piégés à l'intérieur, décrivant des courbes compliquées suivant les lignes de force magnétiques. Comme dans le cas des pulsars et de la nébuleuse du Crabe, c'est cette combinaison du mouvement rapide des électrons et du champ magnétique qui produit l'émission radio. Ces nuages sont tellement immenses, ces électrons tellement énergétiques, que cette émission radio est plus intense que l'émission de lumière issue de toutes les centaines de milliards d'étoiles de Cygnus A prises ensemble.

On peut difficilement s'empêcher de penser que ces nuages d'électrons ont été éjectés de Cygnus A. Ils sont tous les deux à la même distance de cette galaxie. On peut voir clairement, sur la figure 6, deux petits ponts d'émission radio, partant de ces nuages en direction de la galaxie, et il se pourrait bien que des radiotélescopes plus puissants révèlent que ces ponts s'étendent en fait jusqu'à la galaxie visible. Quant à cette galaxie, elle possède une forme irrégulière. On se demande si un cataclysme n'aurait pu s'y produire, il y a des millions d'années.

Il existe beaucoup de galaxies de formes irrégulières, et la plupart ne présentent aucune trace d'explosion. Mais Cygnus A possède également une autre particularité. Des observations récentes, avec un très grand pouvoir de résolution, ont mis en évidence une émission radio supplémentaire provenant d'un point unique, émettant puissamment, et situé dans le noyau de la galaxie. Et le plus important, c'est que ce point se trouve situé exactement à mi-distance des deux nuages d'électrons.

Cette situation est étonnamment semblable à celle que l'on avait découverte pour M87. Malgré toutes leurs différences, Cygnus A et M87 se ressemblent en deux points essentiels : chacune comprend de larges régions diffuses de rayonnement radio ; et chacune contient un nœud, un centre d'activité pratiquement ponctuel situé dans son noyau. Par analogie, il se pourrait que Cygnus A contienne elle aussi un trou noir géant.

Même sans cette analogie, beaucoup de scientifiques avaient été amenés à faire cette supposition. Ces nuages d'électrons devaient bien provenir de quelque part, et si c'était une explosion qui les avait produits, elle devait être incroyablement fantastique. En comparaison, une bombe thermonucléaire serait aussi insignifiante qu'un pistolet à bouchon. Même une supernova devient tout à fait insignifiante à côté de cette ancienne explosion. Elle a dû être si puissante que l'on serait bien en peine de l'expliquer. Elle est presque trop puissante pour notre compréhension. Par nécessité, beaucoup de chercheurs ont abouti à la conclusion que seule une explication mettant en jeu un trou noir géant à l'intérieur du noyau de Cygnus A avait une chance de rendre compte de ses propriétés.

La figure 7 (dans les photos hors texte) a trait à une autre scène de violence. Sur cette photo, la flèche semble indiquer une étoile. Mais ce n'est pas une étoile, c'est le quasar 3C48. Ce minuscule point de lumière se trouve cent millions de fois plus loin de nous que l'étoile située près de lui sur la photo. Les quasars sont les objets les plus éloignés que l'on connaisse, extraordinairement éloignés, au point que leur lumière a mis au moins plusieurs milliards d'années pour nous parvenir. Ces faibles lueurs, qui nous viennent des régions les plus distantes, furent émises à des époques tellement préhistoriques, tellement reculées, que la vie elle-même n'était pas encore apparue sur notre propre planète. La figure 7 est une photo de l'univers quand il était jeune.

La seule raison pour laquelle nous pouvons détecter des objets aussi éloignés est qu'ils sont extrêmement brillants. Le quasar, qui ressemble à une étoile, est mille milliards de fois plus brillant qu'une étoile : cent fois plus brillant qu'une galaxie tout entière. C'est l'objet le plus puissant qui existe dans l'univers. On ne connaît rien d'autre dans la science qui approche le quasar par l'intensité de ses émissions.

Cependant, c'est un objet très petit par rapport aux dimensions astronomiques. Un quasar typique peut être un million de fois plus petit qu'une galaxie. Cet énorme taux de compression est l'une de leurs caractéristiques les plus importantes, et il fait immédiatement penser au trou noir. Car ce genre de rayonnement aussi violent, aussi dense, se produit lorsque les trous noirs absorbent de la matière.

Il existe une autre caractéristique importante des quasars qui concorde également bien avec cette interprétation. C'est la variation de leur rayonnement. Au contraire des radiogalaxies, les quasars ne brillent pas continûment. Ils passent par des excitations soudaines, des explosions : des déchaînements monstrueux, catastrophiques, au cours desquels l'intensité émise, déjà considérable, peut doubler en un mois. Le quasar semble n'être qu'une longue succession de cataclysmes. Un tel comportement est en gros celui auquel on s'attendrait si les quasars étaient formés d'un trou noir géant dans lequel des étoiles tomberaient de manière aléatoire. Chaque rencontre d'une étoile avec le trou noir dégagerait le genre d'explosion observée.

Des plus lointaines contrées de l'univers, revenons maintenant chez nous, dans la Voie lactée où nous vivons. Le ciel au-dessus de nous ne présente aucun signe de l'existence d'explosions gigantesques. Nous ne ressentons pas quotidiennement d'effroyables déflagrations descendant du ciel. Cependant, des découvertes récentes ont mis en évidence que le noyau de notre galaxie est le siège d'une intense activité. Ses bras en spirale s'étendent jusque dans cette région ; ils y sont en expansion et s'élancent vers l'extérieur de la galaxie à des vitesses énormes. On a découvert un nuage de molécules interstellaires, un nuage en forme d'anneau, qui est le siège d'un rayonnement, et semble avoir été projeté depuis le centre de la galaxie. Il est en expansion à la vitesse de 400 000 kilomètres à l'heure. A l'extérieur de cet anneau, on trouve un nuage de gaz ionisé qui est à la fois en rotation et en expansion. On y a détecté un minuscule foyer d'émissions radio, infrarouge et de rayons X. En tout, le rayonnement émis par le centre galactique a une puissance équivalente à celle d'une centaine de millions de Soleils.

Est-ce que tous ces éléments situés au cœur de la galaxie sont en expansion aussi rapide parce qu'ils furent soufflés vers l'extérieur ? Y a-t-il eu, très loin dans le passé, une explosion géante à l'intérieur de la Voie lactée ? La première chose à dire est que notre galaxie ne peut être légitimement classée parmi les radiogalaxies, car elle ne possède pas la moindre trace de ces gigantesques nuages d'électrons. Et le rayonnement qui provient de son noyau n'est même pas comparable en intensité à celui des radiogalaxies. De plus, il n'y a sur Terre aucun indice qu'une telle explosion ait jamais eu lieu. Elle se serait produite il y a un million d'années. L'histoire fossile de cette période est bien connue et ne révèle rien d'anormal. Aucune extinction d'espèces ne s'est produite à cette époque sur la planète. (La disparition des dinosaures ne remonte pas à un, mais à 70 millions d'années.) Le plancton fossile de l'océan est probablement le traceur le plus sensible que les géologues aient trouvé pour les mutations anciennes, et il ne manifeste pas la rupture soudaine à laquelle on se serait attendu en présence de la radioactivité cosmique dégagée par une telle explosion. Et il n'y eut pas non plus de changement majeur dans le climat. Cette période, aux alentours d'un million d'années avant notre ère, coïncida avec l'apogée de l'époque glaciaire, et fut le témoin de la percée la plus avancée des glaciers en Europe et en Amérique du Nord. Mais cette époque glaciaire se poursuit tranquillement ; nous sommes actuellement au milieu d'une courte phase de répit. De plus, les glaciers avancèrent vers le sud non pas une seule fois, mais à quatre reprises, et il est difficile d'imaginer comment une seule explosion aurait pu provoquer cela.

En somme, il n'y a rien d'évident. S'il y eut une explosion dans le noyau de notre galaxie, ce dut être une explosion relativement faible, qui ne laissa pas de traces durables, que ce soit sur Terre, ou dans la galaxie tout entière. Il reste cependant à expliquer toute cette activité dans le noyau de la galaxie. Il ne fait aucun doute que le noyau de la galaxie soit le siège d'émissions intenses et contienne des structures diverses en expansion. Quelque chose est responsable de cette activité, et ce quelque chose pourrait bien être un trou noir gigantesque. Sombre, invisible, des millions de fois plus massif qu'une étoile, il est peut-être enfoui, menaçant, au cœur de la galaxie.

Radiogalaxies, quasars, notre propre Voie lactée... partout nous découvrons les signes d'une existence possible de trous noirs. Et s'il en est ainsi, nous sommes naturellement amenés à faire une conjecture très intéressante.

Car après tout, qu'est-ce qu'une galaxie ? C'est un essaim d'étoiles. Pendant des dizaines d'années, les astronomes ont cru que ce n'était rien d'autre qu'un essaim d'étoiles. Mais peut-être est-ce une erreur ? Peut-être qu'une galaxie est *un essaim d'étoiles entourant un trou noir* ? Peut-être que chaque galaxie contient, dans son noyau, un trou noir géant ?

Il se peut même que le trou noir soit l'objet le plus important. Il se peut que l'obscurité du trou nous ait jusqu'ici dissimulé sa présence, et que la brillance des étoiles nous ait conduits à surestimer leur importance. Il est possible que la véritable signification de tous ces milliards et ces milliards d'étoiles qu'englobe une galaxie est qu'elles sont de simples marqueurs, des poteaux indicateurs signalant la présence d'un trou noir.

Si ce point de vue est fondé, les radiogalaxies et les quasars ne sont pas tellement différents de notre galaxie. Tous contiennent des trous noirs de tailles comparables, la seule différence étant le degré d'activité du trou. Dans les galaxies ordinaires telles que la nôtre, ils sont plus ou moins calmes, probablement parce qu'il y a relativement peu de matière à attirer dans leur voisinage. Dans les radiogalaxies et les quasars, d'un autre côté, le trou est en contact étroit avec d'énormes quantités de matière et produit des effets violents. Il est même possible que toute galaxie passe régulièrement par de telles phases de violence, et que cette activité fasse partie intégrante de leur évolution normale. Si c'est le cas, la vie dans l'univers serait alors bien plus exceptionnelle que nous ne l'aurions pensé, car à chaque fois qu'une galaxie subirait un tel cataclysme, toute créature vivante qu'elle contiendrait serait tuée. Les galaxies se videraient régulièrement de la vie qu'elles contiennent, tout comme les forêts qui sont périodiquement nettoyées par les feux de forêt.

Et si tout cela était exact, les astronomes auraient à leur disposition la réponse à une question embarrassante. C'est la question de l'origine des galaxies. Les galaxies, en fait, ont toujours été considérées comme des objets mystérieux, et personne n'a réussi à expliquer d'où elles venaient. Le point de vue classique dit que l'univers a pris naissance dans le Big Bang, et qu'au cours de cette explosion fut créé un nuage totalement uniforme et homogène. A partir de ce matériau primordial en expansion, on pense que des condensations se sont formées, amas énormes dont la masse atteint des milliards de fois celle d'une étoile. Au début, on pourrait difficilement dire qu'ils menèrent une existence indépendante ; ce furent simplement des nuages de gaz légèrement plus denses que la moyenne. Mais le temps passant, on pense que la gravitation les a fait se concentrer et en a fait des unités plus cohérentes. Puis ces condensations se morcelèrent à leur tour en sous-condensations — par milliards, ayant chacune la masse d'une étoile — et, finalement, ces gouttes microscopiques se contractèrent en étoiles.

Voilà donc la théorie classique sur l'origine des galaxies, et c'est véritablement une théorie magnifique. L'ennui, c'est que l'on n'est jamais parvenu à la faire fonctionner. La difficulté est que l'expansion de l'univers, depuis le Big Bang, est trop rapide. Son expansion est tellement rapide qu'il sépare les condensations à mesure qu'elles se forment. L'expansion de l'univers agit contre les effets de compression de la gravitation ; et au lieu de se contracter en unités individuelles et identifiables, les protogalaxies se désagrègent. Elles n'ont jamais une chance de se former.

Mais si les galaxies contiennent réellement des trous noirs géants, ce problème peut être résolu. Dans ce cas, c'est l'intense attraction gravitationnelle du trou noir qui rassemble le protonuage, et cette gravitation est tellement forte qu'elle réussit à neutraliser les effets de l'expansion de l'univers. Imaginons un essaim de trous noirs mélangé à un nuage de gaz homogène, et projeté dans toutes les directions au moment du Big Bang. Le gaz se rassemble autour de chaque trou noir pour former des galaxies. Et les galaxies se forment à cause des trous noirs.

Peut-être... que oui. Mais bien des gens ne sont pas d'accord. Beaucoup d'astronomes ne croient pas à l'existence d'un trou noir dans le noyau de notre galaxie, ni qu'il existe des trous noirs dans les radiogalaxies ou dans les quasars.

Ces astronomes font remarquer que, dans chaque cas, les preuves de l'existence du trou noir sont extrêmement fragiles. Le meilleur cas que nous ayons est celui de la galaxie M87, et il faudra en fin de compte utiliser le télescope spatial pour trancher cette question. Dans la Voie lactée, la situation est ambiguë, et elle le restera certainement pendant un certain temps. Les radiogalaxies comme Cygnus A et les quasars comme 3C48 sont tellement éloignés qu'il n'y a aucun espoir d'observer le trou directement. Pour de tels objets, nous en sommes réduits à recueillir des preuves indirectes, comme les indices d'une explosion et une activité inhabituelle dans le noyau. Mais qui peut être certain qu'il faut un trou noir pour produire de tels phénomènes ?

Beaucoup d'autres explications ont été proposées. Certaines d'entre elles font l'hypothèse que l'on peut parfois découvrir dans l'univers de petits amas d'étoiles extrêmement denses, tellement denses que, de temps en temps, les étoiles entreraient en collision au sein de ces amas. Ces collisions seraient tellement catastrophiques que les étoiles se détruiraient, elles éclateraient en morceaux ; il en résulterait le genre d'embrasement que l'on observe dans les quasars. D'autres explications proposent l'existence de nuages géants en rotation, dont la masse serait des millions de fois celle du Soleil : des superpulsars.

Nous parlons ici de régions tellement éloignées, d'objets tellement énormes, tellement inhabituels, tellement étranges, que nous en ignorons pratiquement tout. Notre ignorance est tellement profonde que nous nous perdons en conjectures. Pour chaque théorie proposée, il y en a une autre qui la contredit. Pour chaque découverte que l'on fait, il existe tout un ensemble d'interprétations possibles. Je suis moi-même d'accord avec les plus sceptiques : personne, selon moi, n'est parvenu à présenter une preuve incontournable de l'existence d'un seul trou noir géant.

Quant aux trous noirs plus petits, ceux de la masse d'une étoile, c'est un autre problème. Nous en reparlerons au chapitre 14.

La force d'attraction d'un trou noir provient de quelque *chose*, d'un objet. Elle ne provient pas du trou lui-même ; le trou est simplement le résultat de cette attraction, une zone d'obscurité provenant de son action sur la lumière. Déplaçons maintenant notre attention loin du trou, sur l'objet qui provoque ce trou. Comment allons-nous le décrire ? De quel genre d'objet pourrait-il s'agir ?

Par cette simple question, apparemment innocente, nous nous retrouvons plongés en plein mystère. Nous touchons la plus insondable de toutes les énigmes de la science moderne. Plus que cela, la physique entre en crise. Il n'est pas exagéré de dire que la réponse à cette question contient la solution de l'une des plus anciennes de toutes les énigmes : l'énigme de la nature ultime de la matière. Car selon la solution de Schwarzschild, l'objet responsable des trous noirs ne peut réellement exister. Il est anéanti par son écrasement.

Il est anéanti par son écrasement gravitationnel, par la même force d'attraction infinie, irrésistible, que tout objet ressent dès qu'il entre dans le trou noir. Dans un trou noir, les objets tombent sans possibilité de retour. C'est ce qui se produit pour l'étoile qui a engendré le trou. Elle tombe sur elle-même.

Chaque étoile dans le ciel se trouve dans un certain état de pression qui résulte de la gravitation. En ce moment même, le Soleil est soumis à cette force. Chaque particule à l'intérieur du Soleil exerce une attraction gravitationnelle sur les autres particules : bien que cette attraction d'un atome sur un autre soit faible, il y a tellement d'atomes que la force résultante est très grande. Et le résultat global de toutes ces myriades de particules attirant — et attirées par — toutes les autres est une force de pression énorme, dirigée vers l'intérieur de l'étoile.

Dans les circonstances ordinaires, cette force est compensée par une autre force : la force de pression au centre de l'étoile. Le cœur de l'étoile est tellement chaud, et la pression y est tellement importante, que cela suffit pour s'opposer à la gravitation. L'étoile se maintient dans un équilibre de forces : la pression gravitationnelle, dirigée vers l'intérieur, et la pression d'expansion, dirigée vers l'extérieur.

Mais rien ne peut résister à la gravitation à l'intérieur d'un trou noir. L'étoile à l'intérieur du trou noir — celle-là même qui a formé le trou noir — subit une force de compression infinie. Aucune pression inverse ne peut lui résister : quelle que soit la température de l'étoile, quelle que soit la valeur de sa pression d'expansion, c'est la gravitation qui gagne. L'étoile s'effondre comme un gratte-ciel dont les poutres maîtresses fléchissent, sauf qu'elle ne s'effondre pas *vers le bas*, mais *vers l'intérieur*. Elle implose ; et elle implose à la vitesse de la lumière.

Pendant cet effondrement, la matière est précipitée dans des états de densités de plus en plus importantes. Même lorsqu'elle n'a pas encore atteint son rayon de Schwarzschild, une étoile est plus dense qu'un atome. Les atomes qui la constituent se chevauchent les uns les autres. Ils se décomposent alors en leurs éléments constitutifs. L'étoile n'est plus constituée d'atomes, mais d'électrons et de noyaux. Et elle continue à s'effondrer. En une fraction de seconde, elle atteint les dimensions d'un pulsar, elle devient un pulsar. Les noyaux sont comprimés les uns contre les autres. Leurs bords sont en contact. Ils résistent à cette compression et cherchent à conserver leur structure en développant une pression énorme. Mais bien qu'énorme, cette pression n'est pas infinie. La gravitation triomphe et les noyaux s'enfoncent les uns dans les autres. C'est à leur tour maintenant de se décomposer, en protons et en électrons. L'effondrement se poursuit. En une fraction de seconde, l'étoile se contracte jusqu'à devenir plus petite qu'un pulsar. Elle devient un objet pour lequel nous n'avons pas de nom, un objet comme on n'en a jamais vu auparavant. Les protons et les électrons eux-mêmes sont comprimés les uns sur les autres. Et ces particules élémentaires se décomposent.

Ce processus a lieu au cœur d'une étoile à neutrons ; comme dans ce cas, la matière du trou noir se désintègre en quarks. Mais il apparaît alors une différence. Cette différence, c'est que cette étoile continue à s'effondrer. Et elle atteint un degré de compression inconnu partout ailleurs dans l'univers, et elle ne s'arrête pas là. Elle poursuit sa contraction, à la vitesse de la lumière, et en une fraction de seconde, les quarks se retrouvent comprimés les uns contre les autres.

Maintenant, l'effondrement a dépassé les limites de la connaissance. Il a traversé les frontières de la physique moderne, et s'enfonce dans un territoire totalement inconnu. Les physiciens des particules élémentaires n'ont pas la moindre idée de ce qui constitue les quarks. Il se peut, cependant, qu'ils soient faits de *quelque chose* ; et quoi que puisse être ce *quelque chose*, c'est en cela que les quarks se désintègrent. Maintenant, l'étoile est constituée de particules élémentaires dont nous ignorons l'existence. Et l'effondrement se poursuit.

Où tout cela se termine-t-il ? Jusqu'où la matière peut-elle être ainsi comprimée, passant sans cesse par de nouveaux états de compression ? Quel est le point final de l'effondrement ?

Il n'y a pas de point final ; là-dessus, la relativité générale est formelle. C'est ici que la physique entre en crise. C'est une chose que cet effondrement fasse un pas ou deux au-delà de notre compréhension actuelle, jusqu'aux quelques degrés voisins dans la hiérarchie des particules élémentaires. C'en est une autre qu'il se poursuive pour atteindre une compression infinie. Et c'est en fait à cela que conduit le collapse. Il conduit à un état final dans lequel l'étoile n'a pas un kilomètre ou un centimètre de diamètre, ni même la taille d'un électron, mais une *dimension égale à zéro*. Elle parvient à ce stade nécessairement et inévitablement, et elle y parvient en une fraction de seconde.

Une étoile qui s'effondre est constituée de matière, mais, au cours de cet effondrement, la nature de cette matière est remise en question. Car qu'est-ce que la substance ? Il n'est pas facile de répondre à cette question. Tout le monde sait ce qu'est la matière, mais lorsque nous essayons de la définir, cette certitude peut s'estomper. La plupart du temps au moins, la matière, c'est la solidité. Si je me cogne contre un mur dans l'obscurité, j'ai rencontré de la matière. Elle me résiste, elle me fait mal. Si je laisse tomber une brique sur mon pied, je ressens une autre propriété de la matière : son poids. Quand je fouille dans mon grenier encombré, je constate une troisième propriété de la matière : elle occupe l'espace. Enfin, la matière est quelque chose que l'on peut voir.

Mais ce ne sont pas là les propriétés universelles de la matière. L'air est de la matière, mais ce n'est pas un solide : personne ne s'est jamais cogné contre un morceau d'air. Quant au poids, il n'existe pas au loin dans l'espace. Les objets sont en apesanteur lorsqu'ils se trouvent loin de la Terre. Et il y a beaucoup de choses qui sont invisibles, les atomes par exemple.

Pouvons-nous affiner notre pensée ? Existe-t-il des propriétés de la matière qui soient véritablement fondamentales et qui soient partagées par tous les objets ?

Même s'il est vrai que l'air ne percute jamais les objets, il est également vrai qu'il peut les déplacer. Essayez de lutter contre un vent violent pour vous en convaincre. Une tornade — qui n'est que de l'air, inconsistant — peut soulever des maisons entières. D'où lui vient ce pouvoir ? En y regardant de plus près, il vient de l'*inertie* de la matière. L'air en mouvement — le vent — transporte de l'inertie, tout comme une voiture en mouvement ; et toute chose qui s'oppose à ce mouvement tend à être bousculée sur le côté. Qu'un corps en mouvement soit solide, liquide ou gazeux, cela ne fait aucune différence : tant qu'il se déplace, il faut une force pour le ralentir ; par son mouvement, il peut lui aussi exercer des forces sur les autres objets.

Les physiciens mesurent la quantité d'inertie d'un corps par l'intermédiaire de sa *masse*. La masse n'est pas le poids. Un cosmonaute dans

Trous noirs

l'espace peut être en apesanteur, il a cependant la même masse que celle qu'il avait sur la Terre. Sur la Lune, où il ne pèse que le sixième de son poids normal, sa masse reste également inchangée. La masse ne change jamais : c'est l'une des propriétés universelles de la matière.

Une autre propriété universelle est l'extension. Les choses occupent de l'espace. *Toutes* les choses occupent de l'espace. Une valise ne peut contenir un nombre infini d'objets. C'est vrai dans l'expérience quotidienne ; c'est également vrai en physique. Toute chose, quelle que soit sa petitesse, possède cependant une dimension bien définie. Même les particules élémentaires ne sont pas infiniment petites. L'électron, la plus petite particule connue, a environ 1/10 000 000 000 000 de centimètre de diamètre, et bien que ce nombre puisse ressembler à zéro, ce n'est pas zéro. Il existe une limite bien définie au nombre d'électrons que l'on pourrait entasser dans une valise.

La masse et la taille : ce sont là les propriétés fondamentales de la matière. Et justement, beaucoup de physiciens *définiraient* la matière comme étant ce qui possède de l'inertie et de l'extension. Mais à l'intérieur d'un trou noir, l'une de ces deux propriétés disparaît.

A quoi ressemble de la matière qui n'a pas de dimension ? A quoi ressemblerait-elle si je pouvais en voir ? Je tiens une cuiller dans ma main. Elle est en métal, en plastique, en bois, peu importe : elle est en *matière*. Je la place dans un étau et je l'écrase. Maintenant, elle n'a plus de forme : ce n'est plus une cuiller. Mais la matière qui la constitue est toujours là. Je la mets dans un haut fourneau et je la fais fondre. Je la vaporise et je disperse les vapeurs. Au cours de toutes ces transformations, la matière, la substance pure et originelle dont est faite la cuiller, demeure. Mais que se passe-t-il si j'écrase la cuiller jusqu'à ce qu'elle n'ait plus de dimension du tout ? Est-ce qu'alors la matière existe encore ?

Personne n'a de réponse à ces questions. Personne ne peut concevoir une telle situation. Rien dans ce qu'enseigne la science ne donne la moindre indication sur ce qui se passe lorsque l'effondrement gravitationnel a atteint sa phase ultime.

Je vais vous dire, moi, ce à quoi ressemble quelque chose qui n'a pas de dimension. Cela ressemble à un trou noir.

Les physiciens ont un mot pour désigner ce qui se trouve au centre d'un trou noir. Ils appellent ça une « singularité ». Une singularité est un

208

point où votre théorie se détraque. La fonction mathématique $1/x$ a une singularité lorsque x vaut 0. 1 divisé par 0 n'est pas seulement infini, c'est une singularité. En mathématique, diviser par 0 est une opération illicite : non permise. Mais c'est justement ce que fait intervenir la solution de Schwarzschild. Inéluctablement, nécessairement, toute chose qui devient trop petite implose brusquement en une singularité ; elle absorbe en elle tout ce qui l'approche de trop près. Et en cette singularité, tout s'effondre. La physique s'achève au centre du trou noir.

Personne ne sait que faire de cette singularité. Ce n'est pas uniquement d'une théorie sur la constitution interne des quarks que nous avons besoin. Nous avons besoin de savoir si la matière doit avoir une dimension, si l'extension est une propriété tout aussi fondamentale que la masse. Mais il nous faudra savoir bien plus que cela, car la relativité générale elle-même échoue sur cette singularité. La théorie même qui en a prédit l'existence s'effondre dans cette singularité. La relativité générale se détruit elle-même.

Ce qu'il nous faut, c'est donc une modification fondamentale de la relativité générale. Les travaux d'Einstein ont besoin d'être revus. La plupart des physiciens pensent que l'unification de la relativité et de la mécanique quantique indiquera la voie pour résoudre ces mystères. Mais cette unification nous échappe. Personne n'a réussi à la réaliser. Après des dizaines d'années d'efforts, la relativité et la mécanique quantique, les deux créations majeures de la physique du XXe siècle, restent des édifices séparés, sans liens entre eux. Et tant qu'ils ne seront pas réunis, la singularité demeurera.

11. Géométrie de l'espace-temps

Dans les deux derniers chapitres, nous avions descendu une ampoule dans un trou noir. Descendons autre chose maintenant : descendons toute une cuisine ! Une pièce entière se balance à l'extrémité d'une corde. Et dans cette pièce, il y a un homme. Je me propose d'étudier ses déplacements à travers une paire de jumelles.

Le spectacle qui s'offre à moi se déroule dans une pénombre anormale. Les couleurs aussi sont bizarres. Cette pièce est éclairée par des lampes électriques ordinaires, mais elles ne semblent pas très bien fonctionner. Elles ne donnent plus une lumière jaune brillante et réconfortante, mais une vague lueur rougeâtre. Et dans cette pénombre étouffante, l'homme se dirige vers l'évier. Il tient une casserole à la main.

Il se déplace très lentement. Chaque pas lui prend un temps infini. Finalement, il atteint l'évier. D'un geste interminable, il parvient à ouvrir l'eau. Elle s'écoule avec une lenteur lugubre. Elle ne jaillit pas du robinet, elle bave. Elle coule comme de la mélasse.

Tout ce que je vois me fait penser à un film pris au ralenti. La casserole met trop longtemps pour se remplir. L'homme met trop longtemps pour la mettre sur le réchaud. Et il semble qu'il faille un temps infini pour que l'eau se mette à bouillir.

Il se fait un œuf à la coque ! Lentement, délicatement, il place l'œuf au fond de la casserole. Le minuteur est mis en marche. Il doit avoir quelque chose de détraqué, car il marche trop lentement. Alors que cinq bonnes minutes se sont écoulées, il n'a avancé que d'une minute. Imperturbable, l'homme s'assoit et lit un journal. Manifestement, ce n'est pas un lecteur rapide. Il reste très longtemps sur chaque page. Dix minutes se sont écoulées, puis quinze. Il ne bouge toujours pas.

Finalement, la minuterie résonne. L'homme retire l'œuf de la casserole et le casse. L'œuf est bien à la coque.

210

Il est tentant de supposer que tous ces étranges phénomènes sont provoqués par l'énorme force de gravitation qui règne au voisinage du trou noir. Après tout, en traversant la pièce, cet homme lutte contre une énorme attraction gravitationnelle. Et cela doit le ralentir. Quant au minuteur, c'est un mécanisme physique, composé de leviers et de ressorts. Pourrait-il lui aussi avoir été faussé, ralenti par la gravitation ?

Une simple réflexion montre que ce n'est pas le cas. Le comportement anormal du minuteur peut s'expliquer de cette manière, mais certainement pas celui de l'œuf. Une simple force, quelle que soit son intensité, n'a aucun moyen de ralentir les myriades de réactions chimiques qui se produisent au cours de sa cuisson. Mais comment la gravitation peut-elle faire couler de l'eau aussi lentement ? Comment peut-elle changer la couleur de la lumière ?

Ce ne sont pas les événements qui sont ralentis. C'est le temps. L'homme n'était pas en train de se traîner dans la pièce. Il se déplaçait d'un pas tout ce qu'il y a de plus normal. L'eau s'écoulait du robinet avec son débit ordinaire, et l'œuf cuisait à la vitesse normale. Chacun de ces processus prenait place *dans le temps*, et c'est sur l'écoulement de ce temps plutôt que sur ces événements eux-mêmes que nous devons nous arrêter. Près d'un trou noir, le temps passe plus lentement. Il s'écoule plus lentement que dans une région éloignée du trou noir. Plus le champ de gravitation est intense, plus l'écoulement du temps est ralenti.

Cela explique aussi la couleur rouge de la lumière qui éclairait la pièce. La sensation physiologique de la couleur est déclenchée par une onde lumineuse d'une certaine fréquence : plus basse est cette fréquence, plus rouge est la lumière perçue. Car la fréquence correspond en fait à un certain nombre de vibrations par seconde. Et si ce nombre diminue, nous percevons une couleur plus rouge.

Aussi longtemps que je ne change pas de place et que je limite mon attention aux objets qui sont autour de moi, il ne m'apparaît rien d'extraordinaire. Je penserai que le temps s'écoule à sa vitesse habituelle. Cela reste vrai quelle que soit mon altitude au-dessus du trou noir. Je peux vérifier cela en glissant le long de la corde pour retrouver l'homme dans sa cuisine : une fois avec lui, tout ce qui de loin m'avait paru étrange disparaît. Si je me trouvais dans cette pièce, je ne remarquerais rien d'anormal dans le déroulement des événements. Les objets y pèsent un bon poids, c'est sûr, et les trajectoires des rayons lumineux y sont incurvées, mais le temps n'y est certainement pas modifié. Les horloges tictaquent au rythme d'une seconde par seconde, et il faut exactement trois minutes pour cuire un œuf à la coque.

Il faut trois de *mes* minutes. Mais ces minutes sont différentes de celles qui s'écoulent à un autre endroit. Dès que je déporte mon attention de mon voisinage immédiat sur des objets très éloignés de moi, le temps n'est plus synchronisé. Si je regarde vers le bas et que j'observe les événements qui se produisent encore plus près du trou noir, ils me semblent se produire avec la même lenteur exagérée que celle que j'avais remarquée tout à l'heure. Si je regarde *vers le haut*, loin du trou noir, je vois exactement le contraire. Je vois les événements se produire beaucoup trop rapidement. Au-dessus de ma tête, les gens s'agitent comme des fous. Ils semblent être constamment pressés. Un homme abat un arbre en un rien de temps. Et cet arbre tombe en une fraction de seconde. Un autre jette précipitamment un œuf dans une casserole d'eau bouillante et l'en retire immédiatement. Il casse son œuf à la coque et le dévore en moins de deux. Là-haut, tout baigne dans une lumière anormalement brillante, pas une lumière jaune et douce, mais d'un bleu acier électrique.

Plus je descends vers l'horizon du trou, plus les événements semblent se dérouler rapidement au-dessus de moi. Je peux me laisser descendre jusqu'à ce que les siècles s'écoulent en un instant. Je peux rester assis dans mon fauteuil et voir défiler en haut tout l'avenir du monde. Des empires se font et se défont. Les États-Unis d'Amérique sont réduits à un rôle de spectateur sans importance dans le flux et le reflux des événements du monde. Les continents s'écartent si rapidement les uns des autres que je peux voir leurs déplacements à l'œil nu. L'érosion transforme l'Himalaya en de douces collines et une nouvelle chaîne de montagnes se forme dans le Kansas.

Il n'y a aucune limite à ce processus. En me suspendant une fraction de millimètre au-dessus de l'horizon du trou noir, je peux voir la galaxie tourner majestueusement sur elle-même. Je peux même observer l'expansion de l'univers. Et si je passe *à travers* l'horizon, tout l'avenir du cosmos scintille au-dessus de ma tête. Et cela, dès que je rentre dans le trou noir, dès que je perds tout contrôle de moi-même et que je plonge dans la singularité, vers ma mort.

Une personne située tout en haut du trou noir, et qui aurait entrepris de m'observer, me verrait ralentir vers un point d'arrêt virtuel lors de mon entrée dans le trou noir. Cette personne serait morte de vieillesse avant que j'aie eu le temps de pousser un soupir. Son fils pourrait décider de m'observer. On pourrait créer un consortium pour s'assurer que les générations futures poursuivent indéfiniment mon observation. Chaque génération me verrait toujours plus proche du trou, toujours plus rouge, plus pâle, me déplaçant de plus en plus lentement. De leur point de vue, ils ne me verraient *jamais* traverser l'horizon. Le Soleil pourrait se consumer et mourir, l'espèce humaine pourrait s'éteindre... un seul survivant resterait : enseveli, gelé, prisonnier dans le temps au voisinage du trou noir.

Jusqu'ici, j'ai parlé des trous noirs avec un peu trop de désinvolture. Je n'ai pas fait suffisamment attention. Un trou noir se forme lorsqu'une étoile s'effondre sur elle-même et traverse son rayon de Schwarzschild. Mais est-ce seulement possible ? Et combien de temps cela prend-il ?

S'il y a une chose que nous enseigne la relativité, c'est bien de faire très attention lorsque nous parlons des trous noirs. Nous devons décider où nous placer lorsque nous abordons cette question. Alors, faisons un choix. Commençons par nous placer *sur la surface de l'étoile qui s'effondre*. Je vais accompagner l'étoile jusqu'à son anéantissement.

Dans ce système de référence, l'effondrement de l'étoile est extrêmement rapide. Il lui faut à peu près deux heures pour passer de sa grande taille actuelle à une dimension à peine supérieure à sa surface de Schwarzschild. De mon point de vue, il faut à peine une fraction de seconde pour traverser ensuite cette ligne de démarcation. Maintenant, le trou noir s'est formé et je me trouve dedans. L'étoile aussi, sous mes pieds. En un instant, nous plongeons tous deux dans la singularité.

Changeons maintenant de système de référence. Plaçons-nous sur *la Terre* et observons l'effondrement de l'étoile. Depuis ce point de vue, les choses se passent différemment : l'effondrement dure éternellement.

Au début, il n'y a aucune différence entre ce que l'on voit et ce que j'ai vécu sur l'étoile, car la gravitation à sa surface n'est pas assez forte pour ralentir l'écoulement du temps. Et pendant les deux premières heures de l'effondrement, cela reste vrai. Mais lorsque l'étoile se rapproche de sa surface de Schwarzschild, l'étrange désynchronisation du temps commence à se manifester. L'effondrement semble se ralentir. Bientôt l'étoile semble s'attarder, suspendue au-dessus de sa surface de

Schwarzschild. D'un rouge sans éclat, pâle, floue, tombant au ralenti indéfiniment sur elle-même... elle devient un fantôme.

Mais elle ne devient pas un trou noir. Elle ne le deviendra jamais.

Les scientifiques russes ont inventé une expression pour désigner cet effondrement interminable. Ils appellent cela une « étoile gelée ». Ce qui est remarquable avec les étoiles gelées, c'est qu'*elles existent. Alors que les trous noirs, eux, n'existent pas.* Il n'y a pas suffisamment de temps pour qu'ils puissent se former.

Mais d'un autre point de vue cependant, les trous noirs ont une existence tout à fait réelle. *Pour en former un, il suffit de sauter dans une étoile gelée.* Dès que je saute sur une étoile qui s'effondre indéfiniment, l'écoulement de mon propre temps se dilate pour s'ajuster avec celui de l'étoile. Elle se met à briller, devient de plus en plus blanche, et poursuit son effondrement précipité. Je tombe sur l'étoile, elle s'effondre à l'intérieur de son rayon de Schwarzschild, et nous entrons tous les deux dans un trou noir.

Tant que nous restons sur Terre et que nous cherchons ces objets avec les télescopes, cette situation ambiguë ne nous gêne pas. Ce que nous cherchons, ce sont des étoiles gelées. Mais bien qu'une étoile gelée soit en principe différente d'un trou noir, il n'y a en pratique aucune différence entre les deux. La lumière émise par une étoile gelée est tellement aspirée par sa gravitation qu'il nous est tout à fait impossible de la détecter. A une distance de 100 mètres, elle resterait encore invisible à l'œil nu. La description du chapitre 7 sur la rencontre avec un « trou noir » donne une image tout à fait précise de ce à quoi ressemblerait une étoile gelée. Pour cette raison, les relativistes parlent pratiquement indifféremment de trous noirs ou d'étoiles gelées. Et tout ce qui est écrit ici sur les trous noirs s'applique aussi bien aux étoiles gelées. Ce n'est que si, par un moyen ou un autre, on réussissait à capturer l'unique photon émis en un siècle par une étoile qui s'effondre indéfiniment, que nous pourrions alors la distinguer d'un trou noir.

Il n'y a pas que l'écoulement du temps qui soit modifié par la gravitation. Il y a également la nature de l'espace. Et pour étudier ces deux notions, la relativité a recours au langage unifié de l'espace-temps.

Commençons par un exemple : celui d'une automobile qui voyage droit vers le nord pendant exactement une heure. Sur une carte, ce voyage serait représenté par une ligne droite allant du sud au nord. Mais il y a une deuxième façon de représenter cette situation : une description qui fait intervenir le temps mis pour faire ce voyage. On dessine le graphe de la distance parcourue en fonction du temps écoulé, comme à la figure 37.

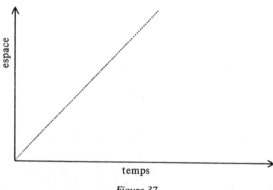

Figure 37

C'est la version la plus simple d'un *diagramme d'espace-temps*. A l'évidence, ce diagramme ne contient rien de bien mystérieux. Il est tout aussi évident qu'il contient plus d'informations que le premier mode de représentation. Supposons par exemple qu'en cours de route le conducteur se soit arrêté quelques instants. Sur le chemin tel qu'il est illustré sur la carte, on n'a aucun moyen de représenter cet arrêt, alors que sur le diagramme d'espace-temps, il est représenté par un petit décalage sur la droite (*fig. 38*).

Le diagramme d'espace-temps ajoute une dimension supplémentaire à la description du processus, celle du temps. Un voyage en auto en une dimension — droit vers le nord — exige deux dimensions pour sa représentation dans l'espace-temps. Il en faut trois pour un voyage à deux dimensions. Et il faudrait quatre dimensions pour représenter une trajectoire dans un espace complet à trois dimensions. Bien sûr, nous ne pouvons pas dessiner une telle représentation. Mais rien ne nous empêche d'y penser.

Quelle est la signification du diagramme d'espace-temps ? Pour l'instant, il n'en a aucune en particulier, c'est simplement une façon de

215

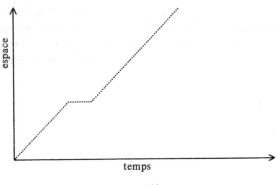

Figure 38

représenter les choses. Einstein en fut certainement conscient au début de sa carrière, mais il n'y a pas accordé une attention particulière. Ce n'est qu'après avoir développé sa théorie de la relativité restreinte qu'il changea d'avis. Loin d'être une invention pratique, l'espace-temps devint pour lui de plus en plus important. Finalement, il lui est apparu que l'espace-temps était *réel*, aussi réel que les tables et les chaises. Et il décida que l'arène véritable dans laquelle se déroulaient les événements de la physique n'était pas l'espace et le temps, mais l'espace-temps. Nous vivons dans un monde à quatre dimensions, et la théorie de la relativité générale qu'il fut amené à développer est exclusivement formulée en ces termes. Le véritable langage pour parler des trous noirs est celui de l'espace-temps.

Au sommet d'une paroi de montagne, une pierre est délogée de sa position. Elle tombe. Au début, elle tombe en ligne droite, de plus en plus vite, mais bientôt, elle bute contre la pente. Cette collision écarte sa trajectoire de la montagne, et, sur l'instant, ralentit sa chute. A plusieurs reprises, elle heurte la montagne, modifiant à chaque coup sa vitesse et sa direction.

La transposition de cette description de la chute d'une pierre dans le langage de l'espace-temps nécessite un diagramme à quatre dimensions : le haut et le bas, l'avant et l'arrière, la droite et la gauche, le passé et le futur. Dans ce diagramme, cette chute est représentée par un tube à quatre dimensions dont l'« épaisseur » correspond au volume tridimensionnel de la pierre. Ce tube serpente en progressant dans le

216

diagramme. Dans l'ensemble, il va du « haut » vers le « bas » suivant un axe d'espace, et depuis le « commencement » jusqu'à la « fin » suivant l'axe du temps, mais, par endroits, il présente des coudes pointus suivant les deux autres directions d'espace, chacun représentant une collision de la pierre avec la montagne.

La description dans l'espace-temps du monde physique dans son entier formerait un diagramme d'une complexité pratiquement inconcevable. Il serait rempli de tubes de largeurs variables, les gros tubes représentant les objets importants comme les voitures, les petits représentant des choses plus petites comme les molécules individuelles. Ils s'enchevêtreraient les uns dans les autres d'une manière inextricable. Un faisceau de tubes couché pendant un instant le long de l'axe du temps représenterait des voitures arrêtées à un feu rouge : au point du diagramme correspondant au passage au vert, ce faisceau ferait un coude et se mettrait à diverger dès que les voitures se sépareraient. Un accident de circulation serait représenté par l'intersection de deux tubes ; une naissance par la bifurcation d'un petit tube à partir d'un plus grand. Et toute cette multitude de tubes s'enroulerait comme une vigne autour d'un tube plus grand qui représenterait le mouvement de la Terre elle-même. C'est une représentation curieusement statique des choses. Jamais rien ne se *produit* dans l'univers quadridimensionnel de l'espace-temps. Tout le passé et tout le futur se déploient d'un seul coup. L'univers est, simplement.

De toutes les lois de la physique, le principe d'inertie est certainement l'un des plus simples. Il dit que les objets n'aiment pas changer d'état de mouvement. Plus précisément, il dit qu'il faut une force pour provoquer ce changement. Si aucune force n'agit sur un objet, son état de mouvement se maintient alors éternellement. Si l'objet était initialement au repos, il restera au repos ; s'il était initialement en mouvement, il continuera son mouvement dans la même direction et avec la même vitesse.

Dans ce cas, le diagramme d'espace-temps du mouvement sera extrêmement simple. Le tube représentant la trajectoire de l'objet sera une ligne droite. Si nous le voulons, nous pouvons même considérer cela comme une loi de la nature. Le principe d'inertie peut être reformulé dans le langage quadridimensionnel en disant que *le diagramme d'espace-temps d'un objet sur lequel n'agit aucune force est une ligne droite.*

Trous noirs

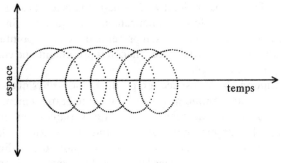

Figure 39

Voilà pour le mouvement en l'absence de forces. Considérons maintenant un objet soumis à l'action d'un champ de gravitation. Pour être plus précis, prenons comme gravitation celle du Soleil et comme objet en mouvement, la Terre elle-même. La Terre décrit une orbite circulaire.

Dessinons maintenant le diagramme d'espace-temps de ce mouvement. Pendant que le mouvement le long de l'axe du temps avance d'une année, celui qui suit les axes d'espace décrit un cercle. Le diagramme est alors une courbe en tire-bouchon comme à la figure 39.

Cela n'a rien d'une ligne droite ; en tout cas, cela n'y ressemble pas beaucoup. Mais ici, nous nous trompons ! Aussi bizarre que cela puisse paraître, cette courbe spiralée est en réalité parfaitement rectiligne. Car selon Einstein, la gravitation n'est pas du tout une force, c'est une déformation de la nature de l'espace-temps. De ce point de vue, il n'existe aucune force agissant sur la Terre dans son mouvement autour du Soleil ; elle ne fait se déplacer en obéissant à la loi de l'inertie : en ligne droite. Mais cette ligne appartient à une nouvelle géométrie.

Comment est-ce possible ? Comment peut-on déformer la géométrie ? Nous avons l'habitude de considérer que les énoncés de la géométrie sont fixes et définitifs. Et nous avons aussi l'habitude de croire qu'ils sont *vrais*. Qui pourrait douter qu'une ligne droite peut se prolonger indéfiniment, ou que des droites parallèles ne se rencontrent jamais ? Ces idées sont tellement bien ancrées dans nos esprits

218

que la pensée même qu'elles pourraient être fausses nous semble une folie.

Cependant, il vaut la peine de se demander pourquoi nous en sommes si sûrs ? Qu'est-ce qui nous donne cette profonde certitude qu'Euclide avait raison ? Quelqu'un a-t-il déjà vérifié ? A-t-on jamais fait une expérience pour voir si le monde réel est effectivement conforme à la géométrie euclidienne ?

En réalité, on en fait tous les jours. Si les droites parallèles venaient à se rencontrer, nous aurions de sérieuses difficultés à chaque fois que nous conduisons une voiture. Que se passerait-il au moment de croiser un camion venant en sens inverse, parallèlement à nous ? Et il ne semble pas à première vue que le carré de l'hypothénuse d'un triangle rectangle soit plus grand que la somme des carrés des deux autres côtés — s'il en était ainsi, le détour par ces deux côtés serait alors le plus court chemin. Mais toutes ces constatations après tout ne sont pas tellement précises. Après tout, peut-être que les voitures venant en sens inverse, de l'autre côté de la route, ne se dirigent pas exactement parallèlement à nous, et peut-être que le triangle rectangle ne se conforme pas exactement au théorème de Pythagore. Peut-être faudrait-il vérifier plus attentivement ?

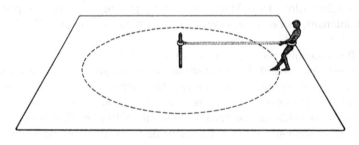

Figure 40

L'une des plus célèbres propositions d'Euclide est que la circonférence d'un cercle vaut π fois son diamètre. Pour vérifier cela, il faut construire un cercle physique, réel, et mesurer son diamètre. On peut le faire avec la méthode suivante. Un cercle est défini comme l'ensemble de tous les points équidistants d'un point donné. Pour avoir ce point —

219

le centre du cercle —, enfoncez un piquet dans le sol. Et comme rayon de ce cercle, prenez une corde. Une extrémité de cette corde est fixée au piquet, l'autre est attachée autour de ma taille. En tendant la corde, je me déplace en décrivant un cercle (*fig. 40*).

Je mesure maintenant la distance que j'ai parcourue et je la divise par deux fois la longueur de la corde. Si je déroule 10 mètres de corde et que j'effectue cette opération, je trouve que la circonférence fait un peu plus de 60 mètres. Et la valeur mesurée pour π donne un petit peu plus que 3. C'est voisin de π, mais ce n'est pas π. Je dois faire des mesures plus précises. Rien ne m'en empêche ; je laisse mon mètre pliant et je prends un instrument plus précis. Je trouve alors que la valeur mesurée pour π est 3,14159, et plus je mesure les choses avec précision, plus je peux ajouter de décimales.

Ce résultat est en accord avec les prédictions purement mathématiques. Euclide vient de remporter une grande victoire. Mais attendez, je n'ai pas encore terminé. Euclide affirme que *tous* les cercles, quelle que soit leur taille, possèdent le même rapport de la circonférence au diamètre. Vérifions cette affirmation. Traçons un cercle plus grand.

Déroulons la corde jusqu'à ce qu'elle ait 100 kilomètres de long. En marchant, je décris un cercle énorme. La distance que je viens péniblement de parcourir avant de revenir à mon point de départ s'élève à 628,292 kilomètres. Mais maintenant, je vais avoir une surprise. Maintenant, la valeur mesurée pour π n'est pas du tout 3,14159. C'est 3,14146.

Il y a quelque chose qui ne va pas. Ai-je fait une erreur de mesure ? Quelles que soient les précautions avec lesquelles je refais mes observations, j'obtiens le même résultat. Apparemment, il n'y a qu'à continuer. Déroulons la corde jusqu'à ce qu'elle ait 1 000 kilomètres de long. Mon cercle a maintenant 2 000 kilomètres de diamètre, et sa circonférence plus de 6 000. La valeur de π que j'obtiens est 3,12873.

Plus le cercle s'agrandit, plus la valeur de π diminue. Quand le rayon du cercle vaut 10 017,5 kilomètres, π est exactement égal à 2. Au-delà de cette valeur, ce n'est plus simplement le rapport de la circonférence à son diamètre qui diminue : la circonférence elle-même commence à rétrécir. Plus le cercle est grand, plus sa circonférence est petite. La trajectoire sur laquelle je me déplace devient de plus en plus petite. Lorsque la corde a 20 000 kilomètres de long, le cercle que je mesure en marchant fait un petit peu plus de 200 kilomètres ; finalement, lorsque le rayon de mon cercle fait 20 035 kilomètres, la circonférence se réduit à zéro. La valeur de π donnée par les mesures effectuées sur ce cercle énorme n'est plus 3,14159, mais 0,00000.

Comment allons-nous nous sortir de cette étrange situation ? Comment pouvons-nous interpréter une diminution de la valeur de π ? En reconnaissant que ces cercles ont été tracés *sur la surface de la Terre*. Et que la Terre est ronde.

Faisons un dessin des opérations que j'ai effectuées. Pour un petit cercle, la figure 40 suffit, et on n'y remarque rien d'étrange. Mais pour un cercle plus grand, un autre élément entre en jeu, un élément qui n'apparaît pas sur un dessin à petite échelle. C'est la forme arrondie de la Terre. Les grands cercles ont alors été construits comme le montre la figure 41.

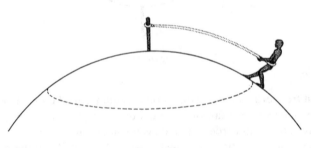

Figure 41

Et ce n'est pas le genre de situation à laquelle avait pensé Euclide.

Vers la fin de l'expérience, la corde qui définissait le rayon du cercle suivait la rotondité de la Terre. Sa longueur en arrivait à dépasser le quart de la circonférence du monde et, à partir de là, apparurent inévitablement des effets bizarres. Le cercle, alors, s'est mis à rétrécir à mesure que la corde s'allongeait. Finalement, lorsque sa longueur a atteint exactement la moitié de la circonférence de la Terre, le cercle s'est réduit en un point (*fig. 42*).

Il est extrêmement tentant de conclure que c'est malgré tout Euclide qui a raison. Mais voyons cela de plus près. Qui peut dire que l'arc de courbe défini par la corde n'est pas le vrai rayon du cercle ?

221

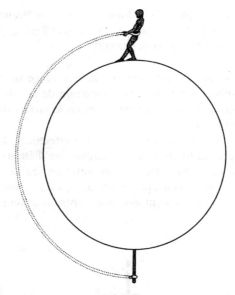

Figure 42

C'est très certainement cette réponse-ci qui vient à l'esprit du lecteur. « Je reconnais tout à fait qu'au cours de cette expérience imaginaire, vous avez tendu la corde et que dans les situations ordinaires, cela est suffisant pour garantir qu'elle reste droite. Mais malheureusement ici, ce n'est pas suffisant. Puisque le rayon d'un cercle doit être une ligne droite, votre expérience contenait une erreur. »

Je suis immédiatement enclin à accepter votre réponse, mais il reste cependant une question embarrassante. Qu'entendez-vous par droite ? Et comment faites-vous pour savoir si une ligne est droite ?

Ce ne sont pas là des questions que l'on résout très facilement. Après tout, qu'entendons-nous par ligne droite ? Demandons à Euclide de nous aider. A-t-il dit ce qu'il entendait lorsqu'il parlait de ligne droite ? Voici ce qu'il disait :

Une ligne droite est une ligne qui relie régulièrement deux de ses points

Dans le langage d'aujourd'hui, cela signifie qu'une ligne droite ne contient pas de défauts. Elle ne dévie pas. Mais la mathématique moderne a trouvé que c'était une définition difficile à accepter. Il n'est pas si facile de dire précisément ce que l'on entend par « courbe ». Et à cause de cela, beaucoup de mathématiciens aujourd'hui sont tentés d'adopter une définition différente de la droite.

Une ligne droite est le plus court chemin entre deux points

Dans certains cas, ces deux affirmations sont équivalentes. Elles signifient la même chose pour des lignes tracées à plat sur une feuille de papier. Mais si nous traçons ces lignes sur la surface d'une sphère, elles *ne sont plus* équivalentes ; en tout cas, à la surface de la Terre, il n'existe pas de droite satisfaisant à la définition donnée par Euclide. Sur une surface courbe, toutes les lignes sont courbes.

Mais d'un autre côté, il existe malgré tout sur la sphère une trajectoire que l'on peut tracer et qui satisfait à la définition contemporaine. Cette trajectoire est un grand cercle : l'intersection de la surface de la Terre avec un plan passant par son centre. L'équateur est un grand cercle, les méridiens aussi. Dans l'expérience précédente, la corde suivait l'un de ces méridiens, celui qui passait entre le pôle et moi. Elle définissait la ligne droite reliant ces deux points — je l'y obligeais en la maintenant tendue.

Ainsi, selon la définition moderne de la ligne droite, la corde représentait *effectivement* le vrai rayon du cercle. L'expérience avait donc un sens : sur la surface de la Terre, la géométrie est en fait non euclidienne.

Il y a une expression pour désigner tout cela. Cette expression, c'est celle d'« espace courbe », et elle laisse supposer que l'on a réussi à créer une géométrie non euclidienne en simplement voulant redéfinir un problème. Quand Euclide parlait de figures, il entendait des figures tracées dans un plan. Si nous décidons de faire comme lui, tout va bien : nous serons en accord avec ses résultats. Mais nous pouvons aussi avoir envie de courber ce plan, et si alors nous décidons d'y tracer des figures, nous n'aurons pas à nous étonner d'obtenir quelque chose de nouveau. L'interprétation des géométries non euclidiennes en terme d'espace courbé considère que ces géométries diffèrent de celle d'Euclide pour la simple raison qu'elles parlent de *quelque chose d'autre*.

Mais que se passe-t-il si nous ne voulons pas changer les règles ? Que se passe-t-il si nous suivons Euclide et que nous convenions que nos courbes sont tracées dans un plan ? Est-il *encore* possible que sa géométrie soit dans l'erreur ? C'est là une question bien plus profonde que celle à laquelle pourrait répondre l'interprétation en terme d'espace

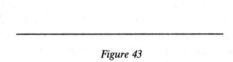

Figure 43

courbé. Elle pose le problème de savoir si la géométrie de l'espace « plat » — ou espace réel — pourrait être non euclidienne ?

La première chose à dire est que l'on n'a jamais observé d'écarts par rapport aux prédictions de la géométrie euclidienne. Des expériences

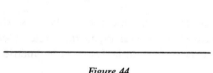

Figure 44

concrètes, menées dans le même esprit que celle que nous avons décrite plus haut, ont été effectuées ; jusqu'ici, elles n'ont pas été très convaincantes. Mais cela ne résout pas la question, parce que ces écarts peuvent être très faibles. D'un point de vue théorique, il est évident que toute

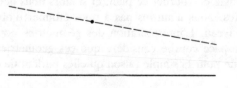

Figure 45

critique des travaux d'Euclide devra trouver un point faible dans ses arguments. Et ce point faible ne peut se trouver dans les démonstrations mêmes d'Euclide. Elles sont des modèles de rigueur. Ce point faible doit plutôt se situer dans les fondements de sa théorie, dans les définitions, les axiomes et les postulats qu'il a choisis. Mais ce qui est le plus surprenant, c'est qu'Euclide a adopté ces hypothèses sans essayer de les justifier d'une manière ou d'une autre. Pour lui, elles ne nécessitaient aucune justification ; elles s'imposaient d'elles-mêmes. Et c'est sur ces hypothèses non démontrées que repose tout l'édifice de sa géométrie. Elles forment le seul point faible de sa théorie.

Il y a une hypothèse qui parut suspecte dès le début. On l'appelle le *postulat des parallèles,* et dans le langage actuel, elle stipule que si nous avons une droite et un point hors de cette droite, on ne peut alors tracer qu'une seule droite passant par ce point et parallèle à la droite donnée. Faisons un dessin. Donnons-nous la figure 43 et essayons de tracer une parallèle à la droite donnée passant par le point. Comment faire ?

La figure 44 donne une réponse.

Il semble évident que nous avons réussi. Mais est-ce bien vrai ? Comment être certain que la ligne que nous avons tracée est parallèle à la première ?

Pour le voir, il faut vérifier que ces deux lignes ne se rencontrent jamais. Ici, « jamais » est un mot important. Ces deux droites ne se rencontrent certainement pas sur la figure telle qu'elle est tracée. Mais d'un autre côté, celles de la figure 45 non plus, et elles ne sont certainement pas parallèles comme on peut le voir en les prolongeant jusqu'à ce qu'elles se rencontrent. Pareillement, pour montrer que nos deux droites supposées parallèles sont réellement parallèles, il faut les prolonger, *indéfiniment.*

Bien sûr, ce n'est pas une opération que l'on peut effectivement mener jusqu'au bout. Quelle que soit la distance dont on les a prolongées, ces droites peuvent toujours être prolongées davantage : on pourra recoller des feuilles de papier entre elles pour former une feuille de 100 kilomètres de long sur laquelle on pourra toujours les prolonger encore plus. Et si ces droites se coupent, nous aurons alors montré qu'elles ne sont pas parallèles, mais si elles ne se coupent pas, cela ne prouvera pas qu'elles le soient. Peut-être se couperont-elles dans les 100 kilomètres — ou 100 000 000 de kilomètres — suivants ?

C'est cet aspect « sans fin » du postulat des parallèles qui a troublé les

225

mathématiciens venus après Euclide. Il ne leur semblait pas tellement évident que ce postulat fût même vrai. Qui pouvait dire ce qui se passe à des distances infinies ? Ils cherchèrent alors à le déduire des autres définitions, axiomes et postulats de la géométrie euclidienne. Cet effort fut mené pendant plusieurs siècles, mais sans aucun succès. Beaucoup de preuves furent avancées, mais il s'avéra que chacune contenait une erreur. Plus le temps passait, plus la tâche semblait difficile. Finalement, c'est devenu l'un des plus célèbres problèmes non résolus des mathématiques.

Au XIXe siècle, la situation était devenue tellement inextricable que l'on tenta une approche radicalement différente, et il n'est pas exagéré de dire que cette nouvelle approche marqua un tournant majeur dans l'histoire des mathématiques. Vers 1830, le mathématicien hongrois Bolyai et le Russe Lobatchevski annonçaient le résultat d'une extraordinaire aventure. Ils avaient décidé de prendre au sérieux les échecs répétés pour prouver le postulat des parallèles, et d'admettre qu'en réalité il pouvait bien être faux. Et ils le remplacèrent par un autre : le postulat selon lequel par un point, on pouvait mener *un nombre infini de droites* parallèles à une droite donnée. Et ils entreprirent de voir quels étaient les théorèmes que l'on pouvait en déduire.

En 1854, le mathématicien allemand Riemann appliqua cette idée dans la direction opposée. Il construisit une géométrie fondée sur le postulat selon lequel on ne pouvait mener *aucune* parallèle à une droite donnée. Les résultats de ces deux nouvelles théories sont surprenants. Dans la géométrie de Riemann, on peut dessiner des figures fermées en utilisant seulement deux lignes droites. Et dans ces deux géométries, la somme des angles d'un triangle n'est pas égale à 180 degrés, et la circonférence du cercle ne vaut pas π fois son diamètre.

Que faire devant une telle situation ? Comment trois géométries complètement différentes peuvent-elles exister côte à côte ? On a fortement envie de reconnaître la géométrie d'Euclide comme la plus fondamentale des trois et de considérer celles de Bolyai-Lobatchevski et de Riemann comme des variantes, inférieures. Mais elles ne lui sont pas inférieures. Chacune de ces théories est tout aussi rigoureuse, tout aussi achevée, tout aussi respectable que les deux autres. Et il n'y a rien dans toute la mathématique qui nous dise laquelle des trois doit être considérée comme la véritable géométrie.

Pour un mathématicien pur, il n'y a rien là de si extraordinaire. Les mathématiciens n'ont pas besoin de savoir si une théorie est vraie. Ils n'ont besoin que de savoir si elle est cohérente. Pour un mathématicien, la géométrie n'est rien de plus qu'un jeu, qu'un ensemble abstrait de règles avec lesquelles il joue. Aux échecs, nous ne nous demandons pas si le fou se déplace « réellement » suivant les diagonales. Nous l'acceptons. Et nous ne nous demandons pas si le poker est plus réel que le bridge. Pour un esprit mathématicien, il en va de même avec les géométries non euclidiennes.

Mais la plupart des gens ne sont pas mathématiciens. La plupart des gens veulent savoir si les lignes parallèles se rencontrent — les lignes réelles, physiques, ces objets longs et droits que l'on peut toucher. Et il y avait entre autres Albert Einstein qui voulait savoir.

L'idée fondamentale d'Einstein fut que tout cela n'était pas du tout une question pour mathématiciens. C'était une question pour physiciens. Ce qu'a montré la mathématique, c'est qu'il existe plusieurs géométries logiquement possibles. Mais quant à dire laquelle est la vraie géométrie de la nature, c'est l'affaire de la nature elle-même. Ce n'est pas à nous de décider. Si nous voulons le savoir, nous devons interroger la nature. Nous l'interrogeons à l'aide des méthodes habituelles de la science : par l'observation et les constructions théoriques. Et Einstein a construit une théorie.

La relativité générale est une théorie de la géométrie physique. Cette géométrie n'est pas la géométrie plane des plans à deux dimensions ou celle des espaces à trois dimensions. C'est la géométrie de tout l'univers quadridimensionnel de l'espace-temps. Einstein posa que c'est la *matière* qui détermine cette géométrie. Loin des corps matériels, cette géométrie est euclidienne, mais plus on se rapproche d'un objet, plus cette géométrie se trouve déformée. Les petits objets la déforment un peu. Les gros la déforment beaucoup.

En ce moment même, nous sommes tous extrêmement proches d'un corps énorme et massif : la Terre. Dans notre environnement, la géométrie de l'espace-temps n'est donc pas euclidienne. Mais bien que la masse de la Terre paraisse importante, elle est relativement faible, du moins à l'échelle de la relativité. En fait, sa géométrie locale diffère à peine de la géométrie euclidienne, ce qui explique pourquoi aucune expérience n'a jamais réussi à mettre en évidence cette différence. Mais ces expériences ne testent qu'une partie de la géométrie du continuum spatio-temporel, la partie tri-dimensionnelle. Pour étudier ce continuum en entier, nous devons regarder le déplacement des objets dans l'espace en fonction du temps. Et c'est justement là que la déformation de la géométrie devient très facile à observer.

Nous l'appelons la gravitation.

La gravitation n'est qu'une déformation de la géométrie de l'espace-temps. C'est *tout*. Ce n'est pas une force. Ce n'est pas une attraction. Nous avons peut-être l'habitude d'y penser en ces termes, et même d'être persuadés que nous pouvons en ressentir la force. Mais ce n'est qu'une illusion. Chaque fois que je trébuche et que je tombe, je ne réagis pas du tout à une attraction. J'accomplis un acte géométrique.

Einstein donna une formulation mathématique précise de son principe de la déformation de la géométrie par la matière. Cette formulation constitue ses équations de champ. Si vous les résolvez, vous trouvez la géométrie. C'est ce que fit Karl Schwarzschild. Sa solution est le trou noir.

La géométrie du trou noir n'est pas euclidienne ; ce n'est pas non plus celle de Bolyai-Lobatchevski, ni celle de Riemann. C'est quelque chose de tout à fait différent, une géométrie à laquelle personne n'avait pensé avant que Schwarzschild ne la découvre.

Les effets bizarres engendrés par le trou noir résultent tous de sa géométrie, et ce n'est qu'en termes géométriques que l'on peut les comprendre correctement. Considérez par exemple la chute inéluctable qui attend tout objet pénétrant dans un trou noir. Le chapitre 10 avait attribué cette chute à l'existence d'une force d'attraction infinie à l'intérieur de l'horizon. Mais une telle explication fait appel à des concepts incorrects : l'idée d'un espace et d'un temps séparés, et de la gravitation en tant que force. Le langage spatio-temporel de la relativité explique cela différemment. Il dit qu'à l'intérieur de cet horizon, la géométrie est tellement déformée qu'il n'*existe* même pas de trajectoire que l'objet pourrait suivre pour se retrouver à l'extérieur du trou noir. Toute direction qui s'offre à lui le précipite droit dans la singularité.

Une telle situation est inconcevable dans le langage euclidien. Elle ne l'est plus si l'on adopte une autre géométrie. Essayons de comprendre cela à l'aide d'une analogie. Je suis debout sur la surface de la Terre, exactement au pôle nord, et je fais un pas. Quelle est la direction dans laquelle je me déplace ?

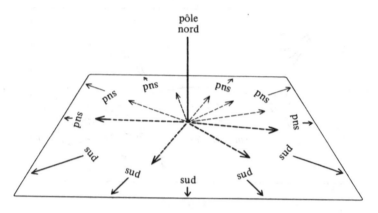

Figure 46

Une simple réflexion montre que, quelle que soit la direction que je prenne, je me dirige vers le sud. La figure 46 illustre cette situation. Si je poursuis ma route en ligne droite, j'aboutirai finalement au pôle sud. A la surface de la Terre, les droites — les grands cercles — divergent en s'écartant du pôle nord, mais s'arrangent cependant pour converger sur un point éloigné, tout comme les objets tombant dans un trou noir désespérément, inéluctablement, convergent sur la singularité. Ils n'y convergent pas à cause d'une force, mais pour des raisons purement géométriques.

Qu'en est-il maintenant de la déviation de la lumière par la gravitation ? Le chapitre 9 cherchait à comprendre cela en utilisant une astuce : celle qui consiste à attribuer une masse à la lumière et à laisser tomber cette masse. Malheureusement, cette tentative ne fut pas un succès, car elle n'a pu prévoir que la moitié du véritable effet. Ce n'est que dans le langage géométrique de la relativité que l'on peut trouver une interprétation correcte de ce phénomène. Pourquoi les rayons lumineux sont-ils déviés par la gravitation ? Ils ne sont pas du tout déviés.

Ici aussi, l'analogie avec la géométrie sphérique de la Terre peut nous aider. Considérons un voyage en avion de New York à Rome. Rome est exactement à l'est de New York, et on pourrait penser que pour y aller, l'avion devrait se diriger droit dessus, plein est. Mais ce n'est pas ce que font les compagnies aériennes. Elles font passer leurs vols suivant un

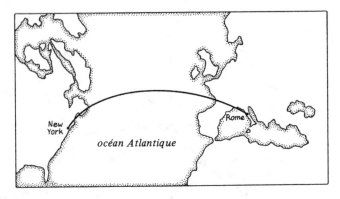

Figure 47

énorme arc de courbe : décollage de la côte est de l'Amérique, vers le nord au-dessus de l'Atlantique, puis descente sur l'Europe dans une direction globalement sud-est. Comme on le voit sur la figure 47, la trajectoire paraît incurvée.

Bien sûr, elle ne l'est pas. Les lignes aériennes suivent les plus courts chemins possible. Elles empruntent la route du grand cercle, et si cette route paraît incurvée, c'est seulement parce que nous utilisons une mauvaise carte. C'est la carte qui introduit cette déformation. Et cette déformation est facilement visible sur n'importe quelle carte du monde. L'Antarctique par exemple apparaît comme une longue et étroite bande de terre ; et le pôle sud, qui est à peine un point mathématique, est transformé en une droite. Quoi d'étonnant alors à ce que le grand cercle soit déformé ? C'est la même chose pour les arcs de courbe décrits par les rayons lumineux et la trajectoire en tire-bouchon suivie par la Terre dans son déplacement spatio-temporel autour du Soleil. Leur courbure est une illusion.

Si cette carte est fausse, pourquoi ne pas en prendre une bonne ? Le problème est que nous ne pouvons pas, pour la simple raison que les cartes sont *planes*. Si nous essayons de transposer la géométrie non euclidienne de la surface de la Terre sur la géométrie euclidienne de la page du livre, nous sommes obligés d'introduire des déformations. Pour la même raison, il n'existe aucun moyen fidèle de représenter la géo-

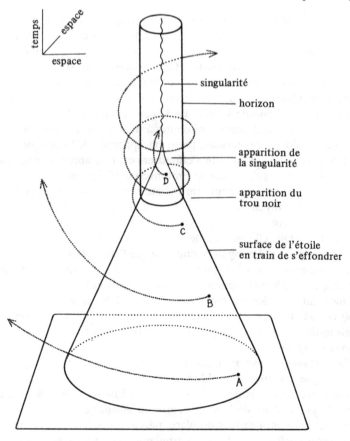

Figure 48

métrie de Schwarzschild du trou noir sur une figure à deux dimensions.

Mais les cartes restent quand même des outils pratiques. On peut dessiner un grand nombre de représentations des trous noirs, et, pour autant que l'on en garde bien les limites à l'esprit, ces représentations peuvent être d'un précieux secours. Tout comme il existe de nombreuses techniques de représentation de la Terre — la projection de Mercator, la projection polyconique —, il existe un grand nombre de représentations des trous noirs. La figure 48 en montre une.

Trous noirs

La figure 48 est un diagramme spatio-temporel de la surface d'une étoile en train de s'effondrer. Une date donnée au cours de cet effondrement — un instantané — est représentée par une coupe horizontale dans le diagramme. Cette intersection avec le cône qui représente l'étoile est un cercle qui définit sa surface à cet instant ; nous devons mentalement y ajouter la dimension supplémentaire qui transforme ce cercle en une sphère. Le temps passant, cette étoile devient plus petite et finalement s'effondre à l'intérieur de son rayon de Schwarzschild. A cet instant, l'horizon apparaît. A l'intérieur de cet horizon, l'étoile continue de s'effondrer, et, peu après, elle se transforme en une singularité qui se prolonge indéfiniment.

On a également représenté sur la figure 48 des trajectoires de rayons lumineux. Le rayon A fut émis de l'étoile alors qu'elle était encore relativement grosse. Il est presque rectiligne, ce qui implique que la gravitation était tellement faible alors, que la géométrie était pratiquement euclidienne. Le rayon B, émis lorsque l'étoile était plus petite, est plus fortement incurvé. Quant au rayon C, il s'est mis en route juste avant que l'étoile n'atteigne son rayon de Schwarzschild. La géométrie à ce moment est tellement non euclidienne qu'il décrit deux tours entiers autour de l'étoile avant de s'échapper vers l'infini. Enfin, le rayon D fut émis après que le trou noir s'est formé. Il se retrouve piégé et tombe dans la singularité.

De tels diagrammes sont très utiles pour analyser certains aspects de la physique des trous noirs. Mais ils ne montrent pas tout. La figure 49 correspond à un autre genre de diagramme. Elle est censée donner une idée de la *courbure* de l'espace-temps au voisinage du trou noir. Sur cette figure, plus la surface est plate, plus la géométrie est proche de la géométrie euclidienne. Loin du trou noir, la surface est plate et la géométrie est euclidienne, mais plus on s'en rapproche, plus la courbure s'accentue. Et la petite calotte grise au fond du puits représente l'étoile elle-même.

Au contraire de la figure 48, qui décrit l'histoire entière de l'effondrement de l'étoile, la figure 49 représente la géométrie à un instant particulier. On peut également illustrer des époques plus avancées de cet effondrement : l'étoile plus petite, avec une courbure d'espace-temps plus sévère *(fig. 50)*, et, finalement, l'étoile disparaissant complètement du diagramme comme sur la figure 51. Elle s'est alors réduite à une singularité. Il ne reste plus que la courbure.

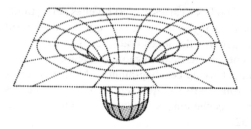

Figure 49

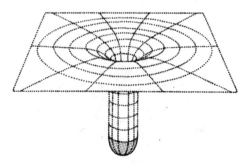

Figure 50

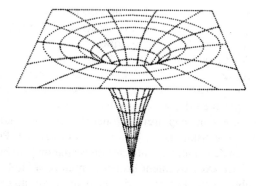

Figure 51

Trous noirs

L'avantage de telles « cartes », c'est qu'elles permettent de considérer les choses sous des angles nouveaux, ce qui, à son tour, offre l'avantage de pouvoir engendrer des idées nouvelles. Les figures ci-dessus suggèrent l'idée d'une géométrie d'un genre nouveau. Elles donnent une idée de jeu. Prenez deux de ces diagrammes. Mettez-en un la tête en bas. Coupez les zones grisées qui représentent les étoiles et recollez ensemble ces deux cheminées. Vous obtenez une structure comme celle de la figure 52.

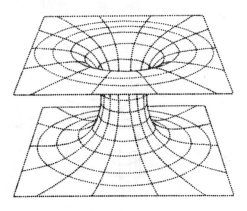

Figure 52

Sa moitié supérieure ne contient rien de nouveau ; elle représente simplement les abords d'un trou noir. Mais sa moitié inférieure — le « trou noir la tête en bas » — est quelque chose de complètement différent. C'est un *trou blanc*. Le trou blanc, comme le trou noir, est une solution exacte des équations du champ gravitationnel d'Einstein. Il correspond à une géométrie envisageable. Il est cependant très différent du trou noir ; par bien des aspects, il en est exactement l'opposé. Par exemple, les trous noirs capturent la lumière ; les trous blancs, de leur côté, en émettent constamment. Ils brillent continûment. Pourtant, on n'a aucun moyen de connaître l'intensité émise par un trou blanc donné. L'un pourrait être excessivement brillant, un autre si faible qu'il serait presque invisible. Autre exemple : rien ne peut quitter un trou noir ; de manière équivalente, rien ne peut entrer dans un trou blanc. Des objets à l'intérieur en seraient facilement expulsés. Et, de temps en temps, il y en a qui fuseraient dans l'espace. Le trou blanc est un jaillissement inépuisable de matière et d'énergie, une source qui crée de la matière nouvelle et la vomit dans l'univers. Il pourrait être le responsable de ces mystérieuses émissions observées dans les noyaux des galaxies et des quasars.

A la fin, tout le trou blanc explose. De même qu'un trou noir (ou plus exactement, une étoile gelée) fut formé, dans son passé, par le processus d'effondrement gravitationnel, le trou blanc, un jour, explosera pour former un nuage de matière en expansion. Quand ? On ne peut le dire : on ne peut qu'attendre l'explosion de la bombe. Qu'en sortira-t-il alors ? Cela aussi ne peut être prédit à l'avance. Le trou blanc peut être fait de n'importe quoi.

La figure 52 montre plus qu'un trou blanc. Elle représente un trou noir réuni à un trou blanc pour former une structure composite. Cette structure, c'est un *trou de ver* : un pont qui relie deux géométries euclidiennes. Loin du trou de ver, sur le feuillet supérieur, on se trouve à des kilomètres de distance d'un trou noir. Et loin du trou de ver, sur le feuillet inférieur, on se retrouve à une distance semblable d'un trou blanc. Entre les deux, il y a un pont ; l'existence de ce pont semble indiquer que l'on peut passer de l'un à l'autre. Cette figure suggère qu'il serait peut-être possible de sauter dans un trou noir, de relier un trou blanc, et de se retrouver propulsé hors du trou blanc, *quelque part ailleurs*.

Il n'y a rien dans toute la relativité générale qui laisse entrevoir l'endroit dans lequel nous pourrions déboucher à l'issue d'un tel voyage. Il se pourrait que la sortie du trou blanc soit située à des milliards d'années-lumière du trou noir par lequel nous sommes entrés. Le trou de ver pourrait servir de tunnel reliant deux régions éloignées de l'univers. Si c'était le cas, il offrirait une espèce de raccourci entre elles : un moyen d'atteindre les étoiles éloignées sans avoir à réellement traverser les espaces intermédiaires. Le trou blanc pourrait aussi bien relier deux géométries tout à fait indépendantes l'une de l'autre. Il pourrait être un point de contact entre deux univers parallèles, deux espaces, avec leurs étoiles propres, leurs galaxies, leurs planètes, chacun existant côte à côte, entièrement coupés l'un de l'autre, sauf par ce lien fragile.

Le trou blanc et le trou de ver se situent aujourd'hui aux frontières mêmes de la recherche en relativité. Mais dans l'état actuel des choses, leur situation est loin d'être claire. Ils font l'objet d'un débat passionné et d'un intense travail de recherche. Peuvent-ils exister ? Peu de scientifiques en sont certains.

Pour comprendre presque toute la discussion autour du trou blanc, il faut considérer de plus près la relation évidente qu'il entretient avec les trous noirs. Par bien des aspects, un trou blanc est exactement l'opposé d'un trou noir. En fait, cette opposition est plus profonde qu'il n'y paraît : un trou blanc est un trou noir *à l'envers dans le temps*.

Qu'est-ce que le renversement du temps ? On peut comprendre cela en s'aidant d'un exemple. Celui du film d'un étang dans une prairie.

Au début du film, on voit de petites ondes à la surface de l'étang. Elles sont parfaitement circulaires et se propagent du bord vers le centre de l'étang en s'amplifiant. Au bord, les nénuphars se balancent sur l'eau, faisant des vagues de plus en plus hautes. Tout au centre de l'étang, l'eau commence à s'agiter. Les vagues — au dessin parfaitement circulaire, convergeant exactement en un point — agitent cette eau avec plus de vigueur. Maintenant, une turbulence apparaît sous la surface de l'eau. Un jet d'eau jaillit de l'étang. Soulevé par ce jet d'eau, un gland est projeté dans le ciel. Quand il rencontre la surface de l'étang, il percute le système de vagues concentriques et les neutralise. Les vagues s'arrêtent d'un seul coup. Le gland part en flèche vers le haut, un oiseau apparaît, volant à reculons au-dessus de l'étang, et attrape le gland dans son bec.

Bien sûr, ce film était une plaisanterie. Quelqu'un a filmé un oiseau au moment où il laissait tomber un gland au-dessus d'un étang, puis a projeté ce film à l'envers. Ce que montrait ce film, c'était l'inversion dans le temps de l'événement original. De la même façon, le comportement d'un trou blanc est l'inversion dans le temps du comportement d'un trou noir.

Mais aussi étrange que cela puisse paraître, ce qu'a montré ce film passé à l'envers est physiquement possible. Il montre quelque chose qui pourrait effectivement avoir lieu dans le monde réel. Une telle succession d'événements pourrait se produire ainsi. Commencez par placer de minuscules pales au bord de l'étang. Sur un signal convenu, elles se mettent à agiter en chœur la surface de l'eau. Elles engendrent des vagues qui se propagent vers le centre de l'étang, et sont placées de sorte que ces ondulations convergent exactement en un point. Augmentez la puissance : les vagues deviennent plus grosses. Maintenant, plongez sous la surface de l'étang et faites de petits courants. Formez un jet d'eau. Ce jet soulève le gland qui se trouve au fond de l'étang et le projette vers le haut. Élevez-vous enfin dans les airs et modifiez les muscles de l'oiseau de sorte qu'il préfère voler à reculons.

Toute cette procédure ne viole aucune loi de la nature. On peut la mener à bien. Mais cela ne veut pas dire que l'on peut la mener facilement à bien : elle serait tout à fait impossible à réaliser concrètement. Il faudrait finalement que le mouvement de chaque atome de l'étang soit modifié. C'est la raison pour laquelle on ne découvre jamais de tels spectacles dans la nature. Ils sont trop difficiles à mettre en scène.

C'est pour la même raison que beaucoup de chercheurs sur les trous blancs pensent qu'ils ne peuvent exister. Le trou blanc est possible, mais il faut le préparer, et on voit mal quelle recette utiliser pour le préparer. Il faudrait quelque chose pour projeter de la matière dans une singularité et créer la géométrie nécessaire. Quelque chose qui s'arrangerait pour que la singularité crache des choses de temps en temps. Et quelque chose aussi qui détermine la quantité de lumière émise par la singularité, et le moment exact auquel elle exploserait finalement dans l'espace. Mais beaucoup de scientifiques pensent que tout cela est impossible à réaliser.

D'un autre côté, c'est la *singularité* qu'il faudrait influencer de cette manière, et les singularités obéissent à leurs propres lois. Elles n'obéissent pas aux lois ordinaires de la physique. Ce sont en fait des régions où les lois de la physique ne sont plus valables. Qui peut savoir ? Peut-être est-ce justement ceci une singularité : une région où la nature complote pour produire ces situations qui nous semblent tellement étranges. Ce n'est que lorsque la physique aura apprivoisé la singularité que nous en serons absolument certains. Et seulement alors saurons-nous si les trous blancs sont possibles.

Qu'en est-il de la traversée d'un trou de ver ? S'il apparaît que les trous blancs existent, pourra-t-on un jour emprunter un trou de ver en guise de raccourci vers les étoiles ? La première chose à dire est que cela ne serait pas vraiment un moyen de transport rapide. Si, pour traverser un trou de ver, je sautais dans un trou noir, il me faudrait un temps infini

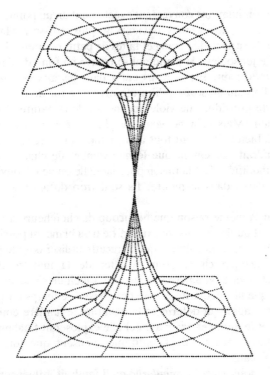

Figure 53

pour y entrer si l'on considère les distances dans notre univers, et ce n'est qu'au bout d'un temps infini que je parviendrais à émerger de l'autre côté. Quel que soit l'éloignement de mon point de sortie, il aurait été bien plus rapide de m'y rendre à pied. Bien sûr, pour moi, le voyage aurait été très rapide, mais je me retrouverais projeté dans un monde infiniment éloigné dans le futur.

Il y a un autre problème. Les diagrammes destinés à donner une idée de la géométrie de l'espace-temps n'en représentent la configuration qu'à un instant donné. Au cours du temps, cette géométrie évolue. Dans le cas d'un trou noir, l'étoile qui lui a donné naissance s'effondre sur elle-même et, très vite, elle se transforme en une singularité. Un trou de ver subit un destin analogue. Si, au début, il peut être très gros, il se rétrécit rapidement. Et en très peu de temps il se retrouve entièrement contracté. Et le passage se resserre, comme sur la figure 53.

Cela sous-entend qu'un trou de ver est un objet éphémère. Cette voie de passage entre deux régions de l'espace ne reste pas ouverte très longtemps. Pour la traverser, il faut voyager très rapidement ; sinon, on se fait piéger dans l'étranglement et on se retrouve englouti dans la singularité. En voiture, les conducteurs ralentissent à l'approche d'un passage dangereux. Les voyageurs des univers parallèles, eux, accélèrent.

Malheureusement, il semble que l'on doive voyager *plus vite que la lumière* pour se sortir vivant d'un trou de ver, ce qui, selon la relativité, est impossible. Dans le cadre de la théorie d'Einstein, aucun objet, ni aucune onde, ne peut atteindre cette vitesse. Les cosmonautes à bord d'une fusée, les rayons lumineux, les ondes radio… tous seront capturés et réduits en une singularité. On ne peut emprunter le tunnel.

Cependant, un examen plus attentif de la relativité laisse entrevoir une possibilité d'éviter une telle conclusion. La théorie n'affirme pas vraiment que rien ne peut voyager plus vite que la lumière. Elle affirme que rien ne peut accélérer *au-delà* de cette vitesse. Elle pose une limite à la vitesse que peut atteindre un objet se déplaçant lentement au départ. Cette limite est due au fait que lorsque la vitesse d'un objet augmente, son inertie augmente également. L'objet devient alors de plus en plus difficile à accélérer ; à la vitesse de la lumière, son inertie est infinie, et aucune force, quelle que soit sa valeur, ne pourrait l'accélérer davantage.

Mais que se passe-t-il pour un objet se déplaçant déjà plus vite que la vitesse de la lumière ? Dans ce cas, la relativité affirme exactement le contraire. La vitesse d'un tel objet est de plus en plus difficile à modifier à mesure qu'il ralentit. Et lorsqu'à la fin il se déplace à peine plus rapidement qu'un rayon lumineux, il devient tout à fait impossible de modifier sa vitesse. Cet objet se retrouve alors condamné à se déplacer éternellement, sillonnant constamment l'espace à une vitesse supérieure à celle de la lumière. Et cet objet pourrait alors traverser facilement un trou de ver.

Ces objets hypothétiques ont été appelés des *tachyons,* du grec *takhus*, « rapide ». Il est très difficile de dire s'ils peuvent réellement exister. Aucune expérience n'a jamais réussi à en détecter. De plus, les propriétés que l'on prévoit à leur sujet sont tellement étranges qu'on est tenté de dire qu'ils ne peuvent être des objets réels. Par exemple, quand l'énergie d'un tachyon décroît, sa vitesse augmente. Les objets ordinaires qui perdent leur énergie se retrouvent au repos : les tachyons, eux, accélèrent. La masse d'un tachyon est imaginaire, c'est la racine carrée d'un nombre négatif. Enfin, les tachyons détruisent toute possibilité d'ordonner de manière unique les événements dans le temps. Dans notre vie, il nous est toujours possible de décider si un événement s'est produit *avant* ou *après* un autre événement. C'est encore vrai dans la physique classique. Mais si les tachyons existent, cette distinction n'est plus possible. Si l'on pouvait construire un fusil tirant des balles plus rapides que la lumière, les notions les plus fondamentales sur le temps s'en trouveraient bouleversées. Vous pourriez me tirer dessus avec ce fusil, et pour un observateur, ce serait mon propre corps qui se serait dressé, revenant à la vie, et qui aurait émis une balle plus rapide que la lumière avec une précision telle qu'elle serait venue se loger dans votre fusil.

La recherche actuelle sur les trous noirs est allée bien au-delà de la découverte originale de Schwarzschild ; aujourd'hui, elle se formule sous forme de notions abstraites et hypothétiques. Les scientifiques étudient les propriétés mathématiques de géométries nouvelles, et les sujets qu'ils abordent paraissent tout à fait étranges pour des personnes non averties. Les trous noirs en rotation ont des caractéristiques qui feraient honte à des trous noirs ordinaires. En plongeant à plusieurs reprises dans un trou de ver en rotation sur lui-même, un voyageur pourrait passer d'un univers dans un autre, puis un troisième, un quatrième et ainsi de suite à l'infini. En choisissant correctement son chemin, il pourrait voyager à l'envers dans le temps. Il pourrait assister à sa naissance. Il pourrait se tirer une balle juste avant d'entrer dans un trou de ver en rotation ; dans ce cas, il n'entrerait jamais dans ce trou de ver, et ne se serait jamais tiré dessus... Lorsqu'il s'agit de savoir s'il faut prendre au sérieux de telles géométries, les questions philosophiques sur la nature de la cause et de l'effet en physique sont essentielles. Et si on confère une charge électrique à un trou noir, ses propriétés deviennent encore plus étranges.

Mais peut-être le plus extraordinaire, c'est que toutes ces choses découlent d'une théorie qui a été proposée il y a très longtemps. L'époque à laquelle Albert Einstein a développé la relativité est maintenant bien lointaine, et peu de ses préoccupations ont survécu jusqu'à nous. Cependant, sa création, ce cadre merveilleux, est encore là pour nous amuser, nous exciter. Nulle part ailleurs dans toute la physique, la relativité générale n'a atteint un développement aussi achevé que dans l'étude des trous noirs. Nulle part ailleurs, sa beauté n'est plus resplendissante. La puissance de cette théorie, sa richesse inépuisable nous maintiennent toujours sous son charme.

troisième partie

Le contexte

12. La limite de Chandrasekhar

En astronomie, la gravitation est le principe physique le plus important. Elle gouverne tout. C'est elle qui fait naître, par exemple, les étoiles à neutrons et les trous noirs. Ces objets apparaissent lorsque la gravitation triomphe.

Mais la gravitation ne triomphe pas tout le temps. Elle exerce une action sur les étoiles ordinaires comme le Soleil, mais ces étoiles peuvent la surmonter. Elles résistent à sa pression, et restent dilatées en d'énormes structures diffuses. Par leur chaleur, ces étoiles s'arrangent pour faire ce que les étoiles à neutrons et les pulsars ne sont pas parvenus à faire, et sont le siège d'une énorme pression interne qui suffit pour s'opposer à la gravitation.

Mais pourquoi les étoiles sont-elles chaudes ? Une pierre brûlante placée dans l'espace, au zéro absolu, se refroidit rapidement ; cela fait maintenant 4 milliards d'années que le Soleil, lui, conserve une température élevée. La différence, c'est qu'une étoile est une véritable chaudière. Elle brûle du fuel, du fuel nucléaire. Le Soleil maintient sa température élevée en libérant de l'énergie au cours de la conversion de l'hydrogène en hélium : c'est une bombe à hydrogène sous contrôle.

Aucun combustible ne dure éternellement. A la longue, le Soleil finira par s'épuiser. De même, toutes les autres étoiles dans le ciel. Lorsque sa réserve d'énergie est épuisée, une chaudière ordinaire se refroidit, tout simplement ; mais pour les étoiles, c'est leur existence même qui dépend du combustible. Lorsqu'il est épuisé, l'étoile est en danger. Ce sera le cas du Soleil dans environ 6 milliards d'années ; nous avons le temps. Mais il y a des étoiles pour qui la fin est proche. Et beaucoup l'ont déjà atteinte. Que se passe-t-il alors ? Que se passe-t-il lorsqu'une étoile a consumé la dernière goutte de ses réserves énergétiques ?

Elle se contracte. Dès qu'une étoile commence à se refroidir, sa pression interne retombe, et, dès lors, la gravitation a gagné. Pendant des milliards d'années, cette pression interne et la gravitation se compensaient ; mais maintenant, il n'y a plus rien pour s'opposer à la gravitation. L'étoile se contracte, éventuellement jusqu'à devenir un pulsar ou un trou noir. *Les pulsars et les trous noirs appartiennent à la même famille. Ils représentent ce qui peut advenir d'une étoile lorsqu'elle a épuisé son combustible nucléaire.*

L'effondrement final est alors inévitable. Chaque étoile dans le ciel en passera par là. Mais quant à savoir comment, c'est la grande interrogation. Il y a beaucoup de possibilités. Une étoile peut se contracter lentement, mettant plusieurs millions d'années pour s'installer dans son état final. C'est probablement ce qui arrivera pour le Soleil et les étoiles du même type. Il y a une deuxième possibilité, qui fut décrite au chapitre 7 : l'implosion catastrophique de l'étoile en trou noir. Pour mieux l'illustrer, nous avions pris le Soleil comme exemple, mais il y a en fait très peu de chances que cela lui arrive réellement. Mais cela pourrait bien se produire pour d'autres étoiles. Une troisième possibilité, décrite au chapitre 1, est celle de l'implosion-explosion : le cœur d'une étoile se transforme en étoile à neutrons, alors que l'extérieur explose dans l'espace pour donner une supernova.

Nous ne savons pas très bien les raisons pour lesquelles, dans certains cas, c'est une étoile à neutrons qui se forme, alors que dans d'autres, c'est un trou noir. La difficulté réside dans l'énorme complexité du processus d'effondrement. C'est un événement violent et désordonné. Nous possédons tous les principes physiques de base, et les méthodes de calculs par ordinateur, qui permettent d'en explorer les conséquences, sont bien connues. Mais les ordinateurs actuels ne sont ni assez gros ni assez rapides pour s'attaquer au problème. Il faudrait une machine plus puissante. Lorsque nous disposerons de la prochaine génération d'ordinateurs, notre compréhension devrait s'en trouver grandement améliorée.

Les scientifiques considèrent souvent la constante luminosité d'une étoile comme un signe de vie, et l'épuisement de son combustible nucléaire comme le signe de sa mort. Mais ce n'est pas une bonne image. Les cadavres, en général, ne sont pas aussi actifs et imprévisibles que les pulsars et les trous noirs. Il vaut mieux penser en termes de résurrection, ou de mort et transfiguration. Pour ma part, je considère l'effondrement gravitationnel comme une métamorphose. Un amas de matière passe des milliards d'années à briller en tant qu'étoile. Lorsque cette phase de l'existence est achevée, l'étoile subit une transformation. Un objet nouveau, magnifique, s'élève sur des ailes dorées.

Nouveau, magnifique, mais aussi étrange, incroyable. Lorsqu'on pense aux pulsars et aux trous noirs, on est enclin à l'incrédulité. On a peine à croire qu'ils puissent être réels. Même les scientifiques ne sont pas à l'abri de cette réaction. Aussi loin que l'expérimentation et les lois de la physique nous aient conduits, il nous est difficile de faire un pas de plus. On cherche alors une solution pour s'en sortir, une méthode pour conjurer l'effondrement gravitationnel.

Il y a une solution : c'est *la pression de dégénérescence*.

La pression de dégénérescence est un phénomène quantique : elle découle du principe d'indétermination de Heisenberg [1]. Ce principe affirme qu'il est impossible de spécifier exactement à la fois la position et la vitesse d'une particule. La physique classique — celle du XIXe siècle — a montré qu'au zéro absolu, toute particule d'un gaz se retrouve au repos, et donc n'exerce aucune pression. Mais selon Heisenberg, on ne peut jamais affirmer qu'un ensemble de particules est véritablement au repos. Lorsque tout ce qui dépend de la température a disparu, il subsiste toujours une dispersion, un mouvement résiduel. La pression qui résulte de ce mouvement est la pression de dégénérescence.

La chose importante avec la pression de dégénérescence, c'est qu'il n'y a aucune possibilité de la supprimer. La diminution de la température d'une étoile n'entraîne pas de diminution de sa pression de dégénérescence. Elle persiste, même au zéro absolu. Et si cette pression est suffisante pour compenser la gravitation, l'étoile restera éternellement en équilibre. Elle n'est plus obligée de s'effondrer pour se transformer en pulsar ou en trou noir. De plus, cette nouvelle situation est définitive : le combustible ne dure qu'un temps, mais la pression de dégénérescence, elle, se maintient éternellement.

Il existe une famille d'étoiles qui parvient à se réfugier dans cet état : les naines blanches. Ce sont des étoiles qui ont épuisé toutes leurs réserves d'énergie nucléaire, et qui se sont contractées — doucement, continûment — jusqu'à ce que leur pression de dégénérescence équi-

---

1. Nous préférons cette terminologie à celle, plus courante mais plus trompeuse, de « principe d'incertitude ». (*N.d.E.*)

libre la gravitation. Elles sont désormais à l'abri d'un effondrement catastrophique. Elles ont trouvé l'issue.

Mais cette solution n'est pas possible pour toutes les étoiles. Certaines ne peuvent échapper à l'implosion catastrophique et se transforment en étoiles à neutrons ou en trous noirs. Pendant des années, des scientifiques s'opposèrent à cette conclusion. L'homme qui les a convaincus, malgré leur grande réticence, fut Subrahmanyan Chandrasekhar.

Chandrasekhar est né à Lahore, une ville qui aujourd'hui appartient au Pakistan, en 1910 — pure coïncidence, l'année même où fut découverte la première naine blanche. Il avait huit ans lorsque sa famille s'installa à Madras, dans le sud de l'Inde. Dès son enfance, sa vie fut marquée par la science. Son oncle était le célèbre physicien indien Raman, qui reçut le prix Nobel pour sa découverte de l'effet Raman. « Cela eut une grande influence sur moi », rappelle Chandrasekhar dans une interview donnée à l'American Institute of Physics ; « à la maison régnait en permanence une atmosphère scientifique. Mais je dois dire que ce n'est qu'au collège que j'ai sérieusement commencé à m'intéresser aux problèmes auxquels je me suis consacré par la suite ».

Au collège, il fut un élève exceptionnel. Il excella en mathématiques et en physique. Il lisait tout ce qui lui passait entre les mains « J'ai lu *la Structure interne des étoiles* de sir Arthur Eddington. J'ai lu également *Structure atomique et Raies spectrales* d'Arnold Sommerfeld, ainsi que le livre d'Arthur Compton, *Rayons X et Électrons.* » Il lisait les articles scientifiques de la bibliothèque. C'était l'époque merveilleuse, enivrante, de la création de la mécanique quantique : à des milliers de kilomètres de là, en Europe, Heisenberg énonçait son principe d'indétermination, Bohr élaborait sa théorie de la structure atomique, et Schrödinger formulait son équation d'onde. De tout cela, il ne parvenait en Inde qu'un faible écho. Chandrasekhar tendait l'oreille. Avant longtemps, il en sut davantage sur cette physique nouvelle que ses professeurs ; et ce qu'il savait, il l'avait appris seul. « On ne m'enseigna pas la théorie quantique au collège. Je l'ai apprise en lisant *Structure atomique et Raies spectrales* de Sommerfeld, et ce livre est l'un de ceux que l'on peut lire et comprendre tout seul... [C']est un livre vraiment merveilleux, à la portée de tous ceux qui s'intéressent à la physique ; on peut le suivre étape après étape, et le comprendre du début à la fin. C'est pareil pour le livre de Compton.

« En 1928, Sommerfeld fit un séjour en Inde et j'allais souvent discuter avec lui. Bien sûr, il était assez audacieux de la part d'un étudiant pas encore diplômé d'aller parler à ce grand homme. Mais j'avais lu son livre, tout seul, et je l'avais considéré comme l'aboutissement de la physique. Donc j'allai le trouver et je lui dis fièrement que j'avais lu son livre *Structure atomique et Raies spectrales*. Il me répondit aussitôt que la physique s'était énormément transformée depuis qu'il l'avait écrit. Il me parla de la mécanique ondulatoire de Schrödinger. C'était la première fois que j'en entendais parler. »

Sommerfeld donna au jeune étudiant enthousiaste des copies de ses articles sur la nouvelle théorie quantique. Chandrasekhar les lut. Il en lut d'autres. Il fit tout seul un travail original et publia deux articles de recherche alors qu'il n'était pas encore diplômé. Ses professeurs ne purent les comprendre.

« Il y eut un concours au collège pour écrire un essai sur la théorie quantique, ce que je pus faire facilement puisque j'avais étudié les livres de Sommerfeld et de Compton avec beaucoup de passion. » Chandrasekhar remporta le prix, et ce prix fut un livre. « On me demanda si je souhaitais un livre en particulier. Je dis que oui, j'aimerais avoir le livre d'Eddington, *la Structure interne des étoiles*, que j'avais vu à la bibliothèque. Naturellement, il était écrit dans un style merveilleux ; les premiers chapitres étaient très faciles à lire, même pour quelqu'un dont les connaissances étaient aussi médiocres que les miennes. Ce fut un livre que je pus lire et comprendre du début à la fin. » C'est ainsi qu'il apprit également la nouvelle astronomie.

En 1930, Chandrasekhar obtint son diplôme. La qualité de ses publications lui valut une bourse du gouvernement indien pour poursuivre ses études en Angleterre, à l'université de Cambridge. Il avait vingt ans et il était sur le point de faire une découverte extraordinaire.

Dans une étoile, la pression ne fait pas seulement que s'opposer à la gravitation. Elle en détermine aussi bon nombre de ses caractéristiques les plus importantes : sa taille — en gonflant l'étoile ; la fréquence des réactions nucléaires dans son noyau — ces réactions en dépendent ; la brillance de l'étoile — l'énergie rayonnée provient de ces réactions.

Cette pression ne peut être mesurée directement, car les conditions au centre de l'étoile nous sont masquées par des centaines de milliers de kilomètres d'un gaz chauffé à blanc. Mais on peut la calculer. Avec les méthodes de la physique mathématique : on écrit les principes physiques qui gouvernent l'étoile, on les transforme en équations, puis on résout ces équations. La solution nous apprend beaucoup sur l'étoile : sa taille, son éclat, sa pression, sa température, et la fréquence de ses réactions nucléaires. Vers 1930, on avait accumulé ainsi une quantité appréciable d'informations. On maîtrisait bien les techniques. Chandrasekhar les connaissait, il les avait apprises dans le livre d'Eddington.

Aujourd'hui, pour se rendre en Angleterre, un étudiant indien ferait le voyage en avion, en un jour. Chandrasekhar prit le bateau. Cela mit du temps ; pendant tout ce temps, il se proposa de résoudre un problème. Il décida d'étudier la structure des naines blanches à l'aide de ces techniques. Il voulait se concentrer sur le phénomène, récemment découvert, de la pression de dégénérescence, pour voir ses conséquences sur ce genre d'étoiles. En 1930, la mécanique quantique était toute nouvelle et personne n'avait jamais abordé ce problème.

Mathématiquement, c'était un problème tout à fait simple. Mais il conduisit à une solution extrêmement bizarre.

Avant même d'arriver en Angleterre, Chandrasekhar avait résolu ses équations, du moins en partie. Pour les naines blanches de petite masse, la solution qu'il avait trouvée avait un sens. Mais il ne put résoudre ses équations pour les étoiles très massives. Bien plus : il parvint à démontrer que, dans ce cas, *il n'y avait pas de solution*.

Une équation sans solution est comme une question sans réponse. Ce n'était pas que les équations gouvernant les étoiles très massives fussent difficiles à manipuler : elles étaient impossibles à manipuler. Par exemple, l'équation $x = \text{cosinus } x$ ne peut être résolue que sur un ordinateur, mais nous savons que sa solution existe. Nous savons qu'il existe un nombre qui égale son cosinus. Mais l'équation $x^2 = -4$ n'admet aucune solution. Quel que soit le nombre que vous preniez parmi les nombres réels, il ne donnera jamais -4 si vous l'élevez au carré. Un ordinateur resterait indéfiniment sur ce problème.

Chandrasekhar se trouvait confronté à l'équivalent mathématique d'une énigme zen.

Lorsqu'on se trouve devant un problème insoluble, il n'est pas bon de s'entêter. Il est plus astucieux de laisser tomber discrètement. Une fois convaincu que ces équations étaient insolubles, Chandrasekhar changea de problème. Il se demanda pour quelle raison elles étaient insolubles.

Quelle était la différence entre les naines blanches à faible masse et les naines blanches très massives ?

Il ne résolut pas ce problème sur le bateau. Il lui fallut plusieurs années d'efforts, en Angleterre, pour en venir à bout. La réponse qu'il a finalement obtenue peut être comprise à l'aide d'une expérience. Prenez une naine blanche de petite masse — une naine blanche bien sage —, et augmentez sa masse petit à petit, en lui ajoutant simplement de la matière. Prenez des astéroïdes, des planètes, et jetez-les sur l'étoile. Ces corps se retrouvent absorbés dans la naine blanche et incorporés à sa structure. Que se passe-t-il alors dans l'étoile au cours de ce processus ?

Au fur et à mesure que sa masse augmente, un changement subtil apparaît dans le jeu de forces au sein de l'étoile. La gravitation est à chaque fois équilibrée par la pression de dégénérescence, mais à mesure que la masse augmente, cet équilibre devient de plus en plus précaire. Finalement, l'étoile passe d'un équilibre *stable* à un équilibre *instable*. Lorsque sa masse atteint cette valeur critique, l'étoile est alors dans la même situation qu'un crayon en équilibre sur la pointe : le moindre frémissement le fait basculer sur le côté...

Et la naine blanche s'effondre sur elle-même.

Les naines blanches les plus massives ont une masse égale à 1,4 fois celle du Soleil. C'est ce nombre que l'on appelle la « limite de Chandrasekhar ». Toute étoile de masse inférieure — par exemple, le Soleil — évoluera tranquillement vers le stade de naine blanche une fois épuisé son combustible nucléaire. Mais une étoile plus massive ne peut parvenir à ce stade. Une fois privée de combustible nucléaire, elle peut tenter de se transformer en naine blanche, mais cette configuration est instable. Elle subit une implosion catastrophique. En quelques secondes, elle se transforme en pulsar ou en trou noir. Beaucoup d'étoiles brillantes qui forment les constellations visibles subiront ce sort. Sirius, Véga, Rigel... elles finiront par s'effondrer. Les générations à venir ne les détecteront pas en tant qu'étoiles, mais comme des sources émettant des éclairs radio, ou comme des déformations dans la structure de l'espace-temps.

En même temps que la naine blanche devient plus massive, frôlant de plus en plus la limite de Chandrasekhar, les particules individuelles qui la constituent se mettent à se déplacer de plus en plus rapidement. A la limite, elles atteignent une vitesse voisine de celle de la lumière. C'est alors qu'entre en jeu la relativité, c'est cette *dégénérescence relativiste* qui est responsable de l'instabilité découverte par Chandrasekhar. L'impossibilité de l'existence de naines blanches très massives découle de l'interaction subtile et délicate entre les équations de la structure stellaire, la théorie de la relativité d'Einstein et le principe d'indétermination de la théorie quantique. Ces trois grands triomphes de la physique du XXe siècle s'unissent pour nous convaincre de la fatalité de l'effondrement gravitationnel.

Mais en 1930, presque tout cela appartenait encore au futur. Les étoiles à neutrons n'avaient pas encore été inventées, et la solution de Schwarzschild faisait à peine partie de la culture générale scientifique. Lorsqu'il débarqua en Angleterre, Chandrasekhar avait dans sa valise le résultat de certains de ses calculs, et dans sa tête les premières lueurs d'une vision extraordinaire. Il avait vingt ans, arrivait des colonies, et était en route pour l'un des centres intellectuels du monde.

Au début, il n'y fut pas heureux : « Dès mon arrivée en Angleterre, je fus très impressionné. Je me retrouvai soudain entouré de gens comme Dirac, Eddington, Rutherford et Hardy, sans parler d'autres personnages aussi célèbres ; cela m'a énormément refroidi. En Inde, je me sentais très sûr de moi, mais une fois en Angleterre, je me suis senti beaucoup moins brillant, si ce n'est humilié. Je ne savais vraiment plus si je serais capable d'accomplir quelque chose dans le monde dans lequel je me trouvais. »

R. H. Fowler était l'un des scientifiques dont Chandrasekhar avait lu les articles lorsqu'il était étudiant en Inde. « Je me rappelle ma première rencontre avec Fowler lorsque je suis arrivé en Angleterre. Ce fut dans son appartement à Trinity College. Il m'avait demandé de venir le voir. Je lui ai donné le manuscrit de mon article sur la masse limite des naines blanches. Je ne comprenais pas encore ce que signifiait cette limite, et je ne savais pas ce qu'il en adviendrait. Mais il est très curieux que Fowler ait pensé que ce n'était pas là un résultat très important.

« A cette époque, Fowler n'avait pas de bureau. Il voyait ses étudiants dans la bibliothèque du vieux laboratoire Cavendish. Et moi, je me postais devant la bibliothèque, parfois pendant une heure ou deux, dans l'espoir de le rencontrer. La plupart du temps, je ne le voyais pas. Je me sentais quelque peu étranger ici. Il me semblait qu'il y avait là trop de personnages importants, trop de gens faisant des choses importantes, et que ce que je faisais était insignifiant en comparaison. Je crois que je devais être effrayé. Même aujourd'hui, je me rappelle très bien l'état dans lequel je me trouvais lorsque j'attendais Fowler... Je le vis une fois en six mois. »

Comme en Inde, Chandrasekhar travailla tout seul. La seule différence était qu'à Cambridge il était un étranger intimidé, et que, par moments, il se sentait très isolé. Il avait une chambre à lui dans laquelle il travaillait, et ne rencontrait des gens que lorsqu'il sortait pour suivre ses cours ou prendre ses repas. « Je n'avais pas trop de contacts avec les gens. Je me sentais diminué en leur présence et j'étais surtout replié sur moi-même. Après deux années passées à Cambridge à accomplir ce travail, je n'avais fait, autant que je pouvais en juger, aucune impression sur mon entourage. J'étais seul. Et je ne savais si je faisais ou non des progrès. »

Alors qu'il élaborait sa théorie des naines blanches, Chandrasekhar n'était même pas certain que la tâche qu'il s'était fixée méritait ses efforts. Conduisait-elle à un accroissement appréciable de la connaissance ? La pensée qu'il était tombé sur une importante découverte lui traversa plusieurs fois l'esprit. « Mais je la repoussais à chaque fois. A cause, en quelque sorte, du fait qu'elle allait jouer un rôle tout à fait fondamental, je ne voulais pas me résoudre à cette conclusion. Dans un sens, je manquais trop d'assurance pour m'y résoudre, même si cette idée me préoccupait sans cesse. »

En cela, du moins, il n'était pas seul. C'est un aspect du problème auquel chaque scientifique est confronté dans sa vie, et pas seulement une fois : est-ce que la recherche à laquelle il s'attaque apporte une contribution ? Habituellement, il n'y a pas de moyen de répondre à cette question, si ce n'est de laisser faire le temps, jusqu'à ce que l'on obtienne le résultat, et que l'on voie ce à quoi il ressemble. Le plus souvent, la décision de commencer une recherche équivaut à faire un pari sur le temps. Nombreux sont les projets qui simplement échouent et sont abandonnés, enlisés dans quelque difficulté trop dure à surmonter. Nombreux aussi ceux qui sont menés à terme, pour découvrir simplement que le résultat vaut à peine d'être connu. Le pire, c'est de passer des années dessus et, par hasard, par malchance, de ne pas poser la question clef qui ouvre la voie à une importante découverte. La recherche est souvent une affaire de hasard, et il y a beaucoup de scientifiques de qualité qui n'ont jamais eu la chance de croiser une bonne fée pour fonder leur réputation. Inversement, un bon nombre de

Le contexte

prix Nobel sont récompensés pour avoir eu de la chance. Avec le temps, on peut dire que Chandrasekhar eut de la chance en choisissant son problème. Mais, à cette époque, il ne le savait pas.

« En 1933, après avoir terminé ma thèse, j'allai trouver Fowler pour lui demander si j'avais une possibilité de rester en Angleterre. " Vous pouvez en tout cas demander une bourse pour le Trinity College, m'a-t-il dit, mais je ne pense pas que vous ayez une grande chance. " Je la demandai quand même, mais j'étais tellement convaincu de ne pas l'obtenir, que je m'arrangeai pour quitter Cambridge le jour où on devait donner la réponse. Sur le chemin de la gare, je m'arrêtai à Trinity College pour voir quelles étaient les personnes qui avaient été choisies. Je fus tout à fait surpris de découvrir mon nom sur la liste. Je me rappelle que je me suis dit alors : " Eh bien, voilà qui va changer ma vie. "

« Je faisais soudain partie de " Cambridge ". Je pus alors m'asseoir à la même table que les autres. Je pus peu à peu trouver des gens avec qui parler, discuter, et même m'en faire des amis. »

Au bout de quelques années, Chandrasekhar aboutit à sa conclusion. Il découvrit que les naines blanches très massives ne pouvaient exister. Mais il y avait d'autres scientifiques qui étaient tout aussi certains du contraire.

Le physicien E. A. Milne, l'un de ses collègues mais aussi un ami personnel, lui écrivit qu'« il est évident que la matière ne peut avoir le comportement que vous décrivez ». Sir Arthur Eddington parla de son travail en ces termes : une naine blanche de plus de 1,4 masse solaire « doit donc continuer à rayonner, et se contracter de plus en plus jusqu'à, j'imagine, atteindre un diamètre de quelques kilomètres où la gravitation devient alors suffisamment importante pour contenir le rayonnement et où l'étoile trouve enfin le repos... Je fus forcé d'arriver à la conclusion que cela équivalait pratiquement à une *reductio ad absurdum* de la formule de la dégénérescence relativiste. De nombreux accidents peuvent intervenir pour sauver l'étoile, mais je désire plus de garanties que cela. Je pense qu'il doit exister une loi de la nature qui empêche un comportement aussi absurde de l'étoile ».

Milne n'a jamais expliqué à Chandrasekhar ce qui le rendait si sûr de lui, ni pourquoi il pensait que son ami s'était fourvoyé. Eddington utilisa le mot « absurdité », un concept qui n'appartient guère à l'astronomie. Un conflit était en vue, et il devait se dérouler en des termes qui n'allaient rien avoir de scientifique.

254

En science, l'intuition et le goût jouent un rôle important. Chandrasekhar avait résolu des équations. Il devait maintenant voir si son résultat était raisonnable, s'il avait un sens. Et s'il n'en avait pas, les gens n'allaient pas simplement le rejeter. Ils rejetteraient aussi les équations qu'il avait résolues.

Tout ce qu'il avait fait reposait sur la théorie quantique et son principe d'indétermination ; or la théorie quantique était une chose tout à fait nouvelle à cette époque. De nos jours, c'est une théorie reconnue, consacrée par des dizaines d'années de recherches et de vérifications, mais, dans les années trente, on l'avait très peu testée. Si cette nouvelle théorie conduisait à un résultat inacceptable, ce résultat serait purement et simplement ignoré. Mais comment décider ce qui est acceptable ?

Pour juger de la « raisonnabilité » d'un résultat, il n'existe pas de critères immédiats et définitifs. C'est un travail tout à fait différent de celui qui a conduit au résultat, pour lequel on fait des expériences, on résout des équations, etc. Cela peut être pénible, plein d'embûches pour qui ne se tient pas sur ses gardes, mais, en tout cas, on sait ce qu'il faut faire. Il y a des règles pour apprécier la validité formelle d'un résultat. Mais une fois ce résultat trouvé, on entre dans le domaine de la plus grande ambiguïté. Car si on peut décider que quelque chose est mathématiquement correct, il en va tout autrement pour savoir si ce quelque chose a ou non un sens. Et pourtant, c'est dans cette zone trouble que se font la plupart des véritables progrès scientifiques.

Tout scientifique compétent possède, dans sa spécialité, un sens de l'intuition, une sorte de flair qui lui permet de sentir les choses. Les bons scientifiques sont ceux qui ont un bon flair, qui sont doués de cette mystérieuse capacité d'anticiper la vérité des choses. A maintes reprises, les gens se laissent guider par cette intuition. Il arrive souvent qu'un scientifique déclare ne pas *croire* à un résultat ; il continuera alors à ignorer ce résultat. Un autre déclarera n'avoir aucune *foi* en quelqu'un, et ne manquera jamais une occasion de critiquer tout ce que dira son collègue. Ces gens ont flairé une impasse et sont convaincus de s'épargner bien des années de travail en ne s'engageant pas dans une voie sans issue. Un troisième dira, en s'appuyant la plupart du temps sur des preuves manifestement insuffisantes, que quelque chose « doit être vrai », et agira comme si c'était le cas. Il a l'intuition d'avoir déniché un domaine de recherche fécond, et sans attendre plus de preuves, il s'engage dans cette direction.

Des mots comme « croire », « foi », etc., peuvent paraître étranges. Ils ne devraient pourtant pas. Le sentiment d'une science uniquement guidée par la logique repose sur un manque d'appréciation de toute l'ambiguïté qui, en fait, baigne la profession.

L'illustration la plus éloquente de la manière dont l'intuition guide un scientifique égaré peut être trouvée dans un article du physicien soviétique Lev Landau, article qu'il a écrit deux années après que Chandrasekhar a découvert sa masse limite. Dans cet article, Landau retrouve ce même résultat, sans apparemment avoir été au courant des travaux antérieurs de Chandrasekhar. Mais il lui donne un statut complètement différent : au lieu de le prendre au sérieux, il y voit la preuve de la nécessité d'une nouvelle théorie physique. Après avoir démontré que l'équilibre n'est possible que pour les petites masses, il poursuit en écrivant que pour les masses plus grandes « il n'y a rien dans toute la théorie quantique qui empêche un système de s'effondrer en un point. Comme dans la réalité, de telles masses existent tranquillement en tant qu'étoiles, et ne manifestent pas de tendances aussi ridicules, nous sommes forcés d'admettre que toutes les étoiles ayant une masse supérieure [à la masse limite] *contiennent certainement des régions où les lois de la mécanique quantique sont violées* [1] ». Comme Milne et Eddington, Landau rejeta cette conclusion. Mais ici, il s'agissait de sa propre conclusion.

Il serait facile d'évacuer ces erreurs en supposant que ceux qui étaient en désaccord avec Chandrasekhar étaient de moins bons chercheurs que lui. Mais ce n'était pas le cas. Eddington et Landau font partie des grands scientifiques de notre siècle. Landau a obtenu le prix Nobel ; et beaucoup pensent qu'Eddington aurait également dû l'avoir. Landau inventa la notion d'étoile à neutrons ; Eddington a introduit la relativité en Angleterre et a vérifié la déviation de la lumière par la gravitation. Non, la morale de cette histoire est bien plus compliquée. Le fait est qu'en science il n'existe pas de formule pour réussir, aucune. Vous faites votre travail et vous en tirez les conclusions. Puis, vous avancez à découvert... et vous attendez.

Dans les années trente, sir Arthur Eddington « était la personnalité la plus importante en astronomie, dit Chandrasekhar. Je ne crois pas qu'il

1. C'est l'auteur qui souligne.

y ait eu quelqu'un pour douter de ce que disait Eddington. En janvier 1934, il y eut un colloque au cours duquel Eddington et moi fûmes en désaccord. Je venais de faire une communication. Eddington se leva et dit : " La communication qui vient d'être présentée est fausse du début à la fin. " Il fit alors plusieurs plaisanteries et à la fin de la séance, tous ceux que je rencontrais me disaient : " Dommage, dommage. " Tout le monde était certain que mon travail ne valait rien, simplement parce que Eddington l'avait dit ».

La première naine blanche avait été découverte par Henry Norris Russell. « L'incident suivant illustre bien le comportement de Russell. A une réunion de l'Union internationale d'astronomie, en 1935, Eddington était président de la Commission sur la constitution interne des étoiles. Russell en était le secrétaire et présidait la séance. Russell présidant la séance, Eddington fit une communication qui dura une heure, critiquant sans cesse mes résultats et les tournant en dérision. Je fis passer une note à Russell, lui disant que je souhaitais répondre. Russell me renvoya une note qui disait : " Je préfère que vous ne répondiez pas. " Je n'avais donc aucune possibilité de répondre et je ne pus qu'accepter les regards apitoyés de l'auditoire.

« [Au début,] je n'avais pas abouti à une théorie complète des naines blanches, avec les équations exactes. J'y arrivai pour la première fois à l'automne 1934. Pendant tout ce temps, j'étais boursier du Trinity College ; de temps à autre, Eddington venait chez moi après le dîner pour voir où en étaient mes calculs. Il était très curieux et à la fois anxieux de savoir. Il fut alors prévu que je ferais un compte rendu de mon travail à une réunion de la Royal Astronomical Society. Quand je reçus le programme de cette réunion, je remarquai qu'après moi Eddington devait faire une communication sur la dégénérescence relativiste. J'en fus très irrité : Eddington était venu chez moi pendant des semaines pour discuter de mon travail, alors qu'il était lui-même en train d'écrire un article et qu'il ne m'en avait jamais parlé.

« Quand j'allai dîner [la veille de la réunion], Eddington était dans la salle. J'étais encore très irrité qu'il ne m'ait rien dit. Après le repas, je n'ai pas essayé d'aller lui parler. C'est lui qui est venu vers moi. Et même là, il ne m'a rien dit.

« A la réunion, je fis mon exposé. Eddington se leva tout de suite après et dit : " Je ne sais si je vais sortir vivant de cette réunion, mais l'exposé que vous venez d'entendre repose sur des idées entièrement fausses. " Il se mit ensuite à faire des remarques qui... Enfin, si vous lisez le compte rendu de la séance, vous y verrez que le mot " rires " y figure à plusieurs reprises. »

Vers la fin des années trente, les opinions commencèrent un peu à changer. Mais Eddington ne se laissait toujours pas influencer. En 1938, au cours d'une conférence internationale, « Eddington et moi échangeâmes des propos très vifs. Au cours d'un débat, un astronome demanda à Eddington : " Professeur Eddington, nous sommes en présence de deux théories sur les naines blanches. Comment un astronome qui fait des observations peut-il les distinguer ? " Eddington répondit : " Il n'y a pas deux théories. " Cela me mit hors de moi. Je me levai et dis : " Eddington, comment pouvez-vous dire qu'il n'y a pas deux théories ? Nous étions vous et moi l'autre jour à Cambridge en train de discuter avec les physiciens Dirac, Peierls et Price, et aucun des trois n'était d'accord avec votre travail sur la dégénérescence. Dans la mesure donc où trois physiciens éminents pensent que ma formule est exacte, un astronome est forcé d'en conclure qu'il existe bien deux théories. "

« A ce moment, Russell se leva et dit : " Le débat est terminé. " Et nous en sommes restés là.

« A la fin du colloque, il y eut une grande réception, avec un buffet, au City Hall. Tous les grands y étaient. Ils se trouvaient à la grande table, et j'avais été casé quelque part dans un coin. A la fin de la soirée, je me retrouvai seul un instant quand soudain je découvris qu'Eddington était juste à côté de moi. " J'espère que vous ne vous sentez pas offensé pour ce matin ? " dit-il.

« Je lui demandai : " Vous n'avez toujours pas changé d'avis, n'est-ce pas ?

« " — Non ", répondit Eddington.

« Pourquoi vous excuser dans ce cas ? ", fis-je.

« Eddington me regarda un instant, puis il s'éloigna. Ce fut la dernière conversation que j'eus avec lui.

« A bien des égards, quand je repense à cette époque, je me demande comment j'ai fait pour ne pas craquer », poursuivit Chandrasekhar. Il n'avait pas trente ans alors, et Eddington était un personnage éminent, imposant. « Finalement, en 1938, je décidai qu'il ne me servait à rien de passer mon temps à me battre pour affirmer que j'avais raison et que c'étaient les autres qui avaient tort. Je décidai d'écrire un livre. J'y exposerais mes idées. Puis j'abandonnerais le sujet. »

Tout cela s'est produit il y a longtemps, et l'histoire a montré que c'est Chandrasekhar qui avait raison. *Il* est aujourd'hui l'un des patriarches de la science, et a atteint une dimension pratiquement mythique en astronomie en recevant le prix Nobel en 1983. Comme il se l'était promis, il a écrit un livre qui résume ses idées sur la structure des étoiles ; cet ouvrage a exercé une influence considérable sur le développement de ce sujet, définissant le problème avec précision pour les années qui suivirent. Puis il abandonna ce sujet et s'orienta vers la dynamique stellaire. Trois années plus tard, il publiait une étude sur ce sujet, puis il poursuivit sa route, passant d'un sujet de recherche à un autre, concluant à chaque fois son travail par la publication d'un livre tellement complet et rigoureux qu'il devenait un classique sur la question. Peu de scientifiques ont, comme lui, abordé des domaines de recherche aussi divers, et peu ont exercé à chaque fois une influence aussi importante. Son principe était de construire un ensemble complet de résultats sur lequel on pouvait s'appuyer en toute confiance. En cela, il a peut-être été le dernier des grands systématiciens. Ses livres ont eu tellement de succès que sa façon d'exposer est devenue maintenant presque aussi célèbre que la limite de Chandrasekhar. Son style a même été pastiché dans des articles qui furent de temps en temps soumis à des revues sous la signature d'un certain « S. Candlestickmaker [1] ». Chacun de ces articles imite gentiment le style clair et magistral que Chandrasekhar avait adopté et témoigne de l'influence qu'il exerce encore aujourd'hui.

Chandrasekhar est aussi l'un des plus grands défenseurs de la civilisation en astronomie ; il a souvent écrit et parlé avec éloquence sur la valeur culturelle de la science. « [Quand j'étais étudiant], le patriotisme consistait également à tenter de voir ce que les Indiens pouvaient accomplir par rapport au reste du monde. La recherche scientifique était l'un des moyens de montrer ce dont les Indiens étaient capables. Le patriotisme est une notion plutôt impopulaire aujourd'hui ; mais dans les années vingt, tel qu'il était compris en Inde, il correspondait au désir que chacun avait de prouver que le peuple indien possédait des capacités que le monde entier reconnaîtrait. Réussir dans le domaine scientifique pour prouver ce dont un Indien était capable entra donc pour une part dans mes motivations. »

---

1. Fabricant de chandeliers. (*N.d.T.*)

Mais en vieillissant, son point de vue s'élargit et fit place à une nouvelle expression de respect. « Comment se fait-il que la beauté, telle qu'elle est conçue par l'esprit humain, trouve sa manifestation dans la nature ? Prenez les ellipses et les sections coniques dont parla Apollonios. Quel enthousiasme lorsqu'il décrit ces courbes ! Et quelles propriétés incroyables ont-elles ! Il parle de la beauté de ces courbes ; il les trouve remarquables par leur beauté. Qui aurait pu prévoir que des siècles plus tard ces courbes se trouveraient être celles des orbites des planètes ?

« Comment se fait-il que l'esprit humain imagine certains concepts abstraits, et les considère comme beaux ? Et pourquoi ces concepts trouvent-ils exactement leur équivalent dans la nature ? La métrique de Kerr en est un exemple en relativité générale. Kerr a découvert cette métrique en tentant d'explorer les équations d'Einstein. Et elle donne une description exacte des trous noirs [en rotation] dans l'espace. Il me semble qu'il y a un grand nombre de situations dans lesquelles ce que l'esprit humain conçoit comme beau se retrouve dans la nature ; à bien des égards, cette pensée m'emplit d'humilité.

« C'est une chose que je ne comprends pas. Heisenberg avait une expression merveilleuse, " le frisson devant la beauté ". C'est tout à fait le genre de sentiment que j'éprouve devant tout cela.

« Je suis conscient de l'utilité de la science pour la société et des bénéfices que la société en retire. Mais d'un autre côté, on parle tellement de l'utilité de la science que je me suis personnellement senti bien plus concerné par le fait que l'on paraît complètement exclure la valeur culturelle de la science. La science, c'est une perception du monde qui nous entoure. La science est un domaine où vous appréciez ce que vous découvrez dans la nature. Que l'on puisse éprouver de la joie dans le travail et la compréhension scientifiques, que l'on puisse apprendre la science de la même façon que l'on aime la musique ou l'art, c'est là un point de vue que les gens me semblent ignorer. J'ai d'ailleurs le sentiment que si l'on appréciait les arts d'une manière consciente et disciplinée, cela pourrait nous aider à faire une science meilleure. »

Dans le bureau de Chandrasekhar, il y a une photo accrochée au mur. C'est une photo de Piero Borello, qui a pour titre « Vision individuelle d'un individu ». On voit une personne à mi-hauteur sur une échelle, avec au-dessus une espèce de structure symétrique bizarre dont la nature nous échappe. Borello a accepté d'en donner un exemplaire à

Chandrasekhar, à la seule condition qu'il lui explique les raisons pour lesquelles il la désirait. Chandrasekhar répondit : « Ce qui m'a impressionné dans votre photo, c'est la façon très frappante dont vous traduisez en image l'aspiration intérieure de l'homme vers son désir de se réaliser : il est à mi-chemin sur l'échelle, et la structure à peine discernable qu'il voit et vers laquelle il aspire lui reste totalement inaccessible, même s'il grimpe jusqu'au sommet de l'échelle. La prise de conscience de l'impossibilité absolue de se réaliser est encore plus soulignée par l'ombre qui lui donne un sentiment toujours plus humble de sa propre situation. »

13. Uhuru

La limite de Chandrasekhar rendit l'effondrement gravitationnel pratiquement inévitable, mais pas complètement inévitable. Eddington avait cherché une loi de la nature qui aurait permis d'éviter une telle absurdité. Il n'en a pas trouvé. Mais il avait tout de même mentionné qu'il pouvait se produire « divers accidents », faisant probablement référence à des explosions qui auraient détruit l'étoile avant qu'elle ait eu une chance d'imploser.

Mais tout cela, c'était un autre problème. Il n'y avait aucun moyen simple de contourner l'effondrement. La seule façon de le faire était de recourir à la manière forte : suivre théoriquement l'évolution d'une étoile sur les milliards d'années que dure sa phase de combustion nucléaire, et pas seulement d'une seule étoile, mais de chaque étoile correspondant aux différentes familles stellaires. Mais même pour faire une petite tranche de ce genre de calculs, il faut compter des heures sur un ordinateur moderne. Autrefois, c'était encore plus difficile.

Au début des années soixante, un bon nombre de ces calculs avait été mené jusqu'au bout. Certaines étoiles explosaient, mais la plupart n'explosaient pas. De plus en plus, l'effondrement gravitationnel complet fut envisagé comme une possibilité réaliste. Un changement d'attitude se dessina. Un article considéra que le point de vue selon lequel des accidents devaient invariablement intervenir n'était « rien d'autre qu'une superstition » ; un autre prit au sérieux l'idée de l'effondrement gravitationnel et, à titre d'exemples, se mit à interpréter les quasars.

La découverte des pulsars en 1967 marqua une étape importante dans cette évolution. Elle éclaira la situation sous un angle particulièrement saisissant. Les pulsars étaient des exemples de l'implosion à laquelle Eddington s'était si fortement opposé. Et s'il y avait des étoiles à neutrons, pourquoi n'y aurait-il pas également des trous noirs ?

Petit à petit, la solution de Schwarzschild quittait son statut de curiosité mathématique pour devenir une réalité concrète. Le trou noir entrait dans le domaine du possible. Mais comment en trouver un ? Il n'avait que quelques kilomètres de diamètre ; les télescopes ont déjà des difficultés à repérer quelque chose d'aussi petit sur la Lune, alors que dire d'un objet se trouvant à des années-lumière de nous ! C'était noir, et superposé au noir de l'espace. La déformation du fond du ciel produite par l'effet de lentille gravitationnelle pouvait être détectée, mais elle n'était importante qu'à quelques kilomètres seulement du trou.

En somme, cela s'annonçait difficile. Les difficultés semblaient trop importantes pour être surmontées. Et, en l'occurrence, elles ne furent pas surmontées. Le premier trou noir fut découvert d'une manière différente.

J'étais assis avec Harvey Tananbaum dans son bureau à Cambridge, dans le Massachusetts ; il me parlait de son voyage à Malindi, un petit village côtier sur les rivages de l'océan Indien, au Kenya. Bien que Malindi soit une sorte de station balnéaire, Tananbaum ne fut guère impressionné par la vie nocturne qui y régnait. « Il y avait trois ou quatre hôtels, me dit-il, une plage et quelques piscines. Il y avait un disc-jockey qui possédait une pile de disques avec lesquels il faisait la tournée des divers hôtels. Les lundis, il passait la pile de haut en bas, les mardis, il la passait de bas en haut. Les jeudis et les vendredis, il passait les autres faces. Le mercredi, vous pouviez aller au cinéma — ils tendaient un grand drap dehors, entre deux poteaux.

« Il y avait une piste qui menait de mon hôtel, à Malindi, au campement de base, poursuivit-il ; quand il pleuvait fort, cette piste devenait tellement boueuse qu'elle était totalement impraticable pendant plusieurs heures. Elle était étroite et pleine de nids de poules. Si vous tombiez sur une voiture roulant en sens inverse, vous klaxonniez et elle klaxonnait, et l'une des deux se déportait de moitié dans les fourrés pour laisser le passage à l'autre. Souvent, vous deviez vous arrêter pendant qu'un gamin, un bâton à la main, poursuivait ses vaches ou ses chèvres sur la route. Elles avaient la priorité, bien sûr.

« Non que cela fasse une grande différence. L'équipe italienne avait là-bas deux voitures à sa disposition, et, je ne sais comment, ils se sont un jour arrangés pour se rentrer dedans de plein fouet sur cette piste. Avec les deux seules autres voitures de la région.

« Le mamba vert est une espèce de serpent très courante dans cette région. A la sortie de Malindi se trouvaient de vieilles ruines arabes où il y en avait beaucoup. Il fallait faire attention quand on s'y promenait. Mais où que vous alliez, vous deviez toujours faire attention en passant sous les arbres, car vous ne saviez jamais ce qui pouvait vous tomber sur les épaules. Un soir, à mon hôtel, un jeune Anglais apporta dans son sac une vipère heurtante — c'est mortel — pour la montrer à tout le monde. Cette chose donna un coup à son maître qui la laissa tomber. Le serpent s'échappa et ce fut la panique jusqu'à ce qu'il l'eût rattrapé et remis dans son sac.

« Il faisait chaud et assez humide. Nous allions nous baigner, mais même l'océan était chaud, environ 30 degrés. Des bestioles ? Non, les insectes, ça allait. »

Il était là pour lancer un satellite.

L'astronomie des rayons X fut créée un lundi, dans l'État du Nouveau-Mexique. Une nuit d'été, en juin 1962, une petite fusée Aerobee fut lancée depuis la base de missiles de White Sands ; avant qu'elle ne s'écrase sur Terre, quelque six petites minutes plus tard, elle avait détecté un rayonnement X en provenance du ciel.

Pourquoi une fusée ? Pour répondre à cette question, considérons une analogie et imaginons une planète entièrement recouverte de nuages. Nous pouvons nous la représenter en pensant au jour le plus couvert, le plus brumeux, que nous ayons connu. La différence, c'est que la couverture nuageuse ne se dégage jamais. Par conséquent, aucune personne vivant sur cette planète n'aurait jamais vu le ciel.

Sur cette planète, nos habituels levers et couchers de Soleil resteraient totalement invisibles. Le passage du jour à la nuit se remarquerait à la diminution progressive de la morne lumière diurne, jusqu'à son extinction. Le jour, pas de Soleil ; la nuit, pas de Lune, ni d'étoiles : seulement un dôme gris et uniforme en guise de ciel.

Si nous vivions sur cette planète, nous serions capables de démontrer qu'elle est ronde — en volant autour en avion. Nous pourrions prouver qu'elle est en rotation — en observant un pendule de Foucault dans un musée des sciences. Au cours du temps, le plan dans lequel oscille ce pendule se déplace lentement, pour finalement faire un tour complet. En réalité, ce n'est pas ce plan qui se déplace : c'est le sol qui tourne en dessous de lui. Le comportement du pendule démontre que la Terre est en rotation, et si nous vivions sur une planète enveloppée de brouillard, nous pourrions également donner une interprétation correcte de ce comportement. Nous serions très probablement frappés par le fait que sa période de vingt-quatre heures correspond très exactement avec le cycle de vingt-quatre heures du jour et de la nuit. Ainsi, sans l'avoir jamais vue, nous pourrions être amenés à postuler l'existence d'une source de lumière externe, à côté de laquelle notre planète tournerait lentement sur elle-même. Mais nous n'aurions aucun moyen de savoir la distance à laquelle se trouve cette source de lumière, ni sa taille, ni que le Soleil est rond.

D'une manière analogue, en étudiant le flux et le reflux des marées, il est possible de démontrer aussi l'existence de la Lune. Mais bien que cela soit possible en principe, c'est plus douteux : en pratique, nous ne pourrions probablement nous faire aucune idée de la Lune. En tout cas, nous n'aurions aucun moyen de savoir qu'elle est constituée de roches, ou recouverte de cratères.

Et personne n'aurait la moindre raison d'envisager l'existence des planètes ou des étoiles.

Cette planète hypothétique ne l'est finalement pas tant que cela. C'est la Terre — *à condition* de ne pas voir de la lumière, mais des rayons X. Il est tout à fait possible que l'évolution produise un organisme vivant avec des yeux sensibles aux rayons X. Ces yeux ne seraient chez nous d'aucune utilité, car l'atmosphère de la Terre n'est pas transparente aux rayons X. Elle les arrête. La description que nous venons de faire rend exactement compte des difficultés qu'une telle créature rencontrerait si elle s'adonnait à l'astronomie. Le seul moyen d'observer des rayons X provenant de sources cosmiques est de se rendre au-dessus de l'atmosphère, de lancer une fusée ou un ballon, ou de mettre un satellite en orbite.

Dès 1956, plusieurs indices permettaient de penser que divers objets dans le ciel émettaient des rayons X, mais rien d'assez précis pour autoriser une publication dans une revue. En 1962, la fusée lancée à partir de White Sands fut la première à détecter d'une manière certaine un rayonnement X d'origine céleste, et il est juste de dire que ce lancement a donné naissance à une nouvelle spécialité en astronomie. Cette expérience avait été mise au point par quatre scientifiques du Massachusetts Institute of Technology, et d'une firme privée, l'American Science and Engineering : Riccardo Giacconi, Herbert Gursky, Frank Paolini et Bruno Rossi. Et ce qui est peut-être le plus remarquable avec cette expérience, c'est qu'elle a complètement surpris ceux qui l'avaient conçue. Ils l'avaient conçue dans l'espoir de détecter le rayonnement X provenant de la Lune, rayonnement produit lorsque le vent solaire vient frapper sa surface. En fait, cette expérience ne réussit pas à détecter ce rayonnement, mais découvrit autre chose : un éclat de rayon X, intense et absolument inattendu, provenant d'un objet tout à fait étranger au système solaire.

Ensuite, pendant huit années, cette science débutante fut un domaine de recherche incroyablement frustrant. Ces pionniers ne savaient pratiquement rien sur les sources de rayons X qu'ils venaient de découvrir. Les fusées coûtaient énormément d'argent et demandaient des années de conception et de construction. Finalement, lorsqu'on les lançait, beaucoup explosaient simplement sur le pas de tir. D'autres décollaient avec succès, mais il y avait alors un composant défaillant dans le détecteur de rayons X qui empêchait l'expérience d'aboutir. C'étaient les premiers temps du programme spatial, et les astronomes des rayons X fonctionnaient avec peu d'argent. Ils n'avaient en tout cas pas les moyens de s'offrir les fusées géantes de la NASA. Tout ce qu'ils pouvaient faire, c'était des vols de courte durée, de quelques minutes au maximum, en s'arrangeant pour bloquer toutes leurs observations sur cet intervalle de temps. En plus, leurs vols étaient dramatiquement espacés dans le temps, à peine un ou deux par an.

Si nous reprenons l'analogie de la planète recouverte de nuages, la situation, à cette époque, aurait été comme si au prix d'une dépense énorme et d'un effort démesuré, on avait pu s'arranger pour faire un petit trou de quelques minutes dans la couche de nuages. La première fois que l'on y serait parvenu, les scientifiques auraient peut-être vu les étoiles. La deuxième fois — six mois plus tard —, ils auraient peut-être vu la Grande Ourse et auraient réalisé que les étoiles formaient des motifs dans le ciel. Et si un veinard arrivait avec une paire de jumelles ou un petit télescope — et il n'aurait eu aucune raison particulière de le faire —, il en aurait été récompensé en assistant à un spectacle supplémentaire : les taches solaires, ou les anneaux de Saturne. Mais la connaissance acquise de cette manière resterait fragmentaire, incomplète, et les progrès seraient désespérément lents. Le pire, ce serait l'intense et infini sentiment de frustration, lorsque les nuages se refermeraient.

Ce fut comme cela jusqu'à l'arrivée d'Uhuru.

Uhuru fut le premier satellite construit pour étudier les rayons X provenant du ciel. Il n'est pas retombé sur la Terre cinq minutes après son lancement. Il avait été conçu pour rester au-dessus de l'atmosphère, en orbite autour de la Terre, faisant ses observations pendant une année entière. Même s'il n'avait fonctionné que la moitié de ce temps, ses constructeurs auraient été tout à fait heureux. Les conditions avant Uhuru étaient telles que, si l'on avait additionné tout le temps que toutes les fusées jamais lancées avaient passé au-dessus de l'atmosphère, on aurait obtenu quelque chose de l'ordre d'une semaine. Même s'il n'était resté qu'une petite semaine en orbite, Uhuru aurait alors multiplié par deux la connaissance que l'on avait du rayonnement X dans le ciel. Mais il ne survécut pas une semaine. Il dura trois ans.

Pendant ces trois années, ce seul satellite faillit transformer toute l'astronomie. Il découvrit des phénomènes célestes complètement nouveaux et inattendus. Il découvrit des objets dont on n'avait même pas soupçonné l'existence, et pas seulement un ou deux, mais toute une quantité d'objets appartenant à des catégories entièrement nouvelles. Il dévoila l'existence de nouvelles phases dans l'évolution des étoiles. Il décela d'immenses nuages intergalactiques dont on avait longuement débattu l'existence sans qu'elle ait jamais été mise en évidence. Il observa des rayons X provenant de galaxies éloignées aussi bien que de notre propre galaxie. Les spéculations les plus extravagantes furent dépassées par les données brutes qui pleuvaient du ciel. En cinq petites minutes — le temps de cuire un œuf —, Uhuru accumulait autant de données que pendant toute la durée de vol d'une fusée. Il recommençait pendant les cinq minutes suivantes, puis les cinq suivantes, et ainsi de suite, observant le ciel pendant des semaines qui devinrent des mois qui se transformèrent en années. Les opérations qu'il effectuait étaient, bien sûr, largement automatisées, et s'accomplissaient dans le silence de l'espace. Pendant ce temps, au sol, des astronomes s'affairaient activement pour tenter de comprendre cette nouvelle vision du ciel qui s'ouvrait d'un seul coup devant eux. Rarement dans l'histoire de la science, une discipline s'est trouvée avoir fait autant de progrès grâce à

267

un seul appareil. Comme si l'éternelle couverture de nuages avait été chassée d'un seul coup.

Tout cela n'était pas donné. Uhuru coûta l'équivalent de 25 000 000 F. Et il n'y avait aucun moyen de réduire cette somme. Il était impossible de supprimer ceci ou cela pour faire des économies ; cette situation met en évidence une caractéristique propre à la recherche spatiale.

Lorsqu'il fut finalement assemblé, Uhuru pesait quelque 175 kilos ; c'est une charge relativement importante. Combien coûta la mise en orbite d'un tel chargement ? Pensons en termes d'énergie. Il existe une unité pratique pour cela : la calorie ; c'est la même unité que les mannequins décomptent avec tant d'attention.

Combien dépense-t-on d'énergie pour simplement soulever à bras un tel chargement ? La réponse est environ 400 calories. Si 175 kilos est un poids trop lourd pour moi, je peux partager mon effort avec une autre personne en plaçant Uhuru sur un brancard : nous ne dépensons alors que 200 calories chacun. Montons maintenant ce brancard d'un étage. A nous deux, nous avons dépensé 1 600 calories. Amenons-le au sommet du World Trade Center : l'ascenseur consomme 180 000 calories pendant la montée. Finalement, plaçons Uhuru en orbite à 1 400 kilomètres au-dessus de la surface de la Terre. Il faut dépenser 200 millions de calories pour soulever un tel poids à cette hauteur.

Mais cela ne fait que commencer. Si tout ce que nous avions à faire était de soulever un chargement dans l'espace, puis de l'abandonner là, il retomberait sur la Terre. Ce que nous voulons, c'est le maintenir là-haut ! Comment empêcher ce satellite de retomber ? On ne peut pas. A moins de le placer au sommet d'une tour de 1 400 kilomètres de haut, il n'y a rien qui l'empêchera de retomber. Mais on peut l'empêcher de retomber *sur la Terre*. Une fois que le satellite se trouve à la bonne altitude, ne le lâchons pas, donnons-lui un coup de côté. Donnons-lui petit coup de côté et il atterrira à quelques kilomètres de son lieu de lancement. Donnons-lui un coup plus fort et il tombera suivant un angle plus important : peut-être atterrira-t-il à des milliers de kilomètres de son point de lancement. Maintenant, donnons-lui un coup encore plus violent. Il ne viendra alors *jamais* heurter le sol au cours de sa chute. Il tombe en décrivant une boucle tout autour de la Terre. Il est en orbite.

Pour obtenir cette orbite, la vitesse latérale à donner au satellite doit être calculée très précisément. Si elle est trop petite, il retombe sur la

Terre, et si elle est trop grande, il s'échappe dans l'espace. La fusée qui a lancé Uhuru l'a soulevé jusqu'à 1 400 kilomètres, puis l'a accéléré à une vitesse horizontale de 27 000 kilomètres à l'heure. Et il s'avère que l'énergie nécessaire pour accélérer 175 kilos à cette vitesse dépasse grandement celle qui a été nécessaire pour le soulever d'abord dans l'espace : elle vaut environ un *milliard* de calories.

Voici donc le budget énergétique du lancement : 200 millions de calories pour amener le satellite au-dessus de l'atmosphère, plus un milliard de calories pour l'accélérer, soit un total de 1 200 000 000 de calories. Cela semble être une grande quantité d'énergie. En fait non, car la calorie est une unité très petite : Un simple litre d'essence en contient 8 millions. Pour placer Uhuru en orbite, il a fallu la quantité d'énergie contenue dans à peine 160 litres d'essence. Et avec les tarifs à la pompe aujourd'hui, cela reviendrait entre 800 et 900 francs.

Mais Uhuru est revenu à 25 000 000 F. Comment 800 F peuvent-ils se transformer en 25 000 000 F ?

Nous avons oublié quelque chose. Et ce que nous avons oublié, c'est *le poids de ces 160 litres d'essence.* La fusée n'a pas seulement soulevé le satellite. Elle a également soulevé le combustible. Et non seulement cela, car pour accélérer Uhuru, elle a dû également accélérer le combustible. Par exemple, la toute dernière étape, pour passer de 26 000 à 27 000 kilomètres à l'heure, demandait une certaine quantité de combustible, et ce combustible devait être emporté pendant tout le trajet dans l'espace et également accéléré jusqu'à 26 000 kilomètres à l'heure, avant qu'il ne soit finalement utilisé.

En guise d'analogie, imaginez que je me prépare à sillonner le pays, mais qu'à cause d'une pénurie d'essence à l'échelle nationale, chaque station-service le long de ma route soit en train de fermer. La seule essence disponible se trouve près de chez moi, dans ma ville. Je vais devoir emporter toute mon essence avec moi. Bien sûr, mon réservoir ne peut contenir une telle quantité. Je vais être dans l'obligation de remorquer une citerne remplie d'essence. Elle sera très grosse : elle pèsera pratiquement autant que la voiture ! Mais si c'est le cas, j'aurai mal calculé la quantité d'essence dont j'ai besoin. Ma voiture consomme normalement 10 litres aux cent, mais avec un tel chargement elle en consomme 12. J'ai donc besoin de plus d'essence que je ne l'avais pensé au début, et cela fera du poids en plus. En refaisant alors mes calculs, je me rends compte que je vais avoir besoin de deux citernes. Mais si je remorque un tel chargement, ma voiture atteint les 18 litres aux cent. Je recommence une nouvelle fois mes calculs. Et à chaque fois, mes estimations ne font qu'augmenter.

C'est le même problème avec le lancement des satellites. Les charges que l'on envoie dans l'espace sont petites, mais les fusées pour les soulever sont gigantesques. A cause de cet inévitable enchaînement de circonstances, de ce budget énergétique sans cesse croissant, le coût nécessaire à la mise en orbite, même du plus petit des satellites, devient gigantesque.

Mais il y a plus. Une fois le satellite en orbite, nous ne pourrons pas le faire revenir pour le réparer si quelque chose ne va pas. Et l'on ne pourra pas non plus mettre un cosmonaute en orbite pour effectuer la réparation, du moins sans une énorme dépense supplémentaire. Ainsi, le satellite a intérêt à être parfait. Il vaut mieux qu'il n'ait pas besoin de réparations. Il doit être capable de résister aux violentes secousses et à la poussée lors du décollage de la fusée. Il doit être capable de supporter l'apesanteur en orbite, le vide de l'espace, la chaleur du Soleil qui n'est plus atténuée par notre atmosphère, et le froid extrêmement glacial qui règne à l'ombre de la Terre. Le satellite doit être capable de se contrôler. Il doit recevoir des instructions depuis le sol, être capable de les exécuter, et de renvoyer des données radio aux stations d'observation situées au sol. Si le satellite porte un télescope — par exemple un télescope à rayons X —, il doit être capable de contrôler sa visée. Il doit être capable de *trouver* où il doit pointer. Et il doit faire tout cela sans la moindre assistance mécanique d'une intervention extérieure.

Il arrive que des satellites tombent en panne sur leur orbite, souvent pour des raisons tout à fait banales. Peut-être quelqu'un a-t-il oublié de serrer un écrou quelque part, ou l'a serré trop fort ? Peut-être un grain de poussière bloque-t-il un relais ? De toutes petites écailles de peinture peuvent se détacher et venir se coller autour d'un aimant, faussant subitement son fonctionnement. Tous ces problèmes seraient résolus en un instant si quelqu'un pouvait monter jusqu'au satellite. Un petit coup de pied peut arranger bien des choses. Mais nous ne pouvons pas nous rendre là-haut pour le donner. Le satellite n'est qu'à quelques centaines de kilomètres, passant au-dessus de nous sur son orbite toutes les 90 minutes, mais aussi inaccessible que s'il se trouvait de l'autre côté de la Lune.

S'il ne fallait que 800 F pour lancer un satellite, personne ne se soucierait de tout cela ; s'il tombait en panne, on en lancerait simplement un autre. Nous pourrions en lancer une centaine, avec l'assurance, par la loi des grands nombres, que l'un d'entre eux, en tout cas, fonctionnerait. Mais nous ne pouvons procéder ainsi. Les satellites sont conçus et construits en portant une attention obsessionnelle aux détails. Tous les essais qui peuvent être réalisés sont réalisés, et pas seulement une seule fois, mais à plusieurs reprises. Chacune de ses parties est examinée avec la plus grande des minuties. Tout ce qui peut aller de travers est envisagé. On imagine des enchaînements d'accidents tout à fait improbables et on les analyse, parfois au cours de séminaires, parfois à 3 heures du matin ou dans des moments de dépression. Les ingénieurs qui construisent les satellites ont souvent un comportement compulsif, et sont enclins à une précision méticuleuse qui nous rendrait fous. Ils doivent être parfaits.

Et une fois de plus, les coûts deviennent plus importants. C'est ainsi, donc, que l'astronomie des rayons X sort des limites de la Petite Science. Des scientifiques isolés peuvent faire de l'astronomie optique, de la radioastronomie, ou de l'astrophysique théorique. Les universités ont les moyens de financer ce genre de choses. Mais pour faire de l'astronomie des rayons X, vous devez utiliser les gros moyens de la science. Et vous vous retrouvez confronté, inextricablement, inéluctablement, à la seule institution suffisamment puissante pour pouvoir payer, le gouvernement des États-Unis.

Et tout cela, parce qu'il n'y a pas de stations-service dans l'espace.

Le bureau de Riccardo Giacconi se trouve un peu plus loin que celui de Harvey Tananbaum, dans le même couloir. C'est Giacconi qui a conçu le projet Uhuru, qui a obtenu les subventions du gouvernement, qui en a supervisé la construction, et qui a présidé aux jours glorieux de l'arrivée des données. Il avait également participé au lancement de 1962 qui avait ouvert la voie à l'astronomie des rayons X. « Dès 1960, me dit-il, deux années avant la réussite de ce premier vol, plusieurs d'entre nous s'étaient regroupés pour élaborer un compte rendu technique dans lequel nous essayions de prévoir toutes les sortes d'objets possibles qu'un programme d'observation en rayons X aurait pu détecter. Nous avions tenté d'estimer la quantité de rayonnement X que nous pourrions capter en provenance des étoiles proches, des restes de supernova, de la Lune. L'intérêt que nous portions à la Lune était relié au vent solaire. A cette époque, on ne connaissait pratiquement rien sur ce sujet. Nous pensions d'abord que lorsqu'il frappait la surface de la Lune, le vent solaire émettait des rayons X qui pouvaient être détectés et qui auraient pu nous donner quelques renseignements sur lui. Il y avait une équipe de l'Air Force Cambridge Research Laboratories, sur la nationale 128 à la sortie de Boston, qui s'intéressait à la question, et nous avons pu en obtenir des subventions pour le lancement de la fusée. »

Je lui rappelai que ce vol avait réussi à détecter un rayonnement X, qui provenait non pas de la Lune, mais d'un objet tout à fait étranger au système solaire. S'était-on trompé sur les idées de départ ?

« En fait, la Lune est bien une source de rayonnement X, répondit-il, mais beaucoup plus faible que tout ce à quoi on s'attendait à l'époque. Mais ce n'était pas la Lune qui motivait mon désir de faire de l'astronomie des rayons X. Elle ne fut qu'un moyen pour obtenir de l'argent. Nous savions que l'armée de l'air s'intéressait à ce problème, et nous avons insisté sur cet aspect auprès d'eux. Mais mes véritables motivations étaient bien plus terre à terre : je voulais démarrer.

« Je savais ce que l'on pouvait faire, poursuivit-il. Nous avions ces estimations. Je savais qu'avec un détecteur à rayons X de telle ou telle taille, je pouvais détecter un rayonnement de la nébuleuse du Crabe, de Sirius, etc. Et c'était une possibilité nouvelle. Personne n'avait observé de rayonnement X d'origine céleste auparavant, et j'étais tout à fait convaincu que c'était une chose qui valait la peine d'être faite. »

Mais aucune de ces estimations ne fut correcte. Au cours de ce premier vol, ils ne détectèrent pas le rayonnement X de la Lune, ni celui de la nébuleuse du Crabe, ni celui de Sirius. Ils détectèrent quelque chose d'autre. Giacconi avait-il commis une erreur en se lançant dans l'astronomie des rayons X ? Était-ce la chance pure qui avait conduit à la découverte de la première source céleste de rayonnement X ? Assis dans le bureau de Giacconi, je fus soudain frappé par le fait qu'à chaque fois qu'un nouvel appareil est inventé, il découvre quelque chose que son inventeur n'avait aucune raison de prévoir. Le premier radiotélescope du monde fut construit pour étudier le Soleil. Il détecta bien le Soleil, mais aussi un déluge de rayonnement provenant d'un voile nébuleux ténu dans une région du ciel tout à fait anodine. Les pulsars furent découverts par hasard lorsque Hewish eut construit un radiotélescope d'un type nouveau, et il en fut de même pour les ceintures de Van Allen.

Mais, en fait, ces découvertes ne sont pas dues au hasard. S'il y a une chose que nous devrions avoir comprise maintenant, c'est bien que la nature est extrêmement prodigue. La nature nous surprend sans cesse en dépassant nos spéculations les plus extravagantes. A chaque fois que nous l'avons observée sous un angle nouveau, elle nous a révélé des phénomènes insoupçonnés.

Mais il y avait plus dans l'esprit de Giacconi qu'une confiance aveugle dans la richesse inépuisable de la nature : « Je savais que je pouvais faire cela mieux que quiconque, me dit-il. Je suis venu dans ce domaine par la physique des rayons cosmiques, et j'ai commencé par regarder ce qui avait été fait, et par noter qui travaillait dans ce domaine. Il y avait des physiciens qui travaillaient sur le Soleil, d'autres sur l'atmosphère, etc. Ce qui était important, c'est que je connaissais des techniques expérimentales qu'ils ignoraient. Je savais que je pouvais faire des mesures proprement, avec une grande précision.

« Après plusieurs lancements, l'armée de l'air en eut assez de nous financer, poursuivit Giacconi. Ils appréciaient ce que nous faisions, trouvaient que c'était du bon travail, mais ils pouvaient se rendre compte que cela n'avait rien à voir avec la Lune. Je dus alors battre en retraite et demander un financement auprès de la NASA. L'ennui, c'est que j'étais encore jeune à cette époque — je n'avais que trente-deux ans — et pratiquement inconnu. J'étais convaincu que la NASA ne me prendrait au sérieux que si je pouvais leur prouver que j'avais un programme d'observations en rayons X s'étendant sur plusieurs années, qui représenterait une véritable opération scientifique, un programme à long terme. Je le rédigeai en 1963 et je l'emportai à Washington. »

La proposition de recherche de Giacconi est intitulée « Programme expérimental en astronomie des rayons X hors du système solaire » ; c'est devenu une sorte de classique. Il dresse les grandes lignes d'un programme s'étendant sur une dizaine d'années, en commençant par une série de lancements de fusées, passe ensuite à la mise en orbite d'un satellite, puis à l'embarquement d'un détecteur à bord de l'une des missions Apollo, et se termine par la construction d'un instrument géant composé non seulement d'un détecteur, mais aussi d'un véritable téléscope capable de prendre des photos du ciel en rayons X. Ce qu'il y a d'extraordinaire avec la proposition de Giacconi, mis à part son audace inouïe, c'est que pratiquement toutes les expériences qu'il a proposées furent finalement construites et lancées dans l'espace. Ce fut un document prophétique, et qui restera pendant longtemps un modèle du genre dans ce domaine. « Je l'emportai à Washington et je le présentai à Nancy Roman, un administrateur de la NASA. Je lui fis un petit exposé, de trois quarts d'heure environ, à l'issue duquel elle me dit qu'elle était très intéressée. Elle me dit qu'elle soutiendrait mon projet de satellite. Je faillis en tomber de mon fauteuil ! Je ne m'étais pas imaginé, même dans mes rêves les plus fous, qu'elle me prendrait au sérieux. » Giacconi avait demandé quelques fusées, mais Nancy Roman le prit au mot, et accepta son projet, bien plus ambitieux, de lancement de satellite.

Mais il y a loin des encouragements d'un simple administrateur à la décision finale et à la subvention d'un programme important. Giacconi dut rentrer chez lui et écrire un projet plus détaillé concernant le satellite. Ce projet, écrit en avril 1964, fut également favorablement reçu. Mais il fallut attendre deux années avant de soumettre le projet final, et une année encore pour que le projet Uhuru soit officiellement mis en route. Il fallut ensuite trois ans pour construire le satellite.

« Le projet Uhuru aurait été excessivement difficile à réaliser, si ce n'est impossible, sans le soutien de Nancy Roman », me dit Giacconi. Ce n'était pas qu'elle fût la seule personne à avoir le dernier mot pour décider s'il fallait ou non le soutenir. Mais « les administrateurs de la NASA ont un pouvoir véritablement discrétionnaire pour décider s'il faut présenter les nouveaux projets aux échelons supérieurs de la hiérarchie. Pour cette raison, les relations personnelles avec ces personnes sont extrêmement importantes ». La NASA a deux moyens différents pour décider des projets scientifiques qu'elle doit soutenir. Si elle a un programme particulier en tête, elle publie des appels d'offre et invite à faire des propositions. Par exemple, elle peut avoir un programme en cours sur des études en ultraviolet du Soleil à partir de l'espace ; elle diffuse alors une circulaire indiquant que, dans tant d'années, un satellite sera lancé dans lequel on pourra installer plusieurs télescopes à ultraviolet. Et les scientifiques sont invités à présenter des projets. Cette procédure est tout à fait semblable à celle des appels d'offre pour la construction d'un pont ou d'un immeuble.

Mais ce n'était pas la situation dans laquelle se trouvaient Giacconi et son équipe. Ils proposaient une expérience tout à fait en dehors des programmes existant à la NASA. Ce genre de situation se traite différemment. Il faut être suffisamment convaincant pour persuader la

NASA de changer tout à fait de direction, et celui qui a déjà essayé de modifier le cours des événements dans une agence gouvernementale des États-Unis d'Amérique sait de quoi il s'agit. Il est indispensable pour cela d'avoir le soutien d'une personne à l'intérieur de l'agence, un administrateur possédant un certain pouvoir et intéressé par votre projet.

« Une chose importante ici, c'est la *pluralité d'accès,* dit Giacconi. Il existe de nombreux centres de la NASA, et ils sont relativement indépendants les uns des autres. Chacun s'occupe de ses propres affaires. Et ils ont tous leurs petits centres d'intérêt. Vous avez ainsi beaucoup de possibilités : si un administrateur vous dit non, ce n'est pas nécessairement terminé, vous pouvez essayer ailleurs. Ou si la NASA vous refuse, vous pouvez aller à la National Science Foundation, ou à l'armée de l'air, c'était encore possible à cette époque. »

Giacconi est italien, et il n'est arrivé aux États-Unis qu'après avoir terminé ses études. « Je n'aurais jamais pu faire cela en Italie, me dit-il. En Italie, on s'oppose beaucoup plus aux idées nouvelles. » Dans la plupart des pays d'Europe, la communauté scientifique est très hiérarchisée par rapport à la nôtre. Tout en haut de l'échelle, il y a un petit nombre de scientifiques très importants, qui exercent un pouvoir énorme et qui dirigent toute l'activité scientifique. Le système américain est plus démocratique, ou anarchique, cela dépend du point de vue. « En Italie, vous n'auriez pu réaliser quelque chose du genre d'Uhuru qu'à la seule condition qu'un très important professeur, âgé peut-être de quatre-vingts ans, consulte un comité d'autres professeurs tout aussi importants, et décide ensuite que c'est un bon projet. Quelqu'un de mon âge n'aurait eu aucune chance. Car justement à cause de son âge avancé, cet important professeur aurait refusé ce projet. C'est classique. » L'astronomie des rayons X était une discipline trop neuve à cette époque, et trop en dehors des grands courants de l'activité scientifique pour recevoir un large soutien.

Mais la tradition et les domaines de recherche traditionnels jouent également un rôle déterminant dans l'évolution de la science en Amérique. Ici comme ailleurs, il existe une science « établie » et une science qui ne l'est pas. Peut-être n'est-ce pas un hasard si Giacconi et ses collègues étaient tous *physiciens* plutôt qu'astronomes. Avant d'arriver en astronomie, ils travaillaient dans des domaines différents. Pour cette raison, ils comprenaient des choses que les astronomes ne comprenaient pas. Ils connaissaient les techniques nouvelles : ils connaissaient les nouveaux types de détecteurs et les nouvelles façons d'aborder les problèmes. Mais, heureusement, il y avait aussi des choses qu'ils ne connaissaient pas. Les astronomes, par exemple, « savaient » que la recherche des rayons X en provenance de l'espace allait être onéreuse et futile. Ils « savaient » que la plupart des objets célestes n'émettaient aucun rayonnement X. Il n'y avait certainement que des étrangers pour ne pas tenir compte de ces appréciations et foncer tête baissée, sans hésiter.

Ce qui est étonnant aussi, c'est que Giacconi et son équipe n'appartenaient pas à une université, et n'étaient pas employés dans des laboratoires d'État, ces deux bastions traditionnels de la science pure. Ils travaillaient *dans le privé,* pour une firme qui se consacrait au noble art de faire de l'argent par des méthodes nouvelles et ingénieuses. Cette firme était l'American Science and Engineering, et se trouvait située à Cambridge, dans le Massachusetts, juste au bout de la rue qui part de Harvard Square. Il semble que ses directeurs (dont l'un était Giacconi) aient pensé que l'on pouvait réaliser des bénéfices en faisant de l'astronomie des rayons X, et que si en même temps on pouvait faire naître une petite discipline scientifique, ce serait encore mieux. C'est du moins une manière de présenter la situation. Mais il y en a une autre. Peut-être que Giacconi et ses collègues voulaient vraiment faire de l'astronomie des rayons X et qu'ils n'avaient pas l'intention de se laisser arrêter par le fait qu'ils n'étaient pas des salariés ordinaires.

Maintenant, tout a changé. Par ses succès spectaculaires, l'astronomie des rayons X est devenue une partie intégrante de la science officielle. Et Giacconi et ses collègues ont finalement quitté l'American Science and Engineering pour remonter la rue jusqu'à l'université d'Harvard, une institution tout ce qu'il y a de plus réservée et de plus officielle. Ils n'étaient finalement plus des étrangers.

Dès le début il fut décidé que le nouveau satellite serait lancé vers l'est depuis un endroit situé sur l'équateur. Il y avait plusieurs raisons à cela. En premier lieu, c'est à l'équateur que la vitesse de rotation de la Terre est la plus grande, au moins 1 600 kilomètres à l'heure. Et un satellite lancé vers l'est tirerait avantage de cette vitesse pour se mettre en orbite ; il aurait déjà un bon élan au départ. D'autre part, la NASA entretenait tout un réseau de stations d'observation disséminées le long de l'équateur. Un satellite lancé depuis l'équateur le survolerait pour toujours, passant constamment à la verticale de ces stations. Il serait donc un peu plus facile de collecter tout le flot de données transmises au sol s'il était constamment reçu par les mêmes stations et toujours dans le même ordre régulier. Enfin, et c'est le plus important, il y avait le problème du bruit perturbant le signal que le satellite devait essayer de détecter. Le brouillage d'un détecteur par des sources externes fait toujours problème en astronomie. Dans la région optique du spectre, ce bruit est la *lumière du Soleil.* C'est pour cela que l'on observe les étoiles pendant la nuit. Dans le domaine radio, le bruit de Huguenin provenait des voitures et des stations de radio et de télévision. C'est pour cela qu'il plaça son télescope dans une réserve. Dans le domaine du spectre correspondant aux rayons X, les ceintures de Van Allen, des nuages de rayonnement cosmique entourant la Terre, pouvaient brouiller les détecteurs et provoquer de faux signaux. Une orbite qui se trouverait en tout point au-dessus de l'équateur éviterait ces ceintures plus facilement.

Finalement, le satellite fut lancé à partir du Kenya. Le gouvernement italien y maintenait une base de lancement, la base de San Marco. Elle était pratique et correctement située, et faisait face à l'est dans l'océan Indien. Peut-être le fait que Giacconi fût d'origine italienne a également joué un rôle. Ce fut en tout cas un bon choix.

Personne ne prénomme un bébé avant sa naissance ; la NASA aussi a suivi cette tradition en ne baptisant jamais un satellite avant qu'il ne soit lancé avec succès. Après tout, la fusée peut exploser sur sa rampe de lancement. Le satellite peut aussi se mettre en orbite, mais ne pas fonctionner correctement, devenir une sorte de mort-né cosmique. Avant d'être certain qu'un satellite est bien arrivé sur son orbite et qu'il est en bon état de marche, on ne lui donne qu'un nom de code : ici, ce fut SAS-1, pour Small Astronomy Satellite numéro un. Mais quand les choses se précisèrent, on décida que le lancement se ferait pour le septième anniversaire de l'indépendance du Kenya. Et on choisit un nom : « Uhuru », qui en swahili signifie « liberté ».

Les rayons X, tout comme les signaux radio et lumineux, sont des ondes électromagnétiques. Ce qui les différencie, c'est la longueur d'onde. Des trois, ce sont les ondes radio qui ont la plus grande longueur d'onde, puis vient la lumière avec une longueur d'onde intermédiaire, et enfin les rayons X qui ont les plus petites longueurs d'onde. Chacune de ces ondes se détecte par des moyens différents. Les ondes lumineuses sont captées par des bâtonnets et des cônes se trouvant dans la rétine de l'œil, ou sur un film photographique. On reçoit les ondes radio à l'aide d'une antenne. Quant aux rayons X, les dentistes et les médecins les détectent à l'aide de films photographiques. Mais c'est une technique rudimentaire. Les gens de l'American Science and Engineering en connaissaient une meilleure : le compteur proportionnel.

Leur compteur proportionnel était constitué d'une boîte contenant un certain gaz et un fil de fer. Si un rayon X pénétrait dans la boîte, il ionisait brièvement le gaz. Les ions se rassemblaient alors sur le fil et produisaient une impulsion électrique. Ils détectaient alors ce courant : il signifiait qu'un rayon X avait traversé la boîte. Les compteurs Geiger fonctionnent sur le même principe.

Cette impulsion électrique ne dit pas la direction d'où provient le rayon X. Une boîte pleine de gaz réagit aux rayons X provenant de n'importe quelle direction. Comment orienter le compteur ? Ils le firent, d'abord, en blindant cinq des six faces de la boîte, de sorte que les rayons X ne pouvaient entrer que par devant. Puis ils montèrent un collimateur sur le devant : un écran métallique qui stoppait tous les rayons X sauf ceux qui provenaient d'une direction particulière. Cela pouvait être un objet aussi simple qu'un bout de tuyau. Le compteur proportionnel « regardait » à travers son collimateur, tout comme on regarde à travers un tuyau.

Tel qu'il prit lentement forme dans les laboratoires de l'American Science and Engineering, SAS-1 était un peu plus petit qu'une personne : quelques décimètres de large et un mètre vingt à un mètre cinquante de haut. Le cœur de cet appareil était le compteur proportionnel, qui avait environ la taille d'un livre. Sur la paroi de devant, celle par laquelle entraient les rayons X, il y avait une feuille de béryllium ultra-fine, transparente aux rayons X. Le collimateur était un ensemble rectangulaire de lamelles métalliques. Quand il fut finalement assemblé, le compteur proportionnel ressemblait tout à fait à un radiateur de voiture. Il y en eut deux, montés dos à dos sur des côtés opposés du satellite. Uhuru allait pouvoir observer en même temps dans deux directions exactement opposées.

Le satellite devait tourner lentement sur lui-même. Toutes les douze minutes, il ferait un tour en une rotation continue. Et pendant ces douze minutes, chaque compteur proportionnel balaierait une étroite bande du ciel. Chacun devait couvrir cette bande plusieurs fois jusqu'à ce que, sur une instruction venue du sol, le satellite incline son axe de rotation, leur permettant alors de balayer une autre bande du ciel. Un détecteur magnétique sur le satellite surveillerait le champ magnétique de la Terre, donnant des informations sur la direction de l'axe de rotation par rapport au nord magnétique. L'inclinaison du satellite serait contrôlée par un phototube regardant vers l'extérieur à travers une fente en forme de N. A chaque fois qu'une étoile passerait devant le N, elle donnerait trois impulsions lumineuses ; et une constellation fournirait un motif d'impulsions très compliqué. Ces impulsions seraient transmises à la Terre. Au sol, un ordinateur aurait dans sa mémoire une carte détaillée du ciel. En consultant cette carte, il devait pouvoir décider à partir de cet ensemble d'impulsions dans quelle direction pointait exactement le satellite. A l'époque des grandes découvertes, les marins naviguaient au compas et au sextant : aujourd'hui, à l'époque de l'exploration de l'espace, Uhuru ferait de même.

Le satellite tirerait son énergie électrique d'un ensemble de panneaux solaires. Repliés pendant le lancement, ils ne devaient se déployer que lorsqu'on était certain que l'orbite aurait été atteinte. Tout cet équipement — les compteurs proportionnels, le système de transmission, les opérations d'entretien —, tout devait fonctionner sous une puissance d'à peine 30 watts, moins que la puissance dépensée par une ampoule électrique.

Lorsqu'il fut assemblé, le satellite fut tapissé d'une feuille de mylar recouverte d'aluminium, extrêmement mince. Cette feuille, transparente aux rayons X, devait le protéger des variations brutales de température quand il passait de l'ombre de la Terre à la chaleur du Soleil. Seuls les détecteurs d'étoiles, un détecteur solaire et les panneaux solaires devaient dépasser.

A 1 400 kilomètres de haut, voyageant interminablement à la vitesse de 27 000 kilomètres à l'heure... mais sans aucune sensation de vitesse. Aucun souffle d'air, pas le moindre bruit, pas la moindre vibration pour perturber SAS-1 pendant qu'il exécutait automatiquement ses opérations. D'un côté — en haut, en bas, à droite, à gauche : cela ne fait aucune différence dans l'espace — se trouverait la masse de la Terre : un panorama, comme un panneau publicitaire arrondi, d'un bleu brillant moucheté de blanc. Les nuages, les lacs, les continents se laisseraient lentement dériver. Et le satellite : enveloppé dans sa feuille d'aluminium comme un énorme poulet dans une rôtissoire, tournant imperceptiblement sur lui-même, ses panneaux solaires déployés comme un moulin à vent cosmique. Un Don Quichotte céleste serait certainement passé à l'attaque.

La conception d'un satellite est toute une science. Sa construction est tout un art.

Tananbaum : « Les fenêtres de nos compteurs proportionnels étaient entièrement en béryllium, et étaient d'une minceur fantastique. La toute première fois que j'en pris une, je m'arrangeai pour la percer avec un tournevis. Je me rappelle qu'au moment même où elle a craqué j'ai pensé à une coquille d'œuf. Il fallait faire très attention en manipulant ce genre de choses. S'il se déposait dessus la moindre gouttelette d'eau, par exemple à cause de l'humidité ou parce que vous l'aviez touché avec le doigt, le béryllium s'oxydait. Et il rouillait. La rouille laissait alors un tout petit point poreux, un minuscule trou d'épingle dans la fenêtre, et tout le gaz à l'intérieur se trouvait contaminé. Ces compteurs étaient très sensibles, et nous n'aurions pu obtenir des signaux convenables s'ils avaient eu la moindre fuite de ce genre. Nous avons tout d'abord essayé de recouvrir le béryllium de toutes sortes de matériaux de protection : des résines, de l'époxyde, etc. Ensuite, nous avons placé le compteur dans une étuve et nous l'avons porté à une température de 40 degrés sous 100 % d'humidité. C'étaient à peu près les conditions qui régnaient sur l'aire de lancement, et nous avions besoin de savoir si les appareils pouvaient leur survivre assez longtemps jusqu'à leur mise en orbite. Ces essais furent effectués plusieurs années avant le lancement et nous apprirent que même au bout d'une petite semaine dans ce genre d'environnement, ces compteurs seraient tout à fait contaminés. Nous en avons alors conclu que nous ne pourrions pas trouver de système efficace pour recouvrir et protéger les fenêtres de nos compteurs. A partir de là, nous avons été obligés de porter des gants pour manipuler les compteurs, et de maintenir le satellite dans un abri hermétique jusqu'à ce qu'il arrive sur le site de lancement. »

Ils eurent des problèmes de décharges électriques avec l'électronique. « Dans l'air, une haute tension appliquée à un composant électronique ne pose pas de problèmes. Dans le vide non plus. Mais il y a une zone intermédiaire dans laquelle vous obtenez de fortes décharges. Les différents centres de la NASA abordent ce problème avec des méthodes différentes : certains centres ont même des approches différentes à des moments différents. Nous avons farci tout ce que nous avons envoyé dans l'espace. Farcir un composant à haute tension consiste simplement à le vider de tout l'air qu'il contient avant de le lancer dans l'espace, en le remplissant avec de l'époxyde. Vous placez ce composant dans une chambre à vide, vous faites le vide, puis vous mélangez votre époxyde avec un durcisseur, et vous l'injectez dans le composant. Si vous avez bien fait les choses, tout est enrobé et rempli à 100 %, et votre haute tension, soit se retrouve dans les câbles, soit circule entre des régions entièrement séparées par ce matériau, et il n'y a aucune possibilité de décharge.

« Le problème, c'est qu'il y a un côté magie noire dans ce travail. Vous avez besoin d'un manipulateur très habile pour le faire, et même le plus habile peut commettre des erreurs. Parfois le produit injecté n'est pas de toute première qualité, ou parfois il n'est pas correctement injecté. Alors, au lieu d'avoir une parfaite adhésion de la résine sur le composant électronique, il reste de petits espaces, des petites poches d'air emprisonné. Et quand vous placez votre appareil dans le vide, pendant deux à sept jours, les petites bulles d'air deviennent de plus en plus fines jusqu'à ce que vous atteigniez cette région critique où se produit la décharge électrique. Vous avez alors un bruit terrible et toute l'électronique est détruite. Si cela se produit dans l'espace, tout le satellite peut devenir entièrement hors d'usage. Il faut donc enrober les composants de résine, les tester dans le vide pendant une semaine, sortir le composant défectueux, trouver le défaut, le réparer, replacer le composant, et refaire un nouvel essai.

« Il y avait un type sur le site de lancement envoyé spécialement par la NASA. Il était spécialisé uniquement dans le nettoyage des appareils. Son travail consistait à être présent la veille du jour où on mettait le satellite dans sa capsule, et àe détecter avec des lampes spéciales tous les moindres grains de poussière, toutes les empreintes digitales, et à les enlever. C'était vraiment un spécialiste. »

Spécialistes, ingénieurs, supertechniciens... tous travaillèrent sans relâche sur SAS-1. Ce fut un travail superbe, un travail d'orfèvre. Mais il existe une meilleure comparaison. SAS-1 fut véritablement un équivalent moderne de ces grandes constructions religieuses du passé comme les cathédrales gothiques ou les pyramides d'Égypte. Tout comme ces grands travaux, il fallut trouver des financements bien au-delà de ce que pouvait fournir un seul individu : SAS-1 fut payé par l'État séculier moderne ; les pyramides par l'État théocratique des pharaons ; et les cathédrales par l'Église catholique qui était, en quelque sorte, le gouvernement de l'époque. Tout comme ces grands travaux, SAS-1 fut l'aboutissement d'un effort collectif s'étendant sur plusieurs années, faisant intervenir énormément de techniciens hautement qualifiés, aidés par un nombre encore plus grand d'ouvriers non spécialisés.

Enfin, il fut tout à fait inutile d'un point de vue strictement pratique. Il ne fut en rien justifié par des applications pratiques. Il fut l'expression d'un besoin, d'une aspiration. Les Égyptiens bâtirent les pyramides, les Européens bâtirent les cathédrales. Nous, nous faisons de la science.

Cependant, on peut trouver des différences. Les cathédrales gothiques furent bâties pour être vues. Elles restaient dans les villes qui les avaient construites, pour inspirer le sentiment religieux aux générations à venir. Il en fut de même pour les pyramides qui ont survécu pendant des millénaires. SAS-1, lui, fut construit pour être abandonné. Une fois achevé, il ne devait jamais plus être revu, il devait être lancé, utilisé quelque temps, puis devait se consumer en retombant, lorsque son orbite faiblirait, plusieurs années plus tard. Étrange destin pour une telle œuvre d'art !

Mais est-on absolument certain que l'art religieux a été conçu pour être contemplé ? Nous croyons cela aujourd'hui parce que nous allons dans les musées, mais ce n'est pas la place qui lui était destinée. Les pyramides ne furent pas construites pour être admirées. Elles furent bâties pour garder des secrets. Leur fonction était de protéger le trésor et le corps du pharaon de la convoitise des pilleurs de tombes. Ces trésors n'étaient d'ailleurs façonnés avec soin que pour être enfermés, si possible pour toujours. Quant aux cathédrales gothiques, leurs proportions immenses, leur plan d'ensemble, sont assez impressionnants ; toutes les sculptures, les inscriptions, les vitraux, nous laissent émerveillés. Mais elles contiennent bien d'autres choses que l'on ne peut voir. Il y a des gargouilles, finement sculptées, qui ont été élevées à des dizaines de mètres, et qui se trouvent perchées sur des flèches d'une hauteur vertigineuse, ou cachées dans des coins et des recoins. Elles sont trop haut pour pouvoir être admirées ; on peut à peine les voir. C'est également vrai pour les vitraux : certains sont situés assez bas, mais d'autres, tout aussi beaux, restent inaccessibles au regard.

Comme si toutes ces œuvres d'art, construites par des spécialistes, n'avaient pas été conçues pour être vues. Peut-être furent-elles simplement construites pour exister. C'est un genre de construction qui aurait horrifié les architectes modernes par son manque de rentabilité. Mais il n'aurait pas horrifié les gens qui ont construit SAS-1.

SAS-1 fut lancé depuis la plate-forme de San Marco, le 12 décembre 1970. Cette plate-forme se trouve dans l'océan Indien, à cinq kilomètres de la côte du Kenya, non loin de Malindi. Ces cinq kilomètres ne sont pas un hasard : ils mettent la plate-forme dans les eaux internationales, juste au-delà de la limite de la juridiction territoriale du Kenya, au cas où. « C'était une espèce de tour texane, me dit Tananbaum. Cela ressemblait tout à fait à une plate-forme pétrolière. C'est exactement l'impression que cela me donnait. En fait, il y en avait deux : la plate-forme de San Marco, à partir de laquelle fut lancée la fusée, et une autre qui contenait le blockhaus, un bunker en béton dans lequel se trouvaient les gens qui s'occupaient du lancement. Elles n'étaient pas trop grandes, environ de la taille d'un terrain de football américain, et elles s'élevaient à deux ou trois étages au-dessus de la mer. Pour y aller, vous preniez un bac depuis la terre ferme ; vous sautiez ensuite du bac dans une nacelle, avec un fond en bois, et un treuil vous hissait au niveau de la plate-forme. Parfois aussi, vous preniez un canot pneumatique avec un moteur extérieur. Vous étiez alors sacrément secoué ; on ne pouvait descendre la nacelle parce qu'il n'y avait pas de place pour elle sur le canot. Vous deviez alors grimper le long d'une sorte d'échelle de corde, comme ces filets que vous pouvez trouver sur les terrains de jeu pour enfants.

« Une fois là-haut, vous n'aviez pas le sentiment d'être en mer. Vous vous sentiez plutôt dans un building. La plate-forme était très stable, et il y avait énormément de pièces. Naturellement, il faisait chaud et humide. Tout le monde circulait en short et en tennis, sans chemise. »

Le satellite arriva sur la plate-forme un mois avant le lancement. Trois membres de l'American Science and Engineering arrivèrent avec lui, Harvey Tananbaum comme scientifique, un ingénieur électricien et un ingénieur mécanicien. Il y avait également quelques personnes de l'université Johns Hopkins qui avaient construit les appareils auxiliaires — les générateurs de courant, le système de communication, le système électrique —, quelques autres du Goddard Space Flight Center de la NASA qui avait organisé le programme, des fournisseurs divers, et l'équipe italienne qui s'occupa véritablement du lancement de la fusée. « On avait fait un planning détaillé sur un mois pour effectuer les tests nécessaires, me dit Tananbaum. Le satellite avait été laissé sans surveillance tout le temps de son expédition par bateau ; nous nous étions alors réservé une semaine environ pour le déballer, le monter sur une table, installer les ordinateurs, et le vérifier. Nous avions un certain nombre de tests de fonctionnement à effectuer, pour nous assurer que les coups et les secousses qu'il avait subis pendant le voyage n'avaient pas provoqué de dégâts.

« Nous fîmes des tests pour vérifier la compatibilité électrique avec la fusée de lancement. Certains de nos appareils devaient fonctionner dès le décollage, et nous voulions nous assurer qu'ils n'allaient pas engendrer de signaux que la fusée pouvait interpréter comme un ordre de mise à feu prématurée, d'arrêt de ses moteurs en pleine course, ou une chose de ce genre. Nous communiquions avec le satellite à partir d'une caravane de transmission située sur la plage et nous avons fait toute une série de simulations des dernières vérifications que nous aurions à effectuer quelques heures avant le lancement. Nous voulions être certains que nous pourrions les faire dans le temps prévu à cet effet, que nous pouvions lire les données envoyées par le satellite et comprendre ce qu'elles signifiaient.

« Parfois, tout se passait tellement bien que nous avions deux ou trois jours de libre pour visiter des réserves d'animaux. D'autres jours, nous avions fini vers 10 ou 11 heures du matin et nous commencions à boire très tôt. Mais en dépit de tout ce temps libre, ce fut très mouvementé. Nous étions constamment sous pression.

« Environ dix jours avant le lancement, les gens de Johns Hopkins décelèrent une anomalie dans le comportement de l'une de leurs batteries. La batterie principale ne semblait pas tenir correctement la charge. Ils en avaient apporté une de rechange et il fallut décider rapidement si on effectuait ou non le remplacement. Finalement on la remplaça, et cela prit pratiquement un jour. Ensuite, nous avons dû répéter bon nombre de tests sur le circuit électrique pour être sûrs que tout fonctionnait normalement. Il se trouva, plus tard, que nous avions commis une maladresse. Ces batteries étaient légèrement magnétisées et, pour je ne sais quelle raison, le champ magnétique de la batterie de rechange était différent de celui de l'ancienne. Le champ de la première batterie avait été testé de manière très précise et on l'avait annulé entièrement en disposant de petits aimants autour d'elle, à des endroits stratégiques, de la même façon que l'on équilibre une roue avec de petites masselottes. Quand nous avons fait l'échange, personne n'a pensé à revérifier l'équilibre magnétique. Nous avons simplement supposé que ces batteries étaient interchangeables, et c'est tout. Mais lorsque le satellite fut en l'air, ce faible champ magnétique qui n'avait pas été annulé interagit avec celui de la Terre, et produisit une rotation irrégulière du satellite. Cela le fit tourner sur lui-même un tout petit peu plus vite, puis un tout petit peu plus lentement tout au long de son orbite. »

Dès son arrivée, le satellite fut placé dans une pièce avec air conditionné pour protéger ses compteurs proportionnels de la corrosion due à la grande humidité qui régnait au Kenya. Puis, environ une semaine avant son lancement, il fut installé dans le nez de la fusée qui devait l'emporter. Et là, il n'y avait plus d'air conditionné. Les physiciens maintinrent le satellite au sec en insufflant de l'azote liquide depuis un réservoir dans un sac qui l'enveloppait.

Ce fut à ce moment qu'arriva Giacconi. « Ma présence n'était nullement nécessaire, me dit Giacconi, puisque tout se passait extraordinairement bien. Et j'avais des masses de choses en train en Amérique. A cette époque, on venait juste de terminer un important rapport à la NASA pour le lancement d'un second satellite beaucoup plus gros. En fait, je me demandais si je devais ou non rester au Goddard Space Flight Center où l'on recevrait les données. A la fin, je ne pus plus tenir et je suis venu.

« Une fois à Malindi, il apparut que je pouvais me rendre utile. Le fait que je fusse d'origine italienne pouvait servir, puisque l'équipe de lancement était italienne. Je pouvais avoir une approche bilingue des problèmes, si vous voyez ce que je veux dire. Par exemple, cette équipe devait faire passer cet azote de dessiccation sur les compteurs vingt-quatre heures sur vingt-quatre. C'était un travail terriblement ennuyeux, parce que cela signifiait qu'il fallait que quelqu'un aille là-bas, en plein milieu de la nuit, pour changer les réservoirs. Ils le faisaient, mais... bref, ils étaient contents qu'il y ait un Italien avec qui ils pouvaient parler. Deux bouteilles de vin, vous voyez, des petits trucs comme ça. »

Deux jours avant le lancement, le combustible fut chargé à bord de la fusée. A partir de là, elle fut armée — une véritable bombe amorcée —

et on limita l'accès sur la plate-forme de San Marco. « Il y avait des choses qui pouvaient arriver par inadvertance, me dit Tananbaum. L'engin pouvait exploser. Seuls ceux qui avaient suivi un stage spécial sur la sécurité étaient autorisés à aller sur la plate-forme ; et je ne l'avais pas suivi. Dès lors, toutes nos communications avec l'engin se firent à distance. » Ils ne le revirent jamais. Deux jours plus tard, au milieu de la nuit, un technicien enleva le dernier système de sécurité qui empêchait l'allumage accidentel des moteurs. Il fut la dernière personne à se rendre sur la plate-forme. Jusque-là, la fusée était restée posée sur le côté, avec SAS-1 placé dans son nez. A minuit, après que le dernier technicien eut quitté la plate-forme, elle se redressa à la verticale pour pointer vers le ciel. Tananbaum se trouvait dans la caravane de transmission, sur la plage. Giacconi était sur la plate-forme de contrôle. Le lancement était prévu à l'aube.

Ils attendaient.

Tananbaum : « Il y avait un village à environ une centaine de mètres de la camionnette. Les dernières vérifications furent faites dans l'heure avant le lancement. J'avais communiqué par téléphone avec Giacconi pour lui annoncer qu'elles étaient concluantes. Il me posa quelques questions, puis j'eus plus ou moins terminé. Je sortis de la caravane pour assister au lancement. J'étais là, avec cette caravane, avec ces ordinateurs, avec l'air conditionné, le téléphone, l'émetteur, et à même pas cent mètres de moi, se trouvait une palissade, et de l'autre côté de cette palissade, un village. Les gens y vivaient dans des cases de branchages, sans eau courante. Ils faisaient la cuisine au feu de bois. Ils n'avaient pas d'électricité. Et je n'arrivais pas à m'imaginer le choc, le choc culturel qu'ils allaient éprouver en entendant ce bruit sourd, et l'explosion, lorsque la fusée décollerait.

« C'étaient des pêcheurs, et je me souviens de deux d'entre eux, rentrant au village, portant des poissons. Ils passèrent juste devant des gradins qui avaient été installés pour que les personnages importants du coin puissent assister au lancement. Certains soirs, je venais m'asseoir ici pour regarder le coucher de soleil, la fusée, et je n'étais pas sûr de savoir à quel monde j'appartenais. Il régnait une atmosphère étrange. Vous savez, le Kenya est un pays assez moderne. Les villes sont très développées, il y a des voitures, des routes, de l'électricité. Mais il y a aussi cet autre monde. Le Kenya est un pays agréable à visiter, mais je n'aurai peut-être plus l'occasion de retourner en

Afrique. Ce fut merveilleux, et ce fut pour moi une précieuse expérience. »

La fusée, maintenant à la verticale, était illuminée par des projecteurs. L'aube arrivait, et c'était le moment prévu pour le lancement.

Rien ne se passa.

Giacconi : « La fusée avait été fournie par une firme privée dont quelques représentants se trouvaient sur la plate-forme de contrôle. L'un des tests effectués sur un gicleur, qui réglait l'orientation du moteur du deuxième étage, semblait avoir une défaillance. Ils refirent le test et, cette fois, il fut positif. Ils répétèrent *neuf fois* ce test, et il fut à chaque fois positif. Ils insistèrent alors pour avoir une signature des officiels de la NASA, disant que le test était concluant. Le problème était que cette compagnie avait signé avec la NASA un contrat dans lequel elle s'engageait à fournir une fusée sans aucun défaut, et elle devait récupérer un bénéfice supplémentaire de 100 000 dollars si le lancement s'effectuait sans aucun problème. S'il y avait le moindre problème, elle perdait ce bonus. Elle voulait donc cette signature, mais pas de n'importe qui. Il fallait celle d'un officiel de la NASA qui s'occupait des contrats.

« L'ennui, c'est qu'il n'y avait pas d'officiels s'occupant des contrats sur la plate-forme. Ils étaient tous en train de dormir à l'hôtel, à Malindi. Ces types sont alors partis les trouver en pleine nuit — cinq kilomètres de bateau sur la mer, plus quinze kilomètres de piste défoncée. Et il fallut arrêter le compte à rebours pendant tout ce temps. »

Giacconi s'allongea simplement sur les panneaux d'acier de la plate-forme et essaya de dormir. « Je ne pouvais rien faire, donc je ne fis rien, dit-il. J'attendais. En fait, je ne savais pas du tout à ce moment-là ce qui se passait. Tout ça resta très confidentiel. J'étais très fatigué, tout trempé par la mer, l'humidité. Un membre de l'équipe italienne me donna sa chemise, et je réussis à dormir. La seule chose que je voulais, c'était envoyer mon engin loin de ces abrutis. »

Le Soleil se leva. Le satellite, perché dans le nez de la fusée, commença à chauffer. L'humidité augmenta. Sans l'air conditionné, privé du courant de gaz d'azote qui le maintenait au sec, de toutes petites gouttelettes d'eau commencèrent à se former sur les fragiles fenêtres en béryllium des compteurs proportionnels, ce qui déclencha le processus de dégradation irréversible qui allait bientôt les détruire. « Le problème le plus urgent, malgré tout, c'était que nous allions manquer d'oxygène liquide, me dit Giacconi. Il intervenait dans plusieurs opérations. Et vous ne pouviez pas simplement aller à Malindi pour en acheter. Si nous ne faisions pas le lancement bientôt, nous allions être obligés de l'interrompre, et cela signifiait que l'on devait le reporter de deux mois environ, le temps que l'on nous renvoie de l'oxygène liquide d'Italie. On resta comme cela, entre la vie et la mort, jusqu'à ce que finalement les types reviennent avec leur signature et que nous puissions y aller. » Plusieurs heures s'étaient écoulées.

Tananbaum : « Pendant les derniers instants, je n'ai pas arrêté d'entrer et de sortir de la caravane. J'entrais pour vérifier si la communication avec le satellite marchait, puis je ressortais pour voir. Bien sûr, ce n'était pour moi qu'un moyen d'essayer de rompre cette tension. Quelques minutes avant le lancement, je suis sorti à côté de la caravane. Le compte à rebours final fut diffusé par haut-parleurs : 10... 9... 8... 7... jusqu'à la fin. La fusée se souleva dans un flash de lumière. Ce fut très brillant. La caravane était tellement loin de la plate-forme qu'il fallut dix à quinze secondes pour que le son nous parvienne, d'abord un grondement sourd qui se transforma en rugissement. »

Giacconi était plus près. « C'est un vacarme assourdissant. Il vous fait trembler jusqu'à la moelle. Cela commence comme un vrombissement, puis cela devient plus aigu et plus métallique. »

Tananbaum : « La fusée commence par se soulever très lentement. Au début, on dirait qu'elle a de la peine à quitter le sol. Puis elle commence à s'élever. Elle accélère.

« Je lui ai *parlé* quand elle s'est élevée. Je l'ai saluée de la main. Ce fut un moment de grande émotion. Nous étions tous épuisés. Je n'avais pas dormi depuis un jour et demi, et cela faisait peut-être trente heures que je me trouvais à la caravane. J'étais tellement ému qu'il a dû y avoir une larme dans mes yeux. »

Giacconi : « Elle emportait avec elle tellement de choses, tellement d'années. En la regardant s'élever, c'est comme une émotion qui vous laisse une sensation de vide une fois passée. Mais elle part, c'est... c'est comme une sorte d'acmé.

« Elle laisse une trace magnifique dans le ciel. Au commencement, vous pouvez l'entendre lorsqu'elle s'élève de plus en plus, puis cela devient de plus en plus faible. Vous pouvez la voir plus longtemps que vous ne l'entendez, tellement la flamme des moteurs est brillante. Je ne

sais pour quelle raison, elle laisse derrière elle une traînée de conden-
sation en forme de tire-bouchon. »

Soudain, le moteur de la fusée s'arrêta.

Tananbaum : « Je pouvais encore la voir depuis le sol. Elle ressemblait à un avion vu de loin. Mon cœur se mit à battre à cent à l'heure.
Puis elle repartit, et je me suis alors seulement rappelé que c'était un
engin à plusieurs étages, et que c'était simplement le premier étage qui
s'était arrêté. Il se détacha, le second étage s'alluma, il y eut un " pouf "
et elle repartit. Elle devint de plus en plus faible. Je pus voir le second
étage, qui n'était qu'un tout petit point, s'éteindre, et le troisième étage
s'allumer. Je ne pus voir plus loin. Je rentrai dans la caravane. »

En quelques minutes, tout fut terminé. La plate-forme de San Marco
était déserte. Quatre années de préparation, trois années de construction, un mois pour les dernières vérifications ici, au Kenya. Et
maintenant, SAS-1 avait disparu. Il était devenu Uhuru.

« Je me rappelle avoir pensé, quand il a disparu, à tout le travail que
nous avions fait sur lui, me dit Tananbaum. Maintenant, c'était son tour
de travailler pour nous. »

Giacconi : « A la minute où il partit, l'équipe italienne fut très
heureuse et commença à sabler le champagne pour fêter la réussite du
lancement. De fait, le satellite suivait une orbite magnifique. Mais
j'étais très nerveux, parce que je ne savais pas s'il fonctionnait. Ce
n'était rien de le lancer, ça non. Il fallait qu'il *fonctionne*. J'étais donc
très inquiet et je téléphonai au centre de contrôle dans le Maryland pour
voir s'ils ne pouvaient pas le mettre en marche, juste pour faire un essai.
Ils me répondirent qu'ils ne le feraient pas avant quelques jours, parce
qu'ils voulaient d'abord vérifier si certains trucs fonctionnaient bien ; ils
voulaient déployer les panneaux solaires, et d'autres choses du même
genre. En d'autres termes, ils me demandaient de ne pas les déranger
parce qu'ils étaient occupés. Je n'en pouvais plus. Heureusement,
Marjorie Townsend, notre directeur de programme à la NASA, était
avec moi, et elle non plus ne pouvait plus tenir. Nous avons décidé de
tricher un petit peu et de le mettre en marche nous-mêmes à partir de la
caravane de transmission.

« Il y avait un canot pneumatique à moteur hors bord amarré en bas
de la plate-forme ; nous sommes partis avec. Le guide nous conduisit
jusqu'à la caravane. Cela faisait cinq kilomètres. Et pendant que nous

étions assis dans le canot, rebondissant sur l'eau, de plus en plus trempés, le satellite était en train d'arriver. Il faisait son tour du monde, et ce fut une vraie course-poursuite : le problème était d'arriver à la caravane avant qu'il ne passe au-dessus de nous.

« Nous sommes arrivés dans les temps et, avec l'accord de Marjorie, nous avons mis l'appareil en marche. Je l'ai regardé, et je pus voir qu'il fonctionnait. Il détectait bien les rayons X. Puis j'ai éteint. »

Dans son bureau à Harvard, Giacconi se pencha en arrière dans son fauteuil et me fit un large sourire. « Des gamins, c'est tout. Nous n'étions que des gamins. Mais je savais que le satellite fonctionnait. Alors j'étais content. »

14. Les sources binaires
à rayons X

Deux semaines plus tard, Uhuru tomba en panne.

Les ingénieurs de la NASA découvrirent que c'était un simple problème de surchauffe. Peut-être le satellite avait-il cuit trop longtemps sur sa rampe de lancement à Malindi, en attendant le départ. En ce moment même, son orientation l'exposait de plein fouet au Soleil. Ils envoyèrent une série d'instructions pour le faire pivoter, jusqu'à ce qu'il offrît la plus petite surface aux rayons du Soleil. L'appareil se refroidit. Au bout de quelques heures, les émissions reprirent.

Un mois plus tard, il retomba en panne. Uhuru avait emmagasiné ses données d'observation en les enregistrant sur une bande magnétique. Lorsqu'il passait à la verticale d'une station d'observation à Quito, en Équateur, on lui donnait l'ordre de rembobiner la bande et de la faire repasser. Mais cette fois, l'enregistreur ne répondit pas.

Les techniciens retransmirent l'ordre plusieurs fois, puis essayèrent une série d'options différentes. Aucune réponse. L'enregistreur magnétique restait coincé. Les données de la plupart des orbites furent alors irrémédiablement perdues. Il restait toutefois les données qui étaient collectées pendant le temps où Uhuru était en contact avec Quito, environ huit minutes sur les quatre-vingt-dix que durait chaque orbite. Cela ne faisait pas beaucoup ; mais d'un autre côté, huit minutes, c'était le temps que durait un bon vol de fusée. Ils avaient l'équivalent d'un vol de fusée toutes les heures et demie.

Pendant des mois, la NASA mit en service plusieurs autres stations d'observation réparties autour de l'équateur : une à Singapour, une autre aux Seychelles, dans l'océan Indien, une à Malindi, une à Ascension dans l'Atlantique, une aussi en Guyane française, sur la côte de l'Amérique du Sud. Chaque station enregistrait les données au moment où Uhuru passait à sa verticale, puis expédiait la bande au

Le contexte

Goddard Space Flight Center dans le Maryland. Là, des ingénieurs recollaient les morceaux et envoyaient le tout à l'American Science and Engineering. Ils avaient alors la moitié de chaque orbite.

L'émetteur devint de plus en plus capricieux, il recommença à chauffer. Ils se mirent à le cajoler constamment, maintenant de plus en plus longtemps le satellite orienté de travers par rapport au Soleil. Les régions du ciel accessibles devenaient sérieusement limitées. La situation s'aggrava : à la fin, il n'y avait plus que Quito, la meilleure station, qui pouvait, et encore, recevoir les signaux. Ils étaient en contact deux ou trois minutes par orbite.

Puis, tout à fait par hasard, quelqu'un à la NASA ranima l'émetteur. Il était capable d'émettre sur deux niveaux, à forte et à faible puissance. Il avait été prévu de lancer un autre satellite et, uniquement pour des raisons techniques, ses concepteurs avaient besoin de savoir combien de temps il pouvait rester pointé sur le nord magnétique. La NASA décida alors de faire le test sur Uhuru. On avait mis au point toute une série d'instructions pour l'orienter sur le nord. Mais par inadvertance, ces instructions avaient également pour effet de permuter le mode d'émission. Pour une raison quelconque, l'émetteur s'était rétabli au cours de cette opération. Ils étaient de nouveau en contact.

Pendant ce temps, les rayons X inondaient le satellite.

La figure 54 montre un balayage effectué par Uhuru sur Cen X-3, la troisième source à rayons X découverte dans la constellation du Centaure, dans l'hémisphère sud. L'aspect global, croissant puis

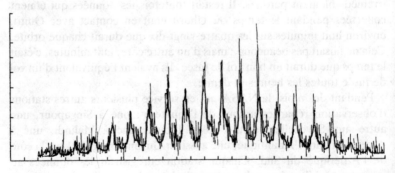

Figure 54

décroissant, vaguement « triangulaire », de ce signal, provenait de la rotation du satellite faisant passer la source à travers le champ de visée du collimateur. Ce qui appartenait en propre à la source, c'était les impulsions rapides superposées à la forme d'ensemble. Elles étaient régulières. Cen X-3 était un *pulsar à rayons X.*

Ces impulsions arrivaient une fois toutes les 4,8 secondes, ce qui est un peu lent par rapport aux pulsars radio, mais sans plus. Mais c'est ici que s'arrête la ressemblance. Contrairement aux pulsars, Cen X-3 n'émettait aucun rayonnement radio. Il ne ralentissait pas, mais accélérait. Et il oscillait régulièrement entre un état « allumé » et un état « éteint ». Pendant pratiquement deux jours, les impulsions se maintenaient ; puis brusquement, elles disparaissaient. La source s'éteignait pendant une demi-journée, puis, tout aussi brusquement, les impulsions reprenaient. Ce cycle allumé-éteint était lui-même extrêmement régulier, se reproduisant exactement tous les 2,0871 jours. Ce pulsar à rayons X était plus compliqué qu'un pulsar radio. Il ne contenait pas une, mais deux horloges.

Le tic-tac de la première était modulé par celui de la deuxième. Les impulsions de rayons X n'étaient pas tout à fait régulières. Sur une moitié de sa période de deux jours, Cen X-3 émettait un petit peu plus rapidement qu'une fois toutes les 4,8 secondes ; et sur l'autre moitié, un peu moins rapidement. La fréquence des impulsions variait légèrement, avec exactement la même période que celle du cycle allumé-éteint.

Pour quelles raisons une étoile à neutrons qui émettait des rayons X se comportait-elle si différemment de celles qui n'en émettaient pas ? C'est dans cette modulation régulière que se trouvait l'explication. Dès le moment où le groupe de l'American Science and Engineering détecta Cen X-3, il en comprit la signification. Elle était due à l'effet Doppler. Des années auparavant, Hewish avait recherché ce même phénomène dans le premier pulsar radio. Il cherchait des indices du mouvement, d'un mouvement orbital possible du pulsar autour d'une étoile. Il ne l'avait pas trouvé. Maintenant, des années plus tard, Uhuru découvrait cet effet sur un objet complètement différent.

Cen X-3 était une étoile à neutrons en orbite autour d'une deuxième étoile. Elle tournait sur elle-même en 4,8 secondes, et émettait un faisceau de rayons X. Elle parcourait son orbite en 2,0871 jours, s'approchant et s'éloignant de la Terre, alternativement, et sa fréquence de pulsation apparente était modulée par l'effet Doppler. Les transitions brusques entre les états « allumé » et « éteint » correspondaient aux éclipses du pulsar, lorsque son orbite le conduisait derrière la deuxième étoile. Cen X-3 était un système binaire.

Sa nature binaire fut l'indice qui permit à Giacconi et à ses collègues de comprendre ses surprenantes anomalies. Une « année » de deux jours impliquait une orbite serrée, bien plus que celle de Mercure, qui met 88 jours pour faire le tour du Soleil. Une éclipse d'une demi-journée dans ce cycle de deux jours impliquait que l'étoile qui cachait le pulsar — le compagnon — devait être relativement grosse. Si ce compagnon avait été une naine blanche, une étoile à neutrons ou un trou noir, les éclipses auraient occupé une fraction plus petite de l'orbite. Cen X-3 était une étoile à neutrons en orbite autour d'une étoile normale.

Elle était en orbite serrée, et elle était très massive. Lorsqu'une étoile se trouve aussi proche d'une autre, cela peut avoir une influence importante sur sa structure. Cela peut donner naissance à une marée.

La Lune provoque une marée sur la Terre. Lorsqu'elle passe au-dessus de lui, l'océan se soulève, attiré par sa gravitation. L'élévation de niveau n'est pas tellement importante — de l'ordre du mètre — et après que la Lune est passée, l'océan redescend. Mais c'est parce que la gravitation de la Lune est faible. Il y a deux raisons pour que les marées soient plus importantes sur d'autres corps : l'objet en orbite peut avoir une masse plus importante, ou être plus rapproché.

La conjonction de ces deux situations se retrouvait dans le système binaire constitué par Cen X-3. A l'échelle de tels objets, l'étoile à neutrons était très proche de son compagnon. Les étoiles qui forment les binaires ordinaires sont habituellement séparées par des milliards de kilomètres : le système Cen X-3 n'avait que quelques millions de kilomètres d'extension, presque un millier de fois plus petit que la moyenne. La marée apparaissant à la surface du compagnon de l'étoile à neutrons était proportionnellement plus grande. Et elle ne diminuait pas après le passage du pulsar. La marée constituait une véritable protubérance de l'étoile dans l'espace.

L'image que l'on se faisait de tout cela était celle d'un compagnon dont le contour était radicalement déformé par la gravitation de l'étoile à neutrons. Il n'était pas du tout sphérique. Le côté face au pulsar pointait vers l'extérieur. Il formait une bosse d'où s'écoulait un panache chauffé à blanc. Montant des profondeurs de l'étoile, déportés sur le côté en traversant sa surface, des courants amenaient continûment de la matière dans cette bosse. En atteignant la base du panache, les gaz devenaient plus légers. La gravitation au-dessous d'eux était compensée par celle du pulsar au-dessus. Ils s'élevaient, se dégageaient facilement de l'étoile, et se déversaient dans l'espace. Ils tombaient alors vers le haut.

Vers le haut, et sur l'étoile à neutrons qui se trouvait au-dessus d'eux. Le pulsar gagnait ce que l'étoile perdait. Ce processus est connu sous le nom d'accrétion. Si le pulsar n'avait pas été en orbite autour de l'étoile, l'accrétion du compagnon aurait été simple, mais comme ce n'était pas le cas, les choses étaient plus complexes. La matière stellaire s'élevait vers le pulsar tout en se déportant sur le côté. Elle s'écartait de sa route. Le matériau d'accrétion manquait son but ; il dépassait le pulsar, puis s'enroulait autour en formant un arc de cercle. Il se déversait alors dans un disque gigantesque tournant en spirale autour de l'étoile à neutrons : le disque d'accrétion. Une illustration de ce système est représentée à la figure 10 (dans les photos hors texte).

Dans ce disque, chaque parcelle de gaz se trouvait en orbite autour de l'étoile à neutrons. Mais cette orbite ne pouvait se maintenir longtemps. Des mouvements de turbulence — un bouillonnement à l'intérieur du disque — déplaçaient la matière vers l'intérieur. La viscosité — le frottement des couches les unes sur les autres — atténuait les mouvements dus à la distorsion et produisait le même effet. Le matériau d'accrétion s'enroulait lentement en spirale, vers l'étoile à neutrons.

Finalement, il entrait en contact avec le champ magnétique du pulsar. Tout comme la magnétosphère du pulsar, le disque d'accrétion était un plasma ionisé, qui n'était pas libre de traverser les lignes de champ magnétique. Il était obligé de les suivre. Près de l'étoile, son poids était déjà important, mais il ne pouvait tomber droit sur elle. A l'équateur magnétique, il ne pouvait pas tomber du tout. Il se retrouvait canalisé sur le côté, en direction des deux pôles magnétiques. Là seulement, les lignes de force étaient verticales. Là seulement, ce matériau d'accrétion était libre de tomber.

Et il y tombait : à une vitesse presque égale à celle de la lumière, il plongeait désespérément sous l'action de la puissante gravitation du pulsar, ruisselant continûment suivant les lignes de force, deux tubes parfaits d'un gaz surchauffé et violemment comprimé. Et comme ils étaient très chauds, ces deux tubes ne rayonnaient pas de la lumière, mais des rayons X.

Deux « points chauds » sur l'étoile à neutrons, sièges d'un rayonnement X intense. Deux faisceaux. L'étoile tournait, les faisceaux tournoyaient. Voilà le pulsar à rayons X.

Cen X-3 est l'une des nombreuses étoiles à neutrons, appartenant à des systèmes binaires, qui ont été découvertes par Uhuru. Aucune n'émet de rayonnement radio. Apparemment, la production de faisceaux radio dans les magnétosphères des pulsars est un processus plutôt délicat, et dans les binaires, ce processus se retrouve écrasé — au sens propre — sous le poids du matériau d'accrétion.

Il n'est pas non plus surprenant que les pulsars appartenant à des systèmes binaires accélèrent. Le disque d'accrétion, à partir duquel la matière s'écoule en spirale, tourne dans le même sens que le pulsar. Lorsque cette matière atterrit, elle donne à l'étoile à neutrons un coup de biais, ce qui augmente sa vitesse de rotation sur elle-même.

Ce qui est malgré tout surprenant, c'est l'existence même de ces systèmes binaires. Normalement, ils ne devraient pas du tout exister. L'explosion de la supernova qui forme une étoile à neutrons est si puissante qu'elle a une bonne chance de détruire entièrement tout compagnon. Après tout, ces systèmes sont extraordinairement resserrés, le compagnon se trouve inconfortablement situé près du lieu de l'explosion. Le souffle violent de l'explosion devrait au moins rompre le lien gravitationnel maintenant le système binaire, détacher le pulsar de son orbite et l'envoyer voler dans l'espace.

Parmi les étoiles ordinaires qui engendrent des étoiles à neutrons, environ la moitié appartient à des systèmes binaires. Mais avant Uhuru, *aucun* des pulsars connus n'appartenait à de tels systèmes. Cette asymétrie surprenante fut remarquée dès le début, et fut constamment considérée comme une preuve de la justesse de ces idées. Peu de gens croyaient que l'on trouverait jamais un pulsar binaire.

Uhuru obligea à modifier ce point de vue. En reconsidérant entièrement la situation, on a maintenant construit des scénarios, des séquences d'évolution complexes, qui permettent à de tels systèmes d'exister. La sagesse rétrospective est une chose merveilleuse : ces scénarios semblent raisonnables, ils marchent. Mais les scientifiques n'y auraient jamais pensé s'ils ne leur avaient été suggérés par les sources binaires à rayons X.

Cependant, une fois qu'ils existent, ces systèmes ont leur utilité. Ils permettent une mesure qui autrement aurait été impossible à faire. Les pulsars binaires à rayons X sont les seuls moyens que nous ayons pour peser les étoiles à neutrons.

Revenons à Uhuru tournant autour de la Terre. S'il tourne, c'est pour rester en orbite. On lui a donné une vitesse orbitale pour l'empêcher de retomber, pour le faire tomber incessamment à côté de la Terre, en suivant un cercle. Mais supposons que la masse de la Terre soit plus grande. Son attraction gravitationnelle sur le satellite serait alors plus grande. La trajectoire du satellite serait plus incurvée vers le bas, et, pour le maintenir sur une bonne orbite, il faudrait augmenter sa vitesse orbitale. Moralité : la valeur de la vitesse orbitale du satellite est déterminée par la masse de la Terre. Et inversement, elle peut être utilisée pour *mesurer* cette masse.

Cela est vrai pour un système binaire. Mesurez les orbites de ses deux membres et vous aurez mesuré leur masse. Mais lorsque l'on fait cela avec les pulsars binaires à rayons X, il apparaît un résultat étonnant. Toutes les étoiles à neutrons possèdent la même masse. Elles ont toutes 1,4 fois la masse du Soleil.

C'est un nombre surprenant. C'est la limite de Chandrasekhar. Mais qu'est-ce que cette limite de Chandrasekhar a à faire avec les étoiles à neutrons ? Apparemment, elle n'a aucun rapport avec les pulsars : ils peuvent théoriquement exister avec des masses plus grandes ou plus petites que 1,4 masse solaire. Rien ne nous empêcherait d'en construire un ayant une demi-masse solaire, ou deux. Mais la nature ne le fait jamais.

La plupart des chercheurs pensent que ce fait remarquable contient quelque indication sur la formation des pulsars. Mais quoi ? Existe-t-il une propriété de l'effondrement d'une étoile en supernova qui soit intimement reliée à la limite de Chandrasekhar ? Ou est-ce que l'évolution d'une étoile avant le stade de supernova en dépend ? Est-il possible que seules les évolutions conduisant précisément à cette masse ne réussissent pas à disloquer un système binaire ? Les gens aimeraient beaucoup mesurer la masse de pulsars isolés pour savoir, mais jusqu'ici cela s'est avéré impossible. Les pulsars binaires ont éclairé d'une lumière nouvelle la découverte de Chandrasekhar, et sous un angle que personne n'avait prévu. Mais on n'en sait pas plus pour l'instant.

Une autre binaire à rayons X est Cyg X-1, la première source à rayons X découverte dans la constellation du Cygne. En fait, Cyg X-1 fut l'une des toutes premières sources à rayons X que l'on ait jamais trouvée : elle fut découverte lors de l'un des premiers vols de fusée, et observée par la suite à l'occasion de nombreux autres vols. Il y eut au début des résultats contradictoires à son sujet. Elle apparaissait très faible au cours d'une observation, très intense au cours de la suivante. Mais chaque vol utilisait des appareils différents ; il était alors difficile de les comparer. Il était difficile d'être certain de ce qui se passait.

Uhuru résolut ce problème. La figure 55 montre une observation de Cyg X-1 faite par Uhuru (la réponse triangulaire du collimateur a été éliminée). La source était bien variable. Elle vacillait et s'embrasait sans cesse, ses impulsions les plus rapides durant moins d'un dixième de seconde. Elle ressemblait à un pulsar.

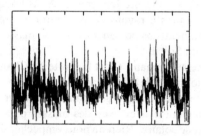

Figure 55

Mais une observation plus attentive des données faisait apparaître quelques différences. Sur la figure 55, on voit également très bien une succession plus lente de montées et de descentes. Le groupe de l'American Science and Engineering étudia cette variabilité à long terme, aplanissant les impulsions les plus rapides, faisant la moyenne de l'intensité sur de longues périodes de temps. La figure 56 montre une série d'« expositions » sur cinq secondes ainsi obtenue. La source fluctuait d'une seconde à l'autre. On essaya sur des temps plus longs. Sur la figure 57, les expositions durent 14 secondes. Cyg X-1 présentait également des variations sur cette échelle de temps. Il fluctuait sur toutes les échelles de temps que l'on considérait.

A cet égard, cet objet était différent des pulsars dont les faisceaux,

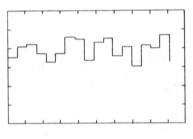

Figure 56

bien qu'irréguliers, possédaient une forme moyenne invariable sur de longues échelles de temps. Cyg X-1 ne possédait aucune forme moyenne d'impulsion. Il était totalement irrégulier. Et il s'avéra que c'était également vrai pour sa fréquence de pulsation. Le groupe passa des mois à tenter de déceler dans les données une fréquence de pulsation fondamentale, mais il se révéla impossible de mettre le doigt dessus. Il ne trouvait une valeur qui s'accordait avec un échantillon de données que pour découvrir qu'elle ne s'accordait pas avec l'échantillon suivant. Il apparut que Cyg X-1 modifiait constamment sa fréquence de pulsation.

Finalement, on renonça à cette tentative, et conclut qu'il n'existait aucune régularité sous-jacente. Il n'y avait que des *trains de pulsations* : de brèves suites de pulsations régulières, qui duraient quelques secondes, puis qui disparaissaient pour être remplacées par un train de fréquence différente. Et superposé à tout cela, il y avait un embrasement continuel et aléatoire, sans aucune régularité discernable.

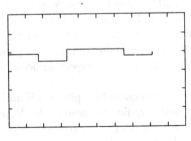

Figure 57

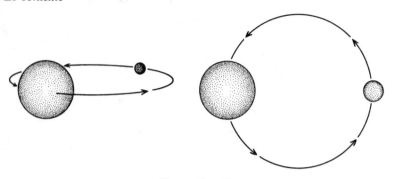

Figures 58 et 59

Cependant, il y avait une similitude grossière avec Cen X-3. Par analogie, on se posa la question de savoir si Cyg X-1 était également une binaire. Mais il n'y avait aucun moyen de répondre. Comme il n'y avait aucune fréquence d'impulsion fondamentale, on n'avait aucun moyen de rechercher une variation de cette fréquence produite par l'effet Doppler. La source ne présentait pas d'éclipses. Elle restait tout le temps allumée. Cela pouvait signifier que c'était un objet isolé, mais pas nécessairement. Cela pouvait être dû à un simple manque de chance. L'orientation de l'orbite représentée à la figure 58 donne des éclipses ; pas celle de la figure 59.

Giacconi et ses collègues se retrouvèrent dans une impasse. Ils ne purent rien faire de plus. Ils publièrent leurs résultats et d'autres chercheurs poursuivirent le travail. Certains étaient des astronomes qui travaillaient dans le domaine optique, mais ils étaient gênés par le fait que les collimateurs d'Uhuru ne visaient pas très bien. Ils ne donnaient pas avec suffisamment de précision la position de la source à rayons X dans le ciel. La figure 11 (dans les photos hors texte) montre la détermination grossière de sa position faite par Uhuru, délimitée par le carré. Il aurait fallu des années pour étudier chaque étoile contenue dans le carré dans l'espoir de découvrir quelque chose d'étrange.

Mais les radiotélescopes étaient bien plus précis qu'Uhuru. Si Cyg X-1 émettait aussi des ondes radio, on pouvait le détecter dans tout ce désordre, et localiser facilement avec précision sa position. Un groupe de radioastronomes le chercha. Pas de chance. Apparemment, l'objet n'émettait pas de signaux radio. Puis un autre groupe trouva quelque chose. Il en détermina exactement la position. La voie semblait ouverte pour une observation bien précise de cet objet.

Mais il y avait encore un problème. Il était toujours possible que la source radio et Cyg X-1 fussent des objets complètement différents. Le ciel est parsemé de radioémetteurs ; il n'aurait pas été tellement invraisemblable que, par malchance, il y en ait un tout près de la source de rayons X. Mais cela se trouva résolu d'une manière étrange et remarquable.

La première tentative pour trouver la radiosource avait été effectuée le 22 mars 1971, la seconde neuf jours plus tard. Le premier groupe avait utilisé un télescope au moins aussi grand et aussi sensible que celui du deuxième groupe, et si la source avait été là, on l'aurait trouvée. Cela impliquait que la source n'avait pas été là. Les émissions radio devaient avoir débuté à un certain moment entre les deux observations. Durant cette même période de neuf jours, l'émission de rayons X, telle qu'elle fut observée par Uhuru, subit une transition. Elle diminua d'un quart par rapport à son intensité précédente.

Aujourd'hui encore, personne ne sait ce qui s'est passé. Quelque changement de structure a dû se produire, provoquant chez l'objet un transfert de sa puissance de rayonnement X sur les longueurs d'ondes radio, et ce changement semble s'être maintenu. Heureusement, il n'était pas nécessaire de le savoir. Cette simple coïncidence dans le temps prouvait que les sources radio et à rayons X formaient un seul et même objet.

A l'endroit où se trouvait la radiosource, il y avait une étoile. Son nom était HDE 226868. Et HDE 226868 était une binaire. De plus, seule une de ses composantes était visible. HDE 226868 se déplaçait en rond autour de rien.

Il s'agissait de savoir quelle était la nature de ce « rien » autour duquel l'étoile visible était en rotation. Cyg X-1 pouvait se révéler être totalement indétectable. On rencontre très souvent cette situation dans les catalogues de systèmes binaires ; après un examen attentif, il apparaît invariablement que l'on a affaire à une étoile brillante et à une étoile faible, la plus faible étant perdue dans l'éclat de la plus brillante.

Il fallait un moyen pour vérifier cette interprétation. On en avait un. Il était fondé sur le fait que la masse du compagnon invisible (telle qu'on la déterminait à partir de son orbite) était extrêmement grande, au moins huit fois celle du Soleil, si ce n'est davantage. Mais les étoiles ordinaires obéissent à une relation dite de masse-luminosité : plus l'étoile est massive, plus on est assuré qu'elle est brillante. Si le compagnon invisible avait été une étoile ordinaire, il aurait été facile de le détecter à l'aide d'un télescope. Ce n'était donc pas une étoile ordinaire. Ce ne pouvait être qu'un pulsar ou un trou noir.

Il était possible de décider entre ces deux possibilités, avec la même expérience. Les étoiles à neutrons de grande masse n'existent même pas. Comme les naines blanches, les pulsars sont soutenus par la pression de dégénérescence, et soumis à une limite de Chandrasekhar. La masse de cette limite pour les étoiles à neutrons est de plusieurs fois la masse du Soleil, mais beaucoup moins que la masse de l'objet invisible.

Cyg X-1 n'était pas non plus un pulsar. C'était un trou noir.

Une illustration du système double contenant Cyg X-1 et HDE 226868 ressemblerait beaucoup à celle de Cen X-3. Le trou noir en orbite autour de l'étoile aspire la matière de sa surface. Il apparaît un pont de matière qui vient former, autour du trou noir, un disque d'accrétion qui s'y écoule en spirale rentrante. Plus cette matière pénètre profondément dans le trou, plus elle s'échauffe, jusqu'au point où elle est tellement surchauffée par le frottement et la compression qu'elle émet un rayonnement X. La différence fondamentale entre le système binaire contenant un trou noir et celui qui contient une étoile à neutrons est, dans le premier cas, l'absence d'un champ magnétique en rotation rapide. Le champ magnétique du pulsar impose un certain ordre au disque d'accrétion, et par conséquent au rayonnement. Dans les systèmes tels que Cen X-3, il canalise la matière qui s'écoule suivant des tubes, et produit un rayonnement fortement concentré. Ce que nous recevons est une suite uniforme de pulsations. Mais dans Cyg X-1, cet ordre est absent et le rayonnement est plus chaotique.

L'éclat continuel et aléatoire de Cyg X-1 indique la présence d'une importante turbulence à l'intérieur du disque, de collisions incessantes dans le gaz qui émet ce rayonnement. Les trains d'impulsions, cependant, doivent avoir une autre origine. Ils ne peuvent provenir que de

« points chauds » localisés, de structures autonomes relativement durables au sein du disque d'accrétion. En se déplaçant vers l'intérieur, chaque « point chaud » accélère, atteignant à la fin, sur son orbite, la vitesse de la lumière, et les plus rapides d'entre eux doivent se trouver très proches de la frontière du trou noir. Ce que nous observons directement dans les trains d'impulsions les plus rapides, c'est la matière à la limite extrême de son existence, à quelques fractions de seconde de son annihilation. Dans ces derniers instants, elle tourbillonne autour du trou des milliers de fois par seconde, dans une ruée démentielle. Puis elle rencontre l'horizon. Le train d'impulsions disparaît. La trajectoire en spirale invisible se transforme en un plongeon vertical dans la singularité.

La découverte des pulsars binaires à rayons X doit être considérée comme l'un des progrès les plus importants de l'astronomie des années soixante-dix. Mais l'impact potentiel de la mise en évidence de la véritable nature de Cyg X-1 dépasse de loin cette découverte. Elle nous offre finalement un laboratoire naturel dans lequel nous pouvons étudier la matière sous les conditions les plus extrêmes, dans lequel nous pouvons étudier l'espace-temps dans ses écarts les plus marqués par rapport à la norme. Parmi ses implications, et non des moindres, se trouve aussi la justification d'une autre prédiction de la relativité générale, celle de l'existence des trous noirs. Une nouvelle fois, par des détours qu'il aurait été impossible de prévoir, la pensée d'Einstein se prolongeait très loin dans le futur.

Cet aboutissement fut long et compliqué. De tous ceux qui y participèrent, c'est à Giacconi et à ses collègues qu'en revient le plus grand mérite. D'une certaine façon, tout cela s'est produit par hasard, si tant est qu'un travail qui s'étend sur sept années et qui coûte 5 000 000 de dollars peut être attribué au hasard. Ce qui est sûr, c'est qu'ils ne cherchaient pas des trous noirs. Ils cherchaient autre chose.

Mais leur travail fut essentiel. La technique qui, en fin de compte, fut utilisée sur Cyg X-1, n'avait rien de nouveau. Elle avait déjà été proposée, en 1966, par les astronomes soviétiques Y. B. Zeldovich et O. M. Guseynov. Ils furent les premiers à avoir suggéré d'étudier les systèmes binaires ayant un compagnon invisible, en choisissant ceux qui avaient une grande masse. Dans leur article, ils avaient mentionné sept étoiles répondant à leurs critères. Trois années plus tard, deux astronomes américains s'attaquèrent plus en détail à ce problème, et établirent une liste plus importante. C'étaient les meilleures candidates.

Mais HDE 226868 ne figurait sur aucune des deux listes. Personne n'avait réalisé son importance. Il fallut la création d'une science nouvelle pour découvrir un trou noir.

15. Dieu joue avec le monde

Ma première rencontre avec Stephen Hawking remonte à un colloque à Boston. C'était pendant l'hiver 1976 ; il parlait des trous noirs. Je n'oublierai jamais l'exposé qu'il donna ce jour-là. Il eut sur moi un effet électrique, mais aussi mystifiant. La découverte qu'il annonçait était tellement remarquable, tellement révolutionnaire et tellement inattendue, que je n'avais aucun moyen de l'assimiler. Rien de ce que disait Hawking ne s'accordait avec l'image des trous noirs à laquelle je m'étais habitué.

Peu d'entre nous, dans la salle, comprirent ce que disait Hawking, au sens propre. Nous n'avons pas compris un seul mot. Il avait été soulevé à bras-le-corps sur l'estrade et se trouvait maintenant assis, enfoncé dans un fauteuil roulant, silhouette à peine humaine, immobile, recroquevillée sur elle-même. Je fus frappé de voir à quel point la maladie l'avait amaigri. Il ne semblait pas nous regarder. Il semblait fixer le sol, indifférent, quand de ses lèvres se détacha lentement un murmure incompréhensible. Cela ne me semblait pas être de la parole. Je n'avais jamais rien entendu de semblable.

La découverte de Hawking était le résultat d'un cheminement à travers tout un dédale de calculs, véritable odyssée mathématique d'une complexité décourageante. Et tous ces calculs, il les avait faits de tête. Incapable de tenir un crayon, il avait malgré tout affronté un labyrinthe qui aurait impressionné les plus grands mathématiciens. Et la terrible maladie qui ravageait son corps rendait ce travail encore plus extraordinaire. Il est toujours risqué de faire des prédictions, mais il semble évident maintenant que la découverte de Hawking prendra place parmi les plus grandes réalisations scientifiques de notre temps. Aussi surprenante qu'elle soit, elle ne représente que la partie émergée d'un iceberg. Son travail nous obligea à nous faire une nouvelle image des trous noirs. Il mit en évidence un lien profond et jusque-là insoupçonné, entre des domaines très différents de la physique. Bien plus, il peut annoncer un nouveau principe d'unification dans notre compréhension de la nature. La vision radicale de Hawking présageait de grands exploits scientifiques.

Mais ce jour-là, je ne pensais pas à cela. Je ne pensais pas du tout : j'étais assis en silence, perdu dans mon émerveillement. Hawking savait que peu de gens le comprendraient. Il avait donc distribué des photocopies de son exposé avant de commencer. J'avais sous les yeux des mots d'une profondeur et d'un pouvoir extrêmes. Partout dans l'immense amphithéâtre, les gens restaient immobiles, suivant la progression lente et laborieuse de son discours.

Le titre de son exposé était : « Les trous noirs sont chauffés à blanc. »

Des années après avoir pour la première fois proposé l'existence d'étoiles à neutrons, Fritz Zwicky reprit le sujet, mais dans une direction différente. Il se demanda s'il pouvait exister des masses de matière neutronique plus petites, des masses dont le diamètre ne serait pas de quelques kilomètres, mais de quelques centimètres, des bouts de matière gros comme une balle de golf, ou de la taille d'une puce. Zwicky les appela des *gobelins* [1]. Il est difficile de dire à quel point il prit cette idée au sérieux ; aujourd'hui, peu de gens y accordent beaucoup d'attention, mais je crois personnellement qu'il faudrait la prendre très au sérieux.

Un gobelin de la taille d'un stade de football pèserait pratiquement autant que la Terre elle-même ; un gobelin de la taille d'un caillou pèserait davantage qu'une montagne. Un gobelin juste assez gros pour être vu à l'œil nu — comme un grain de poussière — pèserait un million de tonnes. Un être humain réduit à l'état de matière neutronique aurait la taille d'une bactérie.

D'une manière analogue, Hawking avait proposé l'existence de trous noirs de très petite masse. Encore plus petits, même. Un trou noir de la taille d'un caillou ne serait pas formé à partir d'une montagne, mais de quelque chose qui aurait la masse d'une planète entière. Un trou noir de la taille d'une bactérie contiendrait la masse d'un énorme astéroïde. Et

1. En anglais, *goblins* = lutin, farfadet ; nous avons préféré le mot français archaïque (mais bien connu) équivalent. (*N.d.E.*)

si une montagne était écrasée en un trou noir, elle ne serait pas plus grosse qu'une particule élémentaire.

Des morceaux de matière aussi minuscules et aussi massifs auraient des propriétés tout à fait insolites. On ne peut détecter les particules élémentaires qu'à l'aide d'appareils spécialisés, comme les chambres à bulles et les compteurs de Tchérenkov ; mais un trou noir de la taille d'une particule élémentaire qui traverserait une personne serait « détecté » d'une manière tout à fait différente ; il percerait, de part en part, un cylindre aussi fin qu'une aiguille. Et cela ferait *mal*. La même quantité de matière à l'état neutronique serait tout à fait mortelle : elle percerait un tunnel d'un centimètre de diamètre à travers tout objet se trouvant sur sa route. Des objets encore plus massifs auraient des effets encore plus importants : un trou noir de la taille d'une bactérie émettrait une décharge d'énergie comparable à celle d'un éclair. Ces objets sont tellement massifs que leur quantité de mouvement empêcherait effectivement quoi que ce soit de les ralentir. Un petit trou noir pourrait franchir une épaisseur de rocher de plusieurs centaines d'années-lumière finalement avant de s'arrêter.

De tels objets sont-ils seulement possibles ? Comme nous l'avons mentionné au chapitre 1, on rencontrerait de sérieuses difficultés en créant de petits bouts de matière neutronique. Ils sont soumis à une pression énorme et, à moins de les contenir d'une manière ou d'une autre, ils explosent. Dans le cas des étoiles à neutrons, c'est la gravitation qui les contient, mais pour les gobelins, il faudrait trouver un autre moyen. La seule possibilité serait l'existence d'une force d'attraction intense entre les particules élémentaires qui les composent, et qui se développerait à haute densité. Jusqu'à présent, personne n'est jamais parvenu à démontrer qu'une telle force d'attraction existe, mais nous connaissons tellement peu la physique qui entre alors en jeu que la situation reste largement ouverte.

Il est tout à fait concevable qu'une émission de gobelins puisse se produire pendant l'effondrement même qui donne naissance à un pulsar. Au cours de cette implosion, la matière atteint alors les densités appropriées. Mais on pourrait également imaginer que les gobelins soient expulsés d'une étoile à neutrons déjà existante. Les météores géants, qui tombent sur la Terre, peuvent de temps en temps projeter certains de leurs débris dans l'espace, hors de la planète : des météores tombant sur des pulsars pourraient pareillement éjecter des gobelins, les catapultant dans un voyage interstellaire. Le champ électrique du pulsar, qui accélère les particules chargées jusqu'à des vitesses proches de celle de la lumière, aurait le même effet sur des cailloux neutroniques qui traîneraient ici et là. Il ne ferait pas bon être là si l'un d'entre eux venait tomber sur Terre.

Avec les petits trous noirs, la situation est tout autre. Tout d'abord, on n'a pas le problème de les comprimer pour lutter contre leur pression interne : la surface de Schwarzschild retient tout. Mais en fabriquer un demande un effort colossal. Pour transformer une masse de la taille d'une montagne en un petit trou noir, il faudrait la comprimer jusqu'à ce que la myriade des particules élémentaires qui la constitue se concentre en un volume d'espace ordinairement réservé à une particule — un « tassement » auquel même les physiciens les plus téméraires ne se risqueraient pas.

Si on essaie de voir comment cela peut être réalisé dans la nature, le premier réflexe est de regarder du côté des singularités, ces états de compression infinie prédits par la relativité générale. L'une des possibilités est la singularité qui se trouve au centre d'un trou blanc. Puisque les trous blancs, s'ils existent, crachent de temps en temps des morceaux de matière, il ne serait pas scandaleux d'imaginer qu'ils émettent aussi de petits trous noirs, ou des bouts de matière assez condensés pour s'effondrer peu de temps après leur éjection. Mais d'un autre côté, une telle hypothèse se trouve à la limite de la spéculation. Nous n'avons aucune raison de croire que les trous blancs rempliraient un tel office, mais nous n'avons pas plus de raisons de croire l'inverse. Une autre possibilité, d'un caractère nettement moins spéculatif, c'est la singularité rencontrée il y a des milliards d'années, à partir de laquelle l'univers lui-même a commencé : le Big Bang.

La singularité au centre d'un trou noir apparaît à un certain endroit de l'espace, mais se maintient indéfiniment. La singularité du big-bang, elle, apparut à un moment précis dans le temps — il y a entre 10 et 20 milliards d'années —, et elle engloba tous les points de l'espace. Rien n'y échappa. Toute particule matérielle existant aujourd'hui — les électrons de la Lune, les protons de mon corps — fut un jour réduite à un état de densité et de température infinies. Émergeant de cette singularité, la matière se mit à essaimer en une expansion infinie. Et plus l'univers était en expansion, plus il se refroidissait, et plus cette expansion se ralentissait. Finalement, une éternité plus tard, cette matière se condensa en étoiles, en galaxies ; les galaxies dérivant encore, chacune de son côté, dans une grandiose représentation de la création. Le Big Bang est l'arène naturelle où nous pouvons rechercher des petits trous noirs en formation, et, pourquoi pas, des grands trous noirs et des gobelins. Quelques fractions de seconde après l'apparition de la singularité, l'univers avait la densité requise. On peut imaginer alors de petites fluctuations, de minuscules sous-unités de densités légèrement plus élevées, qui se sont détachées, ont inversé leur expansion, puis se sont effondrées sur elles-mêmes.

La théorie quantique nous offre une autre possibilité d'envisager la formation des gobelins et des petits trous noirs.

Selon le principe d'indétermination de Heisenberg, ce n'est pas seulement la position de chaque objet, mais aussi sa *taille* qui, dans une certaine mesure, manque de précision. On peut considérer cette indétermination comme une fluctuation aléatoire permanente. Toute chose — les glands, les pierres — change constamment de forme et de dimension : se dilatant, se contractant.

Habituellement, ces fluctuations passent inaperçues. Elles ne sont ordinairement appréciables que pour de petits objets comme les atomes, et pratiquement invisibles pour les objets de tous les jours. Mais il se produit parfois, sur une assez longue période de temps, un changement spectaculaire. Un gland se contracte spontanément, non pas d'une manière microscopique, mais au plus haut degré. Il se contracte entièrement. Le gland s'est transformé de manière quantique en un gobelin ou un petit trou noir.

La fréquence de ce processus est excessivement faible. Les fluctuations quantiques nécessaires pour provoquer l'effondrement gravitationnel des objets sont tellement exceptionnelles, que nous ne courons aucun risque en les ignorant dans nos actes quotidiens. Il est pratiquement certain que cela ne s'est jamais produit une seule fois dans toute l'histoire de la Terre en tant que planète. Mais cela s'est produit ailleurs, car si on se donne suffisamment d'espace et suffisamment de temps, même l'événement le plus rare est forcé de se produire. Cependant, le véritable argument est un argument de principe. En dernière analyse, aucun objet n'est à l'abri d'une implosion. De par sa nature même, tout objet dans l'univers contient, en lui-même, une bombe à retardement, le germe de sa propre destruction.

Stephen Hawking est né à Oxford en 1942. Il est l'aîné de quatre enfants et passa son enfance à Londres et dans la banlieue de cette ville. Son père était biologiste et, ironie du sort, il se consacrait à l'étude des maladies tropicales. En 1959, Hawking retourna à Oxford passer une licence, puis s'inscrivit en thèse à Cambridge. Pendant toutes ces années, il fut un bon étudiant, même au-dessus de la moyenne, mais rien ne laissait prévoir la carrière spectaculaire qui allait être la sienne.

Ce fut pendant sa première année à Cambridge que les premiers symptômes d'une sclérose latérale amyotrophique atypique, une maladie de dégénérescence du système nerveux, commencèrent à se manifester. Il commença à trébucher sur les mots, à ne plus pouvoir articuler, et à perdre ses forces. Hawking n'a aucune idée de où et comment il a contracté cette maladie. Elle apparut peu après un voyage au Moyen-Orient, mais il n'est pas du tout évident qu'il l'ait attrapée là-bas. Elle aurait tout aussi bien pu lui avoir été communiquée par un virus, être une forme de réaction auto-immune, ou avoir même été la conséquence de l'inoculation d'un sérum provenant d'un lot défectueux. En moins d'une année, il se mit à marcher lentement, avec une canne, et il devint de plus en plus difficile de comprendre ce qu'il disait. Quelques années plus tard, il ne quittait plus son fauteuil roulant. Il maigrit.

C'est une maladie fatale. La plupart des gens en meurent au bout de quelques années.

Stephen Hawking ne mourut pas. Il se maria ; aujourd'hui, vingt années après, il a trois enfants. Il a passé un doctorat en cosmologie. Alors que la maladie s'aggravait, son travail progressait. L'application des méthodes les plus puissantes et les plus abstraites de la mathématique moderne à la relativité était son point fort. A la fin des années soixante, il avait démontré toute une série de théorèmes importants et profonds sur l'apparition des singularités en cosmologie. Ceux de ses collègues qui travaillaient sur le même sujet étaient autant impressionnés par l'intelligence et l'ingéniosité des méthodes qu'il avait utilisées, que par les théorèmes eux-mêmes. Il n'avait pas trente ans qu'il était reconnu comme l'un des premiers physiciens théoriciens de son époque.

Au début des années soixante-dix, Hawking concentra son attention sur les trous noirs et démontra certains des résultats les plus importants et les plus beaux que nous connaissions. En 1973, il lui vint l'idée qu'il pouvait exister de très petits trous noirs, et il passa beaucoup de temps à en étudier les propriétés. Bien qu'il n'en sût alors rien, ce fut là le point de départ de son plus important travail.

En septembre 1973, Hawking passa dix jours à Moscou et rendit visite au grand physicien russe Zeldovich. Zeldovich lui parla de quelques idées intéressantes sur lesquelles il avait travaillé avec un collègue, concernant l'interaction d'un trou noir avec la lumière. Hawking rentra de son séjour convaincu que Zeldovich avait raison et qu'il valait la peine d'examiner cette question. Mais il était également d'avis que les Russes n'abordaient pas le problème par le bon côté. Il décida de faire mieux.

En particulier, Hawking voulut inclure les effets de la théorie quantique dans ce processus d'interaction. Habituellement, personne ne prêtait attention à la théorie quantique lorsqu'il s'agissait des trous noirs, pour la bonne et simple raison qu'elle se limite ordinairement au domaine de l'infiniment petit. Ses effets sur les grands objets devaient être négligeables. Hawking désirait alors en tenir compte à cause de l'intérêt qu'il portait aux trous noirs de faible masse, qui étaient des objets suffisamment petits pour que la théorie quantique eût des effets spectaculaires sur leurs propriétés. Ce fut la rencontre des deux grandes pierres angulaires de la physique du XXe siècle, la théorie quantique et la relativité générale, qui conduisit à sa découverte.

Il s'attaqua à ce problème à l'automne de 1973 ; le fait qu'en quelques mois à peine il eut sa réponse en main donne la mesure de ses extraordinaires possibilités techniques. Mais cette réponse ne lui plaisait guère. En fait, les résultats de ses calculs semblaient absurdes. Ses calculs disaient que le trou noir rayonnait. Il rayonnait de la lumière. Le trou noir se comportait comme s'il était chauffé à blanc.

Hawking considéra ce résultat avec agacement et commença à rechercher son erreur. Les calculs avaient été délicats, et il y avait beaucoup d'endroits où une erreur pouvait se glisser. Il avait fait des simplifications, des approximations, et il se demandait maintenant si elles n'avaient pas contribué à la conclusion aberrante à laquelle il était parvenu. Il remit tout aussi sérieusement en question son idée de départ, car la théorie quantique est tout à fait différente de la relativité. Ces deux théories ne parlent pas le même langage, à un point tel qu'il rencontra de sérieuses difficultés pour les faire cohabiter. Était-ce là que se trouvait l'erreur ? Il bricola, essayant ceci et cela.

Rien de ce qu'il fit ne résolut le problème. Ce damné trou continuait à briller de tout son éclat. Finalement, Hawking commença à se faire à l'idée qu'il était tombé sur quelque chose de tout à fait réel.

Au début de janvier, il fit part de son nouveau résultat à son ancien directeur de thèse, Dennis Sciama, qui était en train d'organiser un colloque. Hawking se rappelle qu'à cette époque il ne savait absolument pas quoi faire de son résultat, alors que Sciama, lui, l'avait pris très au sérieux et se mit à en parler autour de lui.

L'anniversaire de Hawking avait lieu quatre jours plus tard, et la famille organisa un repas pour célébrer l'événement. Ils étaient assis autour de la table chargée de victuailles lorsqu'ils furent interrompus par la sonnerie du téléphone. C'était son collègue Roger Penrose, avec qui il avait fait autrefois certains de ses plus importants travaux, qui l'appelait de Londres. Penrose avait eu vent de la nouvelle et désirait avoir plus de détails. Hawking en donna ; Penrose ne cessait de le presser de questions. Alors que le reste de la famille à table s'impatientait, leur conversation s'éternisait. Il s'écoula quarante-cinq minutes avant que Hawking ne revienne enfin à table.

Le repas était gâché.

Une barre de métal chauffée au chalumeau rayonne d'un rouge sombre. Chauffez-la davantage et elle brillera d'un jaune vif. Dans les deux cas, l'émission de lumière provient du fait que le métal est chaud. Hawking avait découvert qu'à chaque trou noir était associée une température : tout comme la barre de métal, le trou noir rayonne.

Cette température dépend de la masse ; il s'avère qu'un trou noir formé à partir de quelque chose d'aussi lourd qu'une étoile est extraordinairement froid : moins d'un millionième de degré au-dessus du zéro absolu. A des températures aussi basses, l'émission de lumière est tout à fait négligeable. La découverte de Hawking n'apporte donc aucune modification importante à notre représentation des grands trous noirs: ils sont effectivement noirs. En particulier, la description faite au chapitre 7 du voyage dans un trou de ce genre reste valable.

Mais les trous noirs plus petits sont plus chauds. Un trou de la masse d'un gros astéroïde, qui est à peu près de la taille d'une bactérie, se trouverait à la température ambiante. Il émettrait un rayonnement infrarouge, invisible à l'œil nu, mais bien présent cependant. Un trou formé à partir d'un astéroïde plus léger, beaucoup plus petit, rayonnerait d'une lumière blanche. Et un trou de la taille d'une particule

312

élémentaire émettrait un rayonnement gamma d'une puissance d'un milliard de watts.

Cette lumière rayonnée transporte une énergie qui doit bien provenir de quelque part. Dans le cas de la barre de métal, cette énergie provenait du chalumeau. Mais dans le cas du trou, elle provient de sa *masse*. Chaque trou noir de l'univers transforme constamment sa masse en énergie, et la rayonne sous forme de lumière. Ainsi, au cours de cette émission, le trou noir se désintègre. Il devient plus petit ; mais en devenant plus petit, il devient plus chaud, et son rayonnement plus important. A la fin, *toute* la masse se transforme en énergie : le trou noir disparaît entièrement et à sa place apparaît une sphère de lumière en expansion.

Les trous noirs de la masse d'une étoile ont un rayonnement tellement faible qu'ils ne subissent pas de manière appréciable ce genre de désintégration. Un trou noir formé il y a des milliards d'années au cours du big-bang n'aurait perdu que quelques grammes de masse depuis le commencement de l'univers. Mais des trous plus petits formés au cours du big-bang se seraient désintégrés plus rapidement. Les plus petits auraient même disparu aujourd'hui ; et ceux dont la masse initiale aurait été celle d'une montagne atteindraient la fin de leur vie à l'époque actuelle. En ce moment même, ils se trouvent dans les dernières phases de leur destruction, et se volatilisent en explosant, éclairs silencieux d'un pur rayonnement.

En février 1974, Hawking éprouvait plus de confiance que de méfiance à l'égard de son résultat, et l'exposa au cours de la conférence de Sciama. Cet exposé fit un certain bruit. La plupart des gens pensèrent qu'il devait avoir commis une erreur quelque part : un participant (dont je tairai le nom) déclara que tout cela n'était qu'absurdité et sortit précipitamment de la salle, s'arrêtant seulement pour prendre un collègue au passage et se rendre à son bureau écrire un article expliquant pourquoi. Cet article fut publié dans un journal scientifique, après avoir été envoyé à Hawking par la rédaction pour qu'il fasse ses commentaires. Hawking pensait que chacun était libre de faire une gaffe en public, et il en recommanda la publication.

L'émission qu'il venait de découvrir allait à l'encontre de tout ce que les gens savaient sur les trous noirs, y compris de ses propres découvertes antérieures. Les trous noirs étaient censés aspirer les objets et grossir : il venait de montrer qu'en fait ils rétrécissaient. Ils étaient censés absorber la lumière : il venait de montrer qu'ils en rayonnaient. Bien loin d'être des objets sombres et invisibles, ils s'affichaient le plus spectaculairement du monde, du moins pour ce qui concernait les plus petits d'entre eux. Rien d'étonnant, alors, à ce qu'il ait fallu du temps aux gens pour s'habituer à cette nouvelle façon de voir les choses.

L'élément décisif ajouté par Hawking à la théorie des trous noirs était la théorie quantique, en particulier la conception quantique du vide. Le trou noir est une déformation de la géométrie de l'espace vide, et c'est

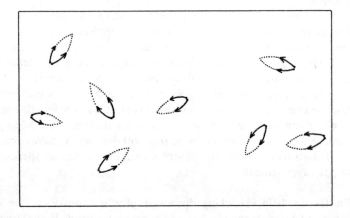

Figure 60

ce vide qui rayonne la lumière. C'est le vide — le pur néant — qui s'échauffe et scintille.

Dans une théorie physique ordinaire, de telles affirmations sont absurdes. Elles n'ont aucun sens. Ce n'est qu'à travers la théorie quantique qu'elles prennent leur signification, et cela, en reconsidérant ce que nous entendons par un « vide ». Un vide est l'absence de matière, mais une telle chose est-elle seulement possible ? La théorie quantique dit que non. De même qu'il impose des fluctuations permanentes sur la dimension et la position de chaque objet, le principe d'indétermination

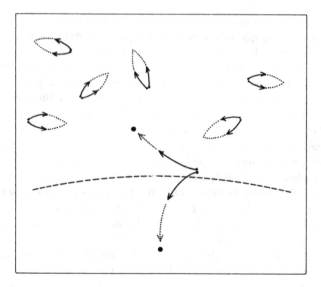

Figure 61

impose une fluctuation correspondante sur le *nombre* d'objets présents.

En particulier, ce nombre ne peut jamais être réduit à zéro. Si nous nous mettions à pomper l'air d'une pièce pour y faire le vide, nous nous trouverions incapables d'enlever les toutes dernières particules, non parce qu'elles refuseraient de partir, mais parce qu'elles seraient continuellement remplacées par de nouvelles particules créées à partir du néant. Ces particules sont créées par paires et chaque paire ne survit qu'un très court instant avant de disparaître. Une fois disparues, il en réapparaît à nouveau, qui disparaissent encore ; succession infinie de créations et d'annihilations. Ce processus est schématisé sur la figure 60.

Des paires de particules de toutes sortes participent à cette fluctuation du vide, en particulier des paires de photons, ou particules de lumière. Rien ne peut empêcher leur création. Ainsi, l'espace vide est une pure fiction. Il ne peut exister : le maximum que l'on puisse obtenir est ce surprenant océan d'étincelles.

315

Le contexte

Dans les situations ordinaires, la paire de photons a une durée de vie tellement courte que ce phénomène n'a pas de conséquences dramatiques (bien que cela modifie d'une manière minime — mais mesurable — la structure des atomes). Mais un trou noir n'est pas une situation ordinaire. En particulier, il se crée quelques paires à proximité de l'horizon du trou pour lesquelles il existe une possibilité étonnante. Comme on l'a schématisé à la figure 61, la paire peut se briser, séparée sous l'effet de la gravitation, avant de se recombiner et de disparaître à nouveau. Un membre de la paire de photons peut alors traverser l'horizon et se retrouver aspiré vers le bas dans la singularité. Il s'avère que ce photon transporte une quantité d'énergie négative. Ainsi, en tombant, il diminue la masse du trou, et lorsqu'il est tombé suffisamment de photons, le trou se trouve entièrement anéanti.

Quant à l'autre membre de la paire de photons, celui qui est resté à l'extérieur de l'horizon, il se retrouve privé de son compagnon. Il ne lui est maintenant plus possible de disparaître dans le néant, car une telle disparition ne peut se faire qu'à deux : tout photon ne peut disparaître qu'en s'annihilant contre un autre. Le photon délaissé subit alors un destin remarquable : il devient permanent. Il s'envole dans l'espace. Il est la lumière « émise » par le trou noir.

Après la conférence de 1974 au cours de laquelle Hawking annonça sa découverte, ce fut le Grand Silence. Avant de prendre position dans un sens ou dans l'autre, les experts se retirèrent pour refaire ses calculs ; essayant d'autres méthodes, recherchant une erreur. Il leur a fallu pratiquement une année avant de commencer à être convaincus.

Pendant ce temps, Hawking publia un bref article décrivant dans les grandes lignes ce nouveau type de rayonnement, puis un autre, plus long, dans lequel il discutait sa méthode de calcul. Mais la conférence de 1974 — limitée aux quelques experts qui travaillaient alors dans ce domaine — avait connu très peu de participants, son premier article avait été si court et son deuxième tellement technique, que peu de scientifiques y prêtèrent attention. Personnellement, je me rappelle avoir vaguement été au courant de sa découverte, mais ce ne fut pas avant le colloque de Boston, en 1976, qu'elle s'imposa véritablement à mon esprit. Et j'ai le sentiment que ce fut la même chose pour les autres scientifiques.

316

Après 1976, elle suscita un intérêt croissant. Au début, ce fut l'existence du rayonnement du trou noir qui attira le plus l'attention ; les gens se demandèrent si cette prédiction pouvait être vérifiée par l'observation. La seule possibilité était de détecter l'intense explosion de radiation signalant l'évaporation finale d'un trou noir de faible masse. Quelques groupes calculèrent ses propriétés en détail ; d'autres se tournèrent vers les données existantes pour y retrouver des exemples. En fait, on avait déjà détecté des éclairs aussi brefs, aussi bien définis, pour les rayons gamma ; mais il s'avéra qu'ils ne possédaient pas exactement les bonnes propriétés. Et jusqu'à aujourd'hui, on n'a encore rien trouvé qui puisse être interprété comme une confirmation de la prédiction de Hawking.

Quant à Hawking lui-même, cela ne l'émeut guère : l'histoire de la science est encombrée de trop d'exemples de prédictions exactes restées sans confirmation pendant des décennies. Ces dernières années, ses travaux se sont fondés sur l'existence effective du rayonnement des trous noirs, et l'ont mené bien au-delà de cette simple hypothèse. Son sentiment actuel est que son travail original n'a peut-être découvert que la partie émergée d'un iceberg, et que la véritable signification de ce rayonnement se trouve ailleurs. Dans son expression la plus large, la découverte de Hawking jette une lumière nouvelle sur une question fondamentale et très ancienne : est-ce que l'univers est compréhensible ?

L'autre jour, je marchais le long d'un immeuble contre lequel était posée une échelle, lorsque je la vis tomber. Juste au moment où je passais, elle dérapa sur le côté et se renversa sur le sol. Mystère : pourquoi est-elle tombée ?

Beaucoup de réponses à cette question me traversèrent l'esprit en même temps que j'enjambais l'échelle et que je continuais mon chemin. Peut-être y avait-il un gravillon sur le trottoir ? Peut-être y avait-il un peu d'huile ? Le bruit de mes pas lui avait peut-être donné la vibration juste nécessaire pour la décoincer. A moins qu'une secousse dans l'immeuble contre lequel l'échelle était posée ne lui ait fait perdre son appui. Toutes ces réponses me parurent autant d'explications possibles de cet événement, mais il faut remarquer que *pas une seule fois je n'ai imaginé que ma question était sans réponse.* Je ne connaissais pas l'explication de la chute, mais j'étais cependant convaincu qu'elle existait. Sans m'en rendre compte, le principe de la cause et de l'effet était entré en action dans mon esprit : tout ce qui arrive, arrive pour une certaine raison.

Il y a des raisons à toute chose, parce que le monde naturel obéit à des lois fixes et immuables. La tâche de la physique consiste à les découvrir : une fois découvertes, elles nous permettent de comprendre l'univers. C'est le programme de la physique classique tel qu'il fut conçu pendant des générations. Le scientifique du XIXe siècle Laplace écrivit un jour que si on lui donnait la position et la vitesse exactes de tous les atomes, il serait capable de prédire — en principe, si ce n'est en pratique — tout l'avenir de l'univers. Si autrefois un météore géant a atterri près de Chicago, le cratère qu'il a creusé finira un jour par disparaître sous l'action de l'érosion. Mais même après, un recensement détaillé de tous les atomes dans le monde révélera encore la trace de son passage. Telle molécule d'oxygène dans l'atmosphère se trouvera *ici* plutôt que *là* parce qu'elle aura été déplacée il y a longtemps. La température des roches souterraines de l'Illinois sera infinitésimalement plus élevée que ce qu'elle aurait dû être, parce qu'elles auront été réchauffées par l'impact. Un grain de poussière d'Amérique du Nord se retrouvera au Chili parce qu'il aura été soufflé vers le haut, propulsé dans les couches supérieures de l'atmosphère, ballotté pendant des dizaines d'années avant de se poser doucement dans les Andes, prisonnier dans un bloc de glace, transporté par un glacier, déposé dans une moraine, libéré dans un ruisseau qui se jette dans un fleuve, puis finalement abandonné sur le bord d'un canal d'irrigation.

Le fait que, dans la pratique, ce ne soit pas du tout de cette façon que l'on découvre le passage d'un ancien météore, n'a aucune importance. L'énoncé de Laplace était un énoncé de principe, et ce principe était celui d'un déterminisme absolu. Le monde était prévisible : tout événement avait ses effets propres qui à leur tour déclenchaient d'autres événements selon un enchaînement parfait.

La plus grande découverte de la physique du XXe siècle est que ce principe est faux. Cette découverte comporte deux aspects différents, dont le premier est le principe d'indétermination de la théorie quantique. Selon la théorie quantique, les événements se produisent dans le monde sans aucune cause. La physique moderne peut expliquer en détail pourquoi l'uranium est une substance naturellement instable, et prédire avec précision le niveau de radiation d'un réacteur nucléaire. Mais quant à prédire le moment exact où une particule d'uranium va se désintégrer, la théorie quantique reste silencieuse : la désintégration peut se produire à cet instant même, ou pas avant un milliard d'années, et, entre les deux, on n'a aucun moyen de décider. Bien plus, cette désintégration, lorsque finalement elle se produira, se produira véritablement sans aucune raison. D'une manière similaire, on ne peut établir un recensement exact des positions et des vitesses de toutes les particules de l'univers, non parce que c'est difficile, mais parce que cela est impossible. Les atomes ne sont pas *ici,* ils sont ici avec une certaine probabilité. Les lois de la cause et de l'effet sont remplacées par les lois du hasard.

Selon le principe d'indétermination, le passage du météore a effectivement perturbé le mouvement des particules du monde entier, mais comme leur mouvement antérieur n'était pas exactement défini, cette perturbation ne pouvait être exactement déterminée. Les siècles passant, l'effet du météore devient de plus en plus négligeable, alors que l'indétermination qui lui est associée demeure. Finalement, l'indétermination supplante l'effet : l'événement s'estompe, puis disparaît. Les faits se dissolvent.

Albert Einstein n'a jamais pu accepter le rejet du déterminisme en physique et l'accent mis par la théorie quantique sur les lois de probabilité. Il a résumé ses convictions dans un aphorisme célèbre : « Dieu ne joue pas aux dés avec l'univers. » Il ne voulait pas dire par là que la théorie quantique était fausse, car elle avait passé avec succès beaucoup trop de tests expérimentaux pour que l'on puisse sérieusement envisager cette possibilité. Il voulait dire qu'elle était incomplète, pâle reflet d'une théorie plus profonde, plus vraie, qui restait à découvrir et qui rétablirait les lois de la cause et de l'effet à leur juste place. Mais on n'a jamais découvert cette théorie, et il est assez piquant de constater qu'Einstein, qui prit part à l'invention de la théorie quantique, est également à l'origine du deuxième grand coup porté, pendant le XXe siècle, au principe de causalité : la relativité, et son enfant, le trou noir. Les trous noirs ne dissolvent pas les faits. Ils les avalent.

Pour le démontrer, je me propose de jouer avec vous. Il y a devant nous un trou noir en train de flotter dans l'espace, et j'ai un objet dans ma main. Tournez-vous pendant que je le laisse tomber dans le trou. Retournez-vous. Vous devez maintenant trouver ce que j'ai laissé tomber.

Bien sûr, vous ne le pouvez pas. L'objet est caché par l'horizon. Et à moins de sauter vous-même dans le trou, vous ne pourrez rien faire pour découvrir la nature de cet objet ; si vous sautez, vous n'aurez aucun moyen de communiquer la réponse à une troisième personne qui sera restée à l'extérieur du trou. L'horizon du trou divise l'espace en deux régions, l'intérieur et l'extérieur, et un observateur à l'extérieur ne peut absolument rien savoir de ce qui est à l'intérieur. Et cela en dépit du fait que mon objet secret soit encore *là :* intact, tel quel, juste à quelques centimètres de vous, glissant sans fin vers l'horizon.

La même chose est vraie pour le trou noir, qui pourrait avoir été créé par l'effondrement d'une étoile à la fin de sa phase de combustion nucléaire ; mais pas forcément, car il pourrait tout aussi bien avoir été créé au cours d'une expérience d'écrasement d'un gigantesque chargement de patates qui aurait été poussée trop loin. Il pourrait même avoir été fabriqué à partir d'énergie pure, car un faisceau de lumière suffisamment intense s'effondre sur lui-même pour former un trou noir.

Il n'existe aucun analogue à ce phénomène dans le domaine de l'expérience quotidienne. Si je laissais tomber mon objet dans une bouche d'égout, ou au pied d'une falaise, vous auriez divers moyens pour en déterminer la nature. Si une ancienne cité s'est autrefois dressée sur les plaines du Kansas, un archéologue industrieux aura toujours une chance de la découvrir et de faire la lumière sur son histoire. Toutes ces choses sont possibles parce que le monde ordinaire porte en lui-même la trace du passé : retrouvez cette trace et vous comprendrez une partie de l'univers. Mais une fois derrière l'horizon du trou noir, l'histoire touche à sa fin. Le passé est annulé.

Une caractéristique remarquable de la découverte de Hawking, c'est qu'elle fait intervenir ensemble dans la nature, ces deux ruptures d'avec le déterminisme. Et cela va bien plus loin, car un trou noir ne se contente pas simplement de briller. Il se comporte exactement comme s'il était *chaud.*

Il y a de multiples façons de faire de la lumière, et suivant la manière dont elle a été produite, elle peut posséder diverses propriétés. Mais la lumière émise par un corps chaud possède une caractéristique qui la rend très intéressante pour les physiciens : *elle est dans l'état de plus grand désordre possible.* La thermodynamique est la branche de la physique qui s'occupe de la chaleur, et son contenu se résume en deux grandes lois. Mais une interprétation bien plus profonde de ces deux lois est également possible : ce sont des affirmations sur le hasard, sur le désordre. Bien avant la découverte de Hawking, il existait quelques indices selon lesquels les trous noirs avaient mystérieusement quelque chose à voir avec la thermodynamique.

Ces indices résultaient du travail de Jacob Bekenstein, alors étudiant à l'université de Princeton. La thèse de Bekenstein montrait qu'il existait une analogie extrêmement grande entre les lois de la thermodynamique et certaines lois se rapportant aux trous noirs. Pour chaque proposition que l'on pouvait faire concernant la chaleur, il existait une proposition correspondante pour les trous noirs.

Le travail de Bekenstein était un exemple des méthodes les plus élégantes, les plus abstraites de la physique théorique. C'était un travail de recherche admirable, mais ses implications étaient obscures. Le raisonnement par analogie est une technique puissante, mais qui laisse souvent place à l'ambiguïté. On est libre d'accepter ou de rejeter l'analogie, et ce choix est habituellement une question de goût. Dans le cas de Bekenstein, de nombreux chercheurs furent impressionnés par ses indications et les développèrent dans de nombreuses directions. Mais Stephen Hawking ne fut pas impressionné. Son opinion était que le travail de Bekenstein n'avait pas de signification particulière, et cela pour une raison bien précise. Il savait que l'analogie ne pourrait jamais être complète. Elle ne pouvait au mieux qu'être approximative. La raison en était que les objets chauds émettaient de la lumière, mais que les trous noirs n'en émettaient pas.

Deux ans plus tard, il découvrait qu'ils le faisaient.

La découverte de Hawking conclut le travail de Bekenstein, et l'analogie entre les trous noirs et la chaleur devint totalement justifiée. Hawking n'avait pas délibérément recherché cette conclusion et Bekenstein n'avait aucun moyen de prévoir la direction d'où viendrait la solution finale. En somme, ce fut un remarquable numéro de somnambulisme collectif.

Les méthodes d'analyse de Hawking n'avaient fait absolument aucune référence aux analogies de Bekenstein. Il fut donc doublement surprenant que le rayonnement qu'il avait découvert eût exactement la propriété d'être tout à fait aléatoire, comme l'avait prévu l'analogie thermodynamique. Mais il n'est pas facile de voir comment cela est arrivé en relisant ses articles originaux : cela apparaît simplement comme un résultat de calculs, sans aucune explication satisfaisante pour l'intuition. L'analogie de Bekenstein offre une interprétation, mais Hawking, dans son travail le plus récent, adopte un point de vue selon lequel il faut rechercher une explication encore plus profonde. Son sentiment est que cette découverte suggère une *troisième* rupture d'avec la loi du déterminisme de la physique.

Son explication est que le rayonnement d'un trou noir est aussi aléatoire que possible. Cela signifie que nous ne pouvons pas prédire exactement ce à quoi il ressemblera. Nous pouvons seulement prédire ce à quoi il ressemblera très probablement. D'ordinaire, un trou noir émet un rayonnement continu de lumière, mais de temps en temps, cette émission subit des fluctuations. Il peut se produire un éclair minuscule de couleur « aberrante » : un petit frémissement vert maintenant, demain un grand éclat rouge. Le trou peut même à l'occasion émettre autre chose que de la lumière : une pierre, une personne.

Les implications de tout cela peuvent être illustrées à l'aide d'une expérience imaginaire. Prenez de la matière et placez-la dans une boîte. Peu importe quelle matière : des billes feront aussi bien l'affaire. Écrasez-les les unes sur les autres jusqu'à ce qu'elles s'effondrent pour former un trou noir. Maintenant, la boîte ne contient rien d'autre que le trou.

Écartez-vous et attendez. La boîte se remplit peu à peu de lumière et le trou devient de plus en plus petit. A la fin, le trou disparaît complètement : les billes ont été transformées en rayonnement pur. Pas exactement ! Il peut y avoir quelque chose d'autre dans la boîte, un rayon de lumière de couleur aberrante, ou un tout petit bout de bois émis par le trou. Le problème est que nous n'avons aucun moyen de prévoir ce que contiendra la boîte, une fois que le trou aura disparu.

Recommencez. Écrasez le contenu de la boîte, quel qu'il puisse être, pour former un deuxième trou, et laissez-le se désintégrer encore une fois. A la fin, la boîte se remplit de quelque chose d'autre, de la lumière et peut-être d'un bébé baleine. Recommencez ce processus une troisième fois, puis une quatrième, et ainsi de suite autant que vous le voulez. A la fin de chaque cycle, le contenu de la boîte est totalement imprévisible. La physique a perdu toute possibilité de comprendre la suite des événements à l'intérieur de la boîte.

Hawking n'est nullement impressionné par cette nouvelle limitation qu'il a découverte. Au contraire, elle semble presque le stimuler. Il a même créé un aphorisme, en réponse à celui d'Einstein :

« Non seulement Dieu joue aux dés, mais en plus, il les lance parfois dans des endroits où l'on ne peut les voir. »

Hawking travaille en Angleterre, à l'université de Cambridge, dans le département de mathématiques appliquées et de physique théorique. Dans le but exprès de découvrir comment un homme incapable de griffonner un mot à sa femme pouvait accomplir de telles choses, je lui rendis visite il y a peu de temps. Le département est situé le long d'un petit chemin sinueux, et signale sa présence, avec une retenue toute britannique, par un panneau tellement discret que je suis passé trois bonnes fois devant lui, avant qu'un étranger très aimablement ne remarque ma détresse et m'indique la bonne direction. Passant sous un porche, je me retrouvai dans une cour pavée. Il y avait là des voitures garées, et des quantités de bicyclettes appuyées contre les murs.

La décoration intérieure ne rend guère justice à l'un des départements les plus prestigieux du monde. C'était gris, triste et désert. Un couloir au sol recouvert de lino conduisait on ne sait trop où, semblant ne passer devant rien de particulier, avant de déboucher sur une pièce commune où s'ouvraient des portes de bureaux. L'un d'eux était celui de Hawking.

Il était assis, affaissé dans un fauteuil roulant, devant un bureau spacieux, les bras croisés sur les jambes. Sa tête était penchée sur un côté ; de temps en temps, il la soulevait et la mettait de l'autre côté pour être mieux. Durant le temps que je passai avec lui, les seules autres parties de son corps que je le vis bouger furent les bouts de ses doigts.

Hawking contrôle son fauteuil roulant électrique à l'aide d'un petit levier fixé sur l'accoudoir ; à côté de son bureau, il y a trois appareils qui se commandent du bout des doigts. L'un est un téléphone équipé d'un haut-parleur et d'un micro, avec lequel il peut converser sans avoir besoin de tenir le combiné. Mais même ceux qui le connaissent bien ont des difficultés à le comprendre au téléphone. Je trouvais ses paroles incompréhensibles, même quand j'étais face à face avec lui, et je ne pus lui parler que par l'intermédiaire d'un « interprète », Ian Moss, un chercheur boursier avec qui il travaillait.

323

Le contexte

Il faut s'habituer au discours de Hawking. Pour une oreille non entraînée, il donne l'impression d'un ronronnement continu, sans inflexions, et il semble qu'il lui soit tout à fait difficile de parler. Tout cela fait qu'il lui est impossible de se mettre à bavarder comme le font normalement les humains, de parler tranquillement de ceci ou de cela, en sautant rapidement d'un sujet à un autre. A chacune de mes questions, sa réponse venait très lentement, ponctuée de nombreux silences. Notre conversation ressembla presque à un échange de lettres.

A côté du téléphone se trouve son deuxième appareil, un plateau sur lequel on peut placer des livres, avec un mécanisme pour tourner les pages. Comme il ne peut rien manipuler, Hawking considère que la lecture est l'une de ses plus grandes difficultés. La machine peut s'occuper d'un livre, une fois que quelqu'un l'a placé correctement ; mais pour les articles scientifiques, il doit les avoir photocopiés, avec les pages étalées sur tout son bureau. Il passe pas mal de temps à rester assis en silence devant les pages imprimées, tournant et retournant les idées dans sa tête.

Le troisième appareil est un mini-ordinateur. Il est spécialement équipé de deux leviers qui remplacent le clavier habituel. Il m'a montré comment il fonctionnait : sur sa demande, Moss l'a soulevé de son fauteuil pour le mettre dans une position plus droite, puis lui a pris les mains et les a placées sur les leviers. Sur l'écran devant lui est apparue l'image d'un clavier de machine à écrire, et une petite flèche. Avec de tout petits mouvements du bout des doigts, Hawking pousse l'un des leviers par ici et par là, contrôlant la position de la flèche. Lorsqu'il indiqua la lettre « I », il pressa l'autre levier : la lettre « I » entra dans la machine. Il descendit la flèche vers la barre d'espacement, fit entrer l'espacement dans la machine, puis déplaça la flèche vers le haut, fit une erreur en entrant un « D », revint en arrière puis l'effaça, entra un « C », puis continua. La phrase « I can type sentences, and so forth » (« Je peux écrire des phrases, et ainsi de suite ») s'inscrivit lentement sur l'écran.

Le temps de l'achever, plus de trois minutes s'étaient écoulées. Il ne se sert pas souvent de l'ordinateur.

L'un des chapitres de sa thèse, particulièrement mathématique, était littéralement bourré d'équations. Mais il m'a dit que cela avait été le dernier travail de ce genre qu'il ait jamais fait. Lorsque la maladie empira, il devint incapable de tenir un crayon, et il est maintenant contraint de travailler de manière différente. Il a adopté certaines méthodes hautement géométriques de la mathématique moderne dans lesquelles les équations sont remplacées par des diagrammes. « Je me dessine des petites figures dans ma tête », explique-t-il. Il passe pas mal de temps à chercher des raccourcis, des petits trucs qui permettent d'éviter le recours à des calculs détaillés ; ceux qui travaillent avec lui disent qu'il est passé maître dans l'art de trouver des solutions élégantes, brillantes, à des problèmes que d'autres attaqueraient en recourant à la manière forte. Il travaille souvent avec des collègues, des étudiants, lançant des idées, affinant sa pensée en l'expliquant. Lorsqu'ils se trouvent face à un point de mathématique particulièrement délicat, le collègue vient l'écrire au tableau, et tous les deux se mettent à le ruminer. Souvent, il demande à quelqu'un de faire pour lui les étapes intermédiaires d'un calcul.

Lorsque Hawking m'expliqua tout cela, je restai totalement confondu. Rien de ce qu'il me disait ne permettait d'expliquer la qualité de ses travaux. Beaucoup de scientifiques travaillent à deux, utilisent les mathématiques modernes, et sont à la recherche de la solution géniale. Pourquoi était-il si différent ? Comment avait-il pu se sortir de la jungle mathématique et devenir l'un des scientifiques les plus en vue de notre époque ? Je lui demandai s'il avait une mémoire photographique. Il m'assura que non. Pouvait-il garder en tête de nombreuses équations compliquées ? Non. Pouvait-il multiplier de tête 215 par 73 ? Il ne pouvait pas. Quelqu'un a dit que Hawking au travail pouvait être comparé à un Mozart composant une symphonie entière dans sa tête. Il rejette cette idée en riant. Je le quittai avec un sentiment de frustration.

Marchant au bord de la rivière Cam, plus tard dans l'après-midi, je fus frappé par le fait que Hawking ne m'avait rien caché. Je réalisai que ses capacités remarquables lui étaient aussi incompréhensibles qu'à moi. Et pourquoi n'en serait-il pas ainsi ? Car personne ne peut expliquer comment il pense. Je comprenais que les opérations mentales de Hawking lui restaient inaccessibles, tout comme elles le sont pour nous. Assis de l'autre côté du bureau, en face de moi, j'avais rencontré un homme tout aussi énigmatique que l'objet de son étude.

Un étudiant passa à toute allure sur un vélo. Je découvris que j'étais venu ici avec une question idiote. J'avais voulu que Hawking me dise

Le contexte

Comment Il Faisait. Je voulais connaître son secret. La seule comparaison qui me vint à l'esprit à propos de son œuvre était celle de Beethoven, sourd, et de la musique qu'il avait composée. Qui étais-je pour en dévoiler le mystère ?

16. Une descente dans le Maelström

Le golfe de Corryvreckan sépare les îles Jura et Scarba au large de l'Irlande, non loin de la côte d'Argyll, à l'est de l'île d'Aran. C'est une zone importante de tourbillons, dont le plus grand est connu sous le nom de Cailleach, ce qui signifie « la vieille sorcière ». Il y a bien longtemps, ici, il s'est passé quelque chose.

Une légende locale raconte comment le prince Brecan de Norvège tomba amoureux de la fille du seigneur de Corrie, un village de pêcheurs de l'île d'Aran. Le père de la jeune fille refusa de consentir à ce mariage tant que Brecan n'aurait pas subi une épreuve. Pour prouver son amour, le prince devait ancrer son bateau sur le tourbillon pendant trois jours.

Brecan rentra chez lui chercher trois cordes pour ancrer son bateau. La première était une corde de chanvre. Elle se rompit dès le début et il dut renoncer. La deuxième corde, en soie, était plus solide, mais elle aussi finalement se cassa. La troisième corde était une tresse de cheveux de jeunes filles, des cheveux de cent jeunes vierges. C'était la plus solide des trois. Mais comme la marée montait et que le tourbillon s'enflait, à des kilomètres de là, en Norvège, l'une des jeunes filles perdit sa virginité. Au même instant, la corde céda, et Brecan et son bateau furent engloutis.

Cette légende me fut racontée par Brandon Carter, un physicien mathématicien spécialisé dans la relativité générale. Il pense qu'elle n'est pas sans rapport avec les trous noirs.

Au chapitre 11, nous avons dessiné une « carte » d'un trou noir en le représentant par une cheminée *(fig. 49)*. Il est remarquable avec quelle force cette image en forme de tourbillon a frappé l'imagination des gens, l'imagination de tous, scientifiques et non scientifiques. Techniquement parlant, cette carte ne donne pas une description plus précise qu'un diagramme d'espace-temps, ou que toute autre représentation. De plus, de tels diagrammes ne peuvent jamais représenter complètement un trou noir, qui de toute façon reste invisible. Peu importe : en dépit de tout ce qu'on voudra, on s'est jeté dessus pour avoir une représentation du trou noir qui frappe l'imagination. Cette image se retrouve constamment dans les expositions publiques et dans les revues scientifiques. En quelque sorte, c'est une image qui nous parle. C'est comme si la projection polyconique de notre Terre trouvait quelque résonance profonde dans nos esprits.

Rarement un objet scientifique aura autant fasciné que le trou noir. Plus que bien d'autres découvertes tout aussi remarquables, il semble avoir fait résonner une corde particulièrement sensible. Il apparaît régulièrement dans des livres et des articles, et il a fourni le thème d'au moins un film. Mais son attrait ne se limite pas au grand public. Les scientifiques eux aussi, en l'espace de quelques années, semblent s'être carrément entichés de lui. Avant les années soixante, on aurait pu compter sur les doigts de la main les physiciens qui prenaient les trous noirs au sérieux. Aujourd'hui, l'intérêt pour ces objets s'est considérablement accru et ils sont constamment évoqués. Chaque fois que l'on découvre un nouveau phénomène, on peut être assuré qu'il y aura un physicien *dans le vent* pour avancer quelque explication exotique fondée sur les trous noirs. Tout cela en dépit du fait que, malgré les efforts les plus grands, on n'en ait jamais découvert qu'un seul ! Ils sont loin d'être omniprésents dans la nature. Ils ne le sont que dans notre esprit.

Et pourquoi ? Ils n'ont pas d'importance particulière pour notre situation politique ou économique. Ils ne modifient pas l'image que nous avons de nous-mêmes, comme le fit la théorie de Darwin sur l'évolution, ou les découvertes récentes de l'intelligence artificielle. Pourquoi les êtres humains sont-ils attirés vers cet objet manifestement inhumain ?

Pour ma part, je pense que la réponse se trouve dans le système de représentation que nous utilisons. Un trou noir a une forme d'entonnoir, comme un tourbillon. Et dans la légende de Corryvreckan, il y a une connotation sexuelle marquée.

Une légende du Bengale sur l'origine des rubis parle d'un jeune homme qui avait trois frères et dont le père venait de mourir. Sa mère l'aimait passionnément et cela suscita la jalousie de ses frères qui complotèrent alors pour mettre la main sur l'héritage. Sans ressources, le jeune homme et sa mère s'embarquèrent un jour sur un bateau.

Ils descendirent une rivière jusqu'à la grande mer, où ils rencontrèrent un tourbillon. Beaucoup de rubis, énormes, flottaient sur les vagues autour de ce tourbillon. Le jeune homme en prit un, puis ils continuèrent leur voyage pour finalement parvenir en une ville lointaine où ils s'installèrent.

Un jour, la fille du roi vit ce rubis et désira l'avoir. Le roi le lui acheta, mais, bientôt, elle désira en avoir d'autres, et le jeune homme offrit de retourner sur le tourbillon pour en trouver d'autres. Il s'embarqua à nouveau sur le même bateau, et arriva finalement sur les lieux.

Résolu cette fois à découvrir l'origine de ces rubis, il quitte son bateau et plonge au cœur du vortex. En bas, il trouve un palais bâti sur le fond de l'océan. Il entre dans le palais et découvre le Dieu Çiva, les yeux clos, absorbé dans sa méditation, et au-dessus de la tête de Çiva, une jeune fille très belle allongée sur une terrasse. Elle est endormie, la tête séparée de son corps. Le sang tombe goutte à goutte de la plaie, et lorsqu'il se mélange aux eaux de l'océan, il se transforme en rubis qui sont ramenés en surface par le tourbillon.

A côté de la jeune fille, il y a une baguette en or et une autre en argent ; le garçon en saisit une, la tête se recolle magiquement au corps. La jeune fille s'éveille et le met en garde contre la colère de Çiva : « Malheureux jeune homme, fuis immédiatement cet endroit, car lorsque Çiva aura terminé sa méditation, le feu de son œil te transformera en cendres. » Mais le jeune homme la désire, et ils retournent ensemble dans le monde d'en haut, chargés de rubis. Finalement, il l'épouse, ainsi que la fille du roi, et elles lui donnèrent beaucoup d'enfants.

La connotation sexuelle est ici plus importante encore. La légende commence avec un jeune homme dont le père vient de mourir, et qui est passionnément aimé par sa mère : ce jeune homme et sa mère se retrouvent seuls, rejetés par le reste de la famille. Elle se termine en découvrant que les rubis du vortex sont des gouttes de sang de jeune fille coagulées. Ne sont-elles pas le sang menstruel ? Le tourbillon est-il un vagin ?

L'apparition de Çiva dans ce conte populaire ne signifie certes pas grand-chose pour nous, mais elle devait déclencher dans l'esprit des auditeurs bengalis tout un ensemble d'associations évidentes. Dans la mythologie hindoue, Çiva est représenté sous deux aspects opposés, mais tous deux fortement marqués sexuellement, et la plupart du temps dangereusement. De tous les dieux, il est le plus érotique : « Lorsque Çiva épousa Parvati, il était tellement sous l'emprise de sa passion, torturé par le désir, qu'il lui fit l'amour pendant cent années célestes. Voyant cette immense fornication, les dieux redoutèrent que le fils qui naîtrait d'une telle union ne détruise le monde. » Un autre mythe décrit sa danse érotique : « La Terre trembla, et la tortue et le serpent qui portaient la Terre ne purent plus la soutenir, mais Çiva continuait à danser de joie, roulant des yeux. Tous les dieux se demandèrent alors comment le calmer... »

Sur le plan ascétique, c'est un personnage chaste, solitaire, perdu dans la contemplation, mais cependant encore érotique. De ses quatre têtes, celle qui est située au sud est à la fois chaste et terrible. Son pénis, brûlant de la semence accumulée pendant un millier d'années de méditation, s'enfonce dans la forêt. Le mot sanskrit *tapas* employé pour décrire ces méditations, signifie « la chaleur de l'ascèse » : c'est dans cet état d'intense élévation que le jeune homme l'avait découvert au fond du tourbillon.

Les psychanalystes ont l'habitude de noter les mots clefs, les phrases marquantes, qui reviennent souvent, pour pouvoir comprendre leurs patients. C'est également une technique efficace pour découvrir une obsession culturelle. On peut l'appliquer au point de rencontre du grand public avec les trous noirs : les journaux et les magazines. Voici une liste représentative que j'ai glanée en parcourant des articles qui s'y rapportent dans la littérature de ces quelques dernières années :

ENGLOUTI DANS UN TROU NOIR

REGARDANT AVEC AVIDITÉ DANS UN TROU NOIR

DÉVORANT GOULÛMENT TOUT CE QU'ILS RENCONTRENT

PUITS SANS FOND

CES OUVERTURES BIZARRES

Le message est assez clair.

Dans *l'Odyssée* d'Homère, Charybde ouvre sa gueule trois fois par jour pour avaler ses proies : à côté d'elle, sur une falaise au bord de l'océan pousse un figuier. Le maelström d'Edgar Allan Poe prend au piège le pêcheur imprudent : ici, dans la profondeur des eaux sombres, suspendu en équilibre juste au-dessus du dernier étranglement, il découvre les épaves de bien d'autres navires engloutis des années auparavant. La pleine lune éclaire ce spectacle surnaturel, et un arc-en-ciel se déploie dans le firmament. La dernière fois que nous voyons le capitaine Némo et son Nautilus, à la fin de *Vingt Mille Lieues sous les mers* de Jules Verne, ils luttent contre le tourbillon. Les premières cartes de Mercator représentent le pôle nord comme un puissant vortex dans lequel les océans de la planète se déversent continûment. Dans nos cauchemars, ce gouffre béant s'ouvre très souvent sous nos pieds.

L'image d'un gouffre qui engloutit a exercé sa fascination sur l'humanité pendant des millénaires. Les trous noirs font partie de l'énorme constellation de nos anxiétés, et l'attrait qu'ils exercent possède une connotation fortement sexuelle. Mais la sexualité est liée à la création humaine autant qu'à l'engloutissement.

Le mot grec signifiant « trou » est frappant. C'est *khaos* ; dans l'esprit des Anciens, il signifiait bien plus que turbulence ou confusion. Il possédait également un sens fort de création. Dans *les Métamorphoses,* Ovide décrit le chaos comme « un vide informe contenant les semences, les potentialités de toutes choses ». Le chaos fut le fluide originel qui engendra la nature.

De même que nous sommes tous sortis du ventre de notre mère, le rayonnement de Hawking s'écoule de chaque trou noir comme des perles de lumière. Le trou noir est mathématiquement relié au trou blanc, source de création infinie, et la singularité qu'ils contiennent est semblable à la singularité que fut le big-bang d'où tout l'univers physique a tiré son origine. Ces trous sont chaotiques, indifférenciés, inondés de lumière ; un vide sans forme contenant les semences, les potentialités de toutes choses.

Index

Table

première partie

Pulsars

deuxième partie

Trous noirs

troisième partie

Le contexte

L'auteur exprime toute sa reconnaissance aux personnes qui lui ont donné l'autorisation d'utiliser les documents originaux qui ont servi aux illustrations suivantes :

Figures 10 et 16, extraits de *Pulsars* de R.N. Manchester et J.H. Taylor. W.H. Freeman and Company. © 1977.

Figure 17 avec l'aimable permission de T.H. Hawkins et de *The Astrophysical Journal,* publié par The University of Chicago Press. © 1971, *The American Astronomical Society.*

Figures 54, 55, 56, 57 avec la gracieuse autorisation de Ethan Schreier et de *The Astrophysical Journal,* publié par The University of Chicago Press. © 1972, *The American Astronomical Society.*

IMPRIMERIE HÉRISSEY À EVREUX (EURE)
DÉPÔT LÉGAL JANVIER 1987. N° 9442 (40951).

COLLECTION « SCIENCE OUVERTE »
DIRIGÉE PAR JEAN-MARC LÉVY-LEBLOND

BARRY COMMONER
L'Encerclement

JEAN-MARC LÉVY-LEBLOND
ET ALAIN JAUBERT
[Auto]critique de la science

GÉRARD LEACH
Les Biocrates

SOLOMON H. SNYDER
La Marijuana

STELLA BARUK
Échec et Maths

ALEXANDER ALLAND
La Dimension humaine

PETER T. FURST
La Chair des dieux

PHILIPPE ROQUEPLO
Le Partage du savoir

MARIO BUNGE
Philosophie de la physique

STEVEN ROSE
Le Cerveau conscient

BENJAMIN CORIAT
Science, Technique et Capital

GEORGES MENAHEM
La Science et le Militaire

WILLIAM SKYVINGTON
Machina Sapiens

PIERRE ACHARD, ANTOINETTE CHAUVENET,
ÉLISABETH LAGE, FRANÇOISE LENTIN,
PATRICIA NEVE ET GEORGES VIGNAUX
Discours biologique et Ordre social

Collection Points

SÉRIE SCIENCES

dirigée par Jean-Marc Lévy-Leblond